討議事例から考える

「公共」の
授業

社会の課題を
倫理的な視点で
考えてみよう

編著 中谷 常二

SHIMIZUSHOIN

はじめに

本書の作成経緯

　本書の執筆陣は、もともと公務員倫理を研究する勉強会のメンバーとして集まりました。その活動の中で、公務員がよりよい政策を立案・施行するためには、倫理学的な知見に基づいた判断力を養成することが重要であるとの認識がメンバーの中で共有されてきました。その折に、まさにこの勉強会が取り組んでいるテーマと同様の試みが、2022（令和4）年度よりスタートする新科目「公共」において高校生を対象になされることを知り、各自の専門性を活かしたプロジェクトとして本書を刊行することになりました。そういった経緯で始められたため、本書は、倫理学や行政学などを専門とする大学の研究者、政策を立案・施行している行政実務者、公民科目を教える高校教員、というユニークな執筆陣によるものとなっています。

本書の特徴

　本書のAパートでは功利主義、義務論、民主主義、自由などの原理的な理論について解説しています。このパートは、「公共」の学習指導要領の大項目「A　公共の扉」に対応したものです。各項目の冒頭に高校生が身近に体験するような事例が示されており、事例を通じてその項目の理論を具体的に考察することができます。本書の倫理理論の解説はわかりやすいように工夫されており、高校生のみならずもっと上の世代の方にも楽しく読んでいただけるものとなっています。

　Bパートは基礎編、発展編に分かれており、大項目「B　自立した主体としてよりよい社会の形成に参画する私たち」、「C　持続可能な社会づくりの主体となる私たち」に対応しています。いずれも現代社会の諸課題の事例と政治・経済的視点からの解説に続き、功利主義などの理論を用いた倫理的視点からの解説がなされています。

　大項目Aで学ぶ価値判断の基準となる原理を用いて、大項目Bのような現代社会の課題を考察するという試みは、応用倫理学として多くの哲学者・倫理学者

が取り組んできたものです。すでに大学で用いる教科書的な書籍はいくつも出版されています。しかしそれらは、いずれも倫理学の研究者が大人向けに執筆したもので、トロッコ問題のようなあまりに特殊な状況で現実味がないものであったり、生命倫理に見られる生死に直結した過激な内容であったりして、高校の授業に用いるにはかなり慎重な扱いが求められることが多いものでした。そのような現状を鑑み、本書では高校生が日常生活で直面するジレンマや、なじみのある現代社会の課題を事例としており、高校生が安心して学習できる教材となっています。

謝辞

本書の刊行までに多くの皆様のご助力、ご指導、ご助言がありました。ここに感謝の気持ちとして記します。

菊地敦子様（一般財団法人公務人材開発協会）には、本書の企画段階からご参画いただき、多くの有益なご助言を賜りました。同協会からは本書の刊行にあたり助成をいただいております。

本書の執筆者でもある山本智也先生（筑波大学附属駒場中・高等学校）、および企画会議にご参加いただいた黒崎洋介先生（神奈川県立瀬谷西高等学校）からの多大なご指導により、高校の教材として適切なものとすることができました。

本書の編集を担当いただきました株式会社清水書院中沖栄様、蓮見恵美子様には、懇切丁寧なご助言を多数いただきました。

また、本書の発端となった公務員倫理勉強会や、本書企画会議の参加者の方々にもここに謝意を記したいと思います。

本書は刊行にあたり科学研究費（19K02744「新科目「公共」における公共政策を倫理学的に分析する教材作成についての研究」）の助成を受けています。

本書の刊行までには、途中で私が体調を崩すといったことなどもあり、思いのほか長い時間がかかってしまいました。完成まであたたかく見守ってくださった皆様に重ねて御礼申し上げます。

令和3年6月30日　　中谷　常二

目　次

A 公共の扉

「公共」新設の背景と経緯

山本智也（筑波大学附属駒場中・高等学校教諭）

「公共」は永田町からやってきた？

　新科目「公共」はどのようにして新設に至ったのでしょうか。その経緯をたどるなら、2006（平成18）年の教育基本法改正にさかのぼるべきでしょう。この改正で、前文と第2条（教育の目標）に「公共の精神」という文言が新たに加えられました。これにともない、学校教育法や行政文書などにもこの用語が登場することとなります。この改正については、「戦後レジームからの脱却」を掲げた第1次安倍内閣（2006〜07年）が真っ先に取り組んだ施策であること、教育基本法が日本国憲法と密接に関連したものであることを踏まえれば、その政治的文脈は推して知るべしというところでしょう。

　科目として「公共」の設置を直接宣言したのは、自由民主党が2010（平成22）年の参院選に際して公表した選挙公約（「J-ファイル2010」）で、これには「道徳教育や市民教育、消費者教育等の推進を図るため、新科目『公共』を設置します」と記されました。続く2012年衆院選の選挙公約（「J-ファイル2012」）にも、「規範意識や社会のルール、マナーなどを学ぶ道徳教育や消費者教育等の推進を図るため、高校において新科目『公共』を設置します」とあります。さらに、2013年には自由民主党文部科学部会の「高校新科目『公共』に関するプロジェクトチーム」（座長は衆院議員の松野博一氏）が、新科目「公共」の設置を含む提言を当時の文部科学大臣、下村博文氏に提出しました。この提言は、職業選択、結婚や家族、租税、年金などの学習内容を挙げ、実生活に必要な知識・態度を身につけさせて若者の社会的自立を促す方向を示すものでした。

　こうした流れの中で、中央教育審議会（文部科学大臣の諮問機関）に設けられた教育課程企画特別部会が2015年に「論点整理」を公表し、「公共」を高校公民科の共通必履修科目として設置する方針が明示されたのです。この文書では、「公共」は「主体的な社会参画に必要な力を、人間としての在り方生き方の考察と関

わらせながら実践的に育む科目」と捉えられ、「社会的・職業的な自立に向けて必要な力を育むキャリア教育の中核となる時間として位置付けることを検討する」とされました。これを受けて、教育課程部会の社会・地理歴史・公民ワーキンググループ（主査は憲法学者の土井真一氏）が「公共」の内容に具体的な肉付けをし、2016年末に中央教育審議会による答申が取りまとめられて、内容構成をはじめ全体像の概要が示されます。そしてようやく、高校現場のカリキュラムや授業内容を直接規定する学習指導要領がつくられていくのです。

　以上の経緯を見てわかるように、新科目「公共」の設置と内容については、学習指導要領を作成する実務レベル以前の段階で、政治家や多方面の有識者によってかなりの程度既定路線が敷かれていました。

シティズンシップ教育の文脈

　「公共」新設の直接的な経緯は以上のとおりですが、実際にこの新科目が関係者にどのように理解されているかについては、決して一様ではありません。新科目「公共」を歓迎する人の中にもさまざまな思惑があって、いわば同床異夢の状況なので、なかなか議論がかみ合わないことも多いのです。ここからは私見ですが、「公共」がどのように理解されているかについて、おさえておくべき文脈が2つあります。

　その1つは、シティズンシップ教育の文脈です。シティズンシップという語には、大きく見て「市民権」と「市民性」という二重の意味があります。従来の教育では、「市民権」の面、つまり自らが持つさまざまな権利やそれを保障する憲法の意義などを子どもに理解させることが主流でした。これに対して、1990年代以降、世界的に流行したシティズンシップ教育には、「市民性」の面を強調するニュアンスが強く打ち出されています。つまり、子どもを主体的に社会に参画する態度と資質を備えた市民に育てようというねらいです。日本でも2000年代以降、国立のお茶の水女子大学附属小学校や品川区の公立小・中学校などで「市民」を掲げた授業が導入されてきました。高校でも、神奈川県では全県立校で「シ

チズンシップ教育」を進めることを明示していて、10年以上に及ぶ実践や調査研究の蓄積があります。こうした実践の中には、新科目「公共」のモデルケースとなるものが多くあります。

　イギリス・アメリカなど他国の動向を見ると、シティズンシップ教育は異なる複数の政治的立場と結びついてきました。例えば、国の保護（福祉）に甘えない自立した人、国家に対する責任・義務を果たす人を育てようとする立場があります。他方には、国家と個人（私生活）の間にある領域としての「市民社会」（NPOやボランティアなど人々が自発的に社会問題に取り組む場をイメージしましょう）の活力を重視し、その担い手を育てようとする立場があります。また一方には、「さまざまな利害をもった利益集団が自由競争をすることが健全な民主主義と社会の発展につながるのだ」と考える人々もいます。この立場からは、自分の利害・関心を自覚して、その実現に向けて関係者を組織化し、政治に対して影響力を行使できることが重要となります。シティズンシップ教育はこうしたさまざまな政治的立場が綱引きをする場であり、その文脈で「公共」を捉える際にも論者によって強調点が異なるのです。

　日本では、折しも「公共」の議論と時期を同じくして、「18歳選挙権」が始まりました。これを踏まえて2016年には、日本学術会議（諸分野の研究者を代表する、内閣府の特別の機関）の心理学・教育学委員会に設けられた「市民性の涵養という観点から高校の社会科教育の在り方を考える分科会」が政府への提言を出しました。そこでは、新科目「公共」を「政治的リテラシーを養うシティズンシップ教育」のための科目と捉え、政治的主体の育成をそのコアとすることが提唱されています。続けて、2017年には同じ日本学術会議の政治学委員会も提言を出し、「教室を超える」学習や「リアル」な政治学習の推進を訴えました。

　また、すでに裁判員制度が導入されています。さらに、「公共」の履修が始まる頃にはいわゆる「18歳成人」に向けて法改正も進んでいます。こうした動向を受けて、主権者教育、法教育（私法も含む）・消費者教育の充実が急務となっており、関係各分野の推進者は「公共」の中でそれを実現しようとしているのです。

「現代社会」の継承・発展という文脈

　「公共」を理解するもう1つの文脈が、社会科・公民科教育の文脈、とくに科目「現代社会」との関連です。昔から、「社会科は単なる知識の暗記科目だ」というお決まりの批判がありました。本来、学問的な知識を正しく学ぶことは、既存の社会でなんとなく共有されている、しばしば思い込みや偏見を含んだ認識から子どもを解放する、という意味で重要です。その意味では、知識の重視自体が批判されるいわれはありません。しかし、実情としては、知識重視が丸暗記主義に転じてしまいがちな面はあるのでしょう。

　1978（昭和53）年に告示された高等学校学習指導要領で新設された必修科目「現代社会」は、学問のカタログ的な知識の学習ではなく、現代社会の課題をベースにしてさまざまな学問分野を総合的・横断的に学ぶ科目として構想されました。そして同時に、知識内容だけでなく学習方法（討論や発表など）が重視されました。つまり、「現代社会」は「単なる暗記科目」からの脱却を目指した科目だったのです。しかし、大学入試科目に「現代社会」が採用され一定の受験者を得たことや、現場教員の専門性の問題もあり、その理念は必ずしも実現しませんでした。結局、のちの改訂で必修から外され、続けて単位数も4から2に減じられることになります。「現代社会」という枠の中で、約40年の間に優れた実践が数多く生まれました。しかし一般的な傾向としては、多くの知識をカタログ的に教え込む注入型授業から脱することはなかなか難しかったのかもしれません。

　先述のように、新科目「公共」設置の提唱は、「現代社会」の反省や総括の上に立ったものではありませんでした。しかし、「公共」の中身を肉付けしていく中央教育審議会の審議過程では、社会科・公民科教育の議論に通じた研究者が関与しています。こうして、「公共」は「現代社会」本来の理念を継承し、発展させる科目として、あるいは「現代社会」のリベンジマッチとしての性格を帯びてくることになります。

「公共」の位置づけと内容

山本智也（筑波大学附属駒場中・高等学校教諭）

「公共」の位置づけ

　現在、高校には「社会科」という教科はなく、「地理歴史」「公民」という2つの教科が設置されています。2018（平成30）年告示の高等学校学習指導要領でもこの枠組みは変わっていません。教科「公民」は、必修科目「公共」と、選択科目「倫理」「政治・経済」の3科目で構成されます。そして、「公共」は原則として高校1年か2年で履修するよう指定されています。つまり、まず全員が「公共」を履修し、その発展科目として「倫理」や「政治・経済」を選択者が履修する、という構造です。「公共」の単位数は2単位（標準的には週に50分授業が2コマ）であり、年間の標準授業時数は70時間です（ただ、学校現場はこの標準授業時数の確保に苦労していることも言い添えておきましょう）。

「公共」の学習内容

　学習指導要領をもとに、「公共」の学習内容を見ていきましょう。「公共」の学習指導要領は、次ページのとおり、3つの大項目A・B・Cから構成されています。おおまかにいうと、大項目Aで原理的な思考ツールを獲得し、大項目Bで法・政治・経済の各論を学びながら関連する社会的な課題について考え、大項目Cで総合的・分野横断的に生徒自身が課題探究をする流れです。単純に時数で見れば、各論の知識習得が求められる大項目Bの授業時間が割合的には大半を占めることになるでしょう。上で示した学習の流れを実現するには、知識事項を精選して、各大項目をバランスよく扱うことが重要です。

A　公共の扉
　(1) 公共的な空間を作る私たち
　(2) 公共的な空間における人間としての在り方生き方
　(3) 公共的な空間における基本的原理
B　自立した主体としてよりよい社会の形成に参画する私たち
C　持続可能な社会づくりの主体となる私たち

今回の学習指導要領改訂では、全教科にわたって、その教科・科目に固有の「概念や理論」「視点や方法（考え方）」等を明確にすることが求められました。これらを総称して「見方・考え方」といいます。「見方・考え方」については教育学の内部でもさまざまな議論があるため、一言で定義するのは難しいですが、公民科についてはさしあたり、内田義彦氏のいう「概念装置」（『読書と社会科学』岩波新書）のようなものと捉えればよいでしょう。理科系の研究者が電子顕微鏡などの物的装置を使って世界の諸事象を見つめる（普通の人の目とは違うように見る）のと同様に、社会科学者は概念装置（抽象概念）を設けて社会事象に切り込むのだ、ということです。

大項目Aでは、ここでいう概念装置に該当するものが示されています。例を挙げてみましょう。
・「公共的な空間と人間との関わり」　　・「個人の尊厳と自主・自律」
・「人間と社会の多様性と共通性」　　・「幸福・正義・公正など」
・「行為の結果である個人や社会全体の幸福を重視する考え方」（功利性／幸福）
・「行為の動機となる公正などの義務を重視する考え方」（義務／公正）
・「人間の尊厳と平等」　　　　　　・「個人の尊重」
・「民主主義」　　　　　　　　　・「法の支配」
・「自由・権利と責任・義務」
　その多くが倫理学や憲法学の原理的な概念です。これらは、政治や経済などの学習と別分野として学ぶのではなく、さまざまな社会事象や課題を捉える際の装置として、「公共」の学習全体を通して活用される想定です。例えば、「公共」

では社会的な論争のある問題を通して学ぶ場面があり得ますが、そこでさまざまな主張や見解の根っこにある価値観や思考の枠組みをつかむことなしには、理解も議論も薄っぺらいものになってしまうでしょう。その意味で、大項目Aをしっかり学ぶことが「公共」全体の学習の質を決めるポイントとなります。

大項目Bでは、以下13の「事柄や課題」が学習事項として示されています。

（ア）法
　①法や規範の意義及び役割
　②多様な契約及び消費者の権利と責任
　③司法参加の意義
（イ）政治
　④政治参加と公正な世論の形成、地方自治
　⑤国家主権、領土（領海、領空を含む）
　⑥我が国の安全保障と防衛
　⑦国際貢献を含む国際社会における我が国の役割
（ウ）経済
　⑧職業選択
　⑨雇用と労働問題
　⑩財政及び租税の役割、少子高齢社会における社会保障の充実・安定化
　⑪市場経済の機能と限界
　⑫金融の働き
　⑬経済のグローバル化と相互依存関係の深まり（国際社会における貧困や格差の問題を含む）

　とくに法や政治の分野を見ると、学問体系に沿って内容が網羅されているわけではありません。また、領土問題やワークルール、消費者生活に関わる法的知識など現代的な課題が含まれていることもわかります。「憲法を学ばないのか！」と驚く人がいるかもしれませんが、憲法は中学校（多くは中学3年）で詳しく学習したばかりです。それも踏まえて、大項目Aで、憲法の逐条的な学習ではなく、憲法の根本にある考え方を学ぶことになっています。

　大項目Bで注目すべきは、これら13の「事柄や課題」について、それぞれ「主題」を設定し、生徒の学習意欲を高める具体的な問いを立てて学習を進める、とされていることです。学習指導要領の解説によれば、ここでいう「主題」とは「現実社会の諸課題に関わる具体的な学習上の課題」です。用語が錯綜して混乱する言い回しですが、同じく解説が挙げる例をもとにすれば、こういうことでしょう。

　例えば、「⑩財政及び租税の役割、少子高齢社会における社会保障の充実・安定化」に関する知識を網羅的に列挙して順番に説明していくのではありません。「少子高齢化の進行でどんな財政的課題が生じているか、その課題に対してどう対処すべきか」という「主題」（大きな問い、フォーカス）を明確にし、高齢化と過疎化を背景に赤字路線になった民間バスを取材した新聞記事などの「ネタ」（教材）を示し、「赤字路線バスの存続のために公的資金を導入すべきか」という生徒が考えやすい形の問い（発問）をつくる。つまり、これは教科書の太字ゴチックの用語を順に板書して解説していくだけの授業からの脱却を意図したものと解釈できます。

　大項目Cは「公共」全体のまとめと位置づけられ、大項目AやBと並列的に特定の知識を学ぶところではありません。一言でいうと、大項目Cでは、生徒自身が課題を見いだし、調べたり、考えたり、話し合ったりしながらその課題を探究して、最終的には自分の考えを説明、論述することが求められています。「説明、論述」として一般的な学習活動はレポート作成ということになりますが、アウトプットの形はそれだけではありません。クラスでプレゼンテーションをしたり、行政や議会に提案書を提出したり、新聞に投書したりするなど、さまざまな活動が考えられます。先述したシティズンシップ教育（p.7）の観点からも、「現代社会」の継承・発展（p.9）という観点からも、生徒が自らの課題を決めてアウトプットに至る大項目Cの学習は本質的に重要といえるでしょう。ただし、実践上は、時数の確保や評価の手間など、もっとも多くの課題が現場に投げられてしまう部分でもあります。

本書の使い方

　本書をお使いいただく際には、高等学校学習指導要領「公共」に示されている「A　公共の扉」に対応するAパートから取り組むことをおすすめします。

　本書Aパートで取り上げている功利主義や義務論などについては、理論の解説からはじめて用語の羅列が続いてしまうと、生徒の興味がそがれる恐れがあります。そのような知識伝達型の講義形式ばかりにせず、まずは各章の冒頭にある事例を生徒に示して討議を促し、事例に設けられたジレンマを実感させるという流れがよいと思われます。各項の事例は、唯一解があるようなジレンマではなく、大人でも悩ましいような状況を設定しています。これは、哲学・倫理学が善悪について単純に考える学問ではなく、思索を深めていく探究型の学問であることによります。討論のあとで本書の解説を用いて説明すれば、生徒たちは各事例のジレンマの背景にさまざまな原理的な概念があることに気づくことができます。

　Bパートでは、各項に生徒が自分ごととして考えられるよう工夫された現代社会の諸課題を事例としてあげています。こちらのパートでは、各項の「政治・経済的視点からの解説」にある基本的な知識については先に生徒に習得させてから事例を討議させてもよいでしょう。「公共」科目の目標として、基本的原理を活用して、他者と協働しながら主題を追究することが求められています。各事例の「倫理的視点からの解説」を参考にして、Aパートで学んだ理論を用いて考えることができるよう、キーワードを与えて議論をさせるなどの活動を促してみてください。基礎編では、環境問題など高校生になじみやすく、「公共」を学習するうえで重要と思われる項目を取り上げました。発展編では、財政赤字など高校生が自分の問題として考えにくいであろうテーマを取り上げていますが、いずれも現代社会において高校生にもぜひ考えてほしい課題です。

　生徒の自主的な学習を促し、発表の時間を設けるなどして、自ら考えを深め、発信する力を養う授業に活用してください。

Chapter

A

公共の扉

スマホを持っていない人がいても クラスの SNS グループをつくってよいか

　秋に開かれる文化祭で、全員参加の演劇を行うことになりました。3か月後に迫った文化祭に間に合わせるため、脚本・衣装・音楽・照明など、役割ごとに準備しなければいけないことが山のようにあり、クラスのホームルームだけでは時間がまったく足りません。

　そこで、クラスの全員がスムーズに連絡を取り合う方法について話し合ったところ、2つの案が残りました。

　1つは、クラス全員が参加するSNSのグループをつくって情報共有しながら準備を進めるという案です。SNSは自分が好きなときに見ることができます。また、書き込まれた内容に関係する人が返信することで、いろいろな役割がどの程度まで進んでいるか、クラス全員で共有することができます。ただし、40人からなるこのクラスにはスマホを持っていない生徒が2人います。2人ともスマホに無駄な時間をとられたくないという自分の意志で、ガラケーを使っています。話し合いの中では、「親に事情を話してスマホを買ってもらえばよい」、「スマホを持っている人から、毎日、連絡事項や進み具合を聞けばよい」という意見が出されました。

　もう1つは、毎日、授業のあとにクラス全員が集まって10分間の打ち合わせを行うという案です。全員一堂に集まるので、いろいろな役割の進み具合もよくわかります。また、出演者と裏方の打ち合わせもその場で行うため、衣装や音楽などのイメージが伝わりやすく、準備がスムーズに進むという利点もあります。ただし、毎日集まるのは、「ただでさえ忙しいのに、めんどうだ」という声もあります。また、自分に関係のない話をしているときにも在席しなくてはならず、その時間が無駄だという意見も出されました。

問1 SNSを使った情報共有と、クラス全員が集まる打ち合わせのどちらの方法を採用したらよいと思いますか。その理由は何ですか。

問2 もしも、2人の生徒が経済的な理由でスマホを持っていないのだとしたら、どうしたらよいと思いますか。そのように判断した理由は何ですか。

学習のポイント

● 功利主義は最大多数の最大幸福を目指す考え方であることを学ぶ。

● 功利主義における快楽の「量」と「質」、選好功利主義、行為功利主義と規則功利主義の違い、などのポイントを理解する。

● 功利主義の問題点を踏まえたうえで、社会政策に功利主義の考え方を応用できるようになる。

解説

1. 功利主義の考え方

「みんながハッピー」がよいとする功利主義

功利主義は、私たちの日常生活の判断においてもよく用いられています。

教室にあるクーラーの真夏日の設定温度を28度にするとしましょう。1人の寒がりの生徒が「寒すぎる！　設定温度を32度にして！」と言うとします。39人は28度でちょうどよく、32度では暑すぎると感じています。その場合、「28度がみんなにとってちょうどいいのだから、1人だけのために32度にはできない」という判断をすることもあるでしょう。この判断のやり方こそが功利主義の考え方です。

功利主義は、人間社会の目標は「もっとも多くの人々に対し最大量の幸福を実現させることにある」という考え方で、「最大多数の最大幸福」というフレー

ズで要約できます。功利主義においては、ある行為がよいか悪いかは、この「最大多数の最大幸福」という理想状況に近づく結果をもたらすかどうかで判断されます。功利主義は簡単にいうと、みんなが「ハッピー！」と思うことはよいことで、みんなが「痛い！ 苦しい！」と思うことは悪いことになります。これは公益主義と呼ぶこともでき、何が正しいかを考えるときに、現代でもっとも一般的な考え方かもしれません。

みんなにとってよいこと

　功利主義という考え方は、そもそも社会を変えるために考えられたものでした。イギリスで産業革命が進む時代、豊かな資産家たちが貧しい労働者たちの生活や労働環境に配慮することはまったくなく、その暮らしぶりはとてもひどいものでした。当時のイギリスの街リバプールの労働者層の平均寿命は15歳だったといわれています。これはもちろん乳幼児の死亡率が高かったことによるのですが、工場地帯では煤煙（ばいえん）や廃液が垂れ流しにされていて、長生きできる環境ではなかったのです。圧倒的に人数の多い労働者がひどい環境の中で苦しんでおり、他方で、人数の少ない資産家たちは労働者とは異なり、恵まれた生活を送っています。苦しみの数を合算すると、労働者が苦しむ社会よりも労働者が苦しくない社会のほうが、苦しみの量が少なくなるため、よい社会ということができます。

　ジェレミー＝ベンサムは、より多くの人々の生活を向上させるために、「最大多数の最大幸福」という功利主義の考えを主張したのでした。功利主義の考え方では、人間を性別・民族・人種・年齢などで区別しません。どの人間も同じように一人として考えます。この考え方は当時ではまったく新しいものでした。例えば当時のイギリスでは、女性や有色人種は白人の男性に比べて軽視されて

ベンサム

いました。この考え方に変革を求めたのが功利主義だったのです。功利主義の主唱者であるジェームス＝ミルは、女性の権利獲得のためにも尽力していました。性別や人種、年齢も関係なく、一人を一人の人間として換算し、その合計の多寡（たか）によって、物事の善悪を判断しようとしたのです。

　この功利主義の考え方を用いると、開発途上国の貧困問題に対しても、われわれには行わなければならないことが出てきます。開発途上国のスラム街に日常の食事さえままならない多くの子どもたちがいるという現実があります。「彼らは外国人なのだから、日本人には関係ない」と考える人もいるでしょう。しかし、功利主義では外国人であれ、日本人であれ、苦痛を感じている人々の数が多いなら、それを少なくするほうがよいことであり、日本人もそのための活動をしなくてはならないと考えられるのです。すなわち、日本人が外国の貧しい人々をさまざまな形で援助することは、その人たちのハッピーの量を増加させるので、それはよい行いであるということができるのです。

ハッピーだったらいいのか？

　この「ハッピー」を中心に考える功利主義は、快楽主義の一種とされています。快楽主義というのは、「人間にとって心地よいものが正しい」とする学説です。生徒にいやみや皮肉ばかりを言ってやる気を萎えさせるＡ先生と、つねに細かい心配りをして生徒の気分を高揚させる言葉を使うＢ先生のどちらがよい先生でしょうか。Ａ先生もＢ先生も勉強の教え方は同じくらい上手であると仮定します。やはり多くの生徒は、Ｂ先生のほうがよい先生だと思うでしょう。この考え方は快楽主義と通じるところがあります。

　さて、最初期に功利主義を唱えたベンサムは、子どもの遊びも音楽や文学も同じだけのよさがあると考えており、これは「量的功利主義」と呼ばれています。スマホのゲームに夢中になることも、クラシック音楽やルーベンスの絵画など芸術に夢中になることも、快楽の量が同じなら、同じようによいことであると考えていました。

　しかし、間もなくJ. S. ミルによって、快楽の質的な違いが重視されるようになります。質的功利主義を訴えたミルは次のように言っています。「満足した豚よりも、不満足な人間がよい。満足した愚か者より、不満足なソクラテスのほうがよい。満足した愚か者のほうは自分の側しか知らないからそれで満足している。両方の側

J. S. ミル

を知らないからそういうふうに思うのだ」。

　動物的で即物的な快楽よりも、精神的に満たされる「質」としての快楽が肝心だという主張です。スマホのゲームと古典的な芸術の楽しみを区別することはできるのでしょうか。スマホのゲームは反復しているうちに飽きがきますが、古典的な芸術は快楽が長続きするともいわれています。しかし、これも現代的な考え方では単純に分けることはできないかもしれません。スマホのゲームとクラシックの音楽鑑賞では、どちらが質的に優れているのでしょうか。ゲームの中には子どもっぽいものもあれば、大人の鑑賞に堪えるレベルのものも多くありますし、クラシック音楽の中にもつまらないものはたくさんあります。

快楽の量を増やすだけでよいのか

　しかし、快楽を「質」という点から考えないと、次のような困った問題が出てきてしまいます。人間の脳に機械を埋め込み、非常に強い快楽を与えたとします。その機械から脳にピッピッと電気信号を送ると、脳がとてつもない快楽に満たされて気持ちがよくてポワーンとしてしまうのです。スイッチを切らない限り、ずっと気持ちのよいままです。このような機械を自分の脳に埋め込みたいと思う人はほとんどいないと思われます。この機械が作動していると、たしかに快楽を手に入れることはできますが、それによってその人が幸せになっているとは到底いえません。

　同様のことが、中毒性のあるものについてもいうことができます。麻薬や酒などはその典型的なものです。大量に酒を飲むことは、酩酊することでいやなことを忘れることができ、気分がよくなることから、快楽につながります。また、スマホを1日に10時間以上触っているスマホ中毒といわれる状態の人もいます。スマホを触っている間は、ゲームや動画、SNSに熱中しているので時間が過ぎるのを忘れていますが、気づいたときに「1日を無駄にした」というような後悔をしたことがある人も多いのではないでしょうか。飲酒やスマホはやり方によっては意味のあることにも使えます。しかし、単純に量を増やせば増やすほどよいものであるとは一概にいいにくいものともいえるでしょう。快楽は量が増えることだけでよいこととはいいにくく、その質も勘案しなくてはならないのです。

快楽だけがよいことではない（選好功利主義）

このようなことから、新しい形の功利主義が生まれました。それが「選好功利主義」というものです。選好功利主義は、われわれは快楽にのみ価値を認めるわけではないという考え方です。

甲子園に出場しようとしている野球部員は、楽しい練習だけをしているわけではありません。炎天下にランニングをしたり、筋トレをしたり、苦しい練習を毎日しているでしょう。入試に向けて勉強している生徒も楽しい勉強だけをしているわけではありません。英語の単語はなかなか覚えられなくて苦しいものです。苦しくても、難解な数学の問題にも取り組まなくてはなりません。快楽だけをよいものとするなら、この苦しい練習や苦しい勉強は悪いことになります。しかし、われわれはこの苦しい練習や勉強に価値を認めているから、そのように行為するのです。甲子園への出場や入試での合格という夢に向かって、自分から選んだ価値のある行為なのです。

この選ぶという意味を持つ「選好」という言葉を使った選好功利主義では、人がどのようなものを選んだかが重視されます。単純に快楽があるか苦痛があるかは問題になりません。選ぶ価値のあるものをよいものとするのです。

快楽を与える機械を脳に埋め込むことは、量的な面で、あるいは効き目が強いという点で質的な面でも功利主義的には正しいことになります。しかし、誰もそのようなものを身につけることを選ばないという点から、選好功利主義としては正しい選択ではないということができます。

2. 功利主義の問題点

単純な功利主義（行為功利主義）とその問題点

次に、功利主義の根本的な問題点について考えましょう。

単純な功利主義では具体的な行為とそこから現実に生じる結果が道徳的判断の対象になり、これを行為功利主義と呼びます。ある行為が「最大多数の最大幸福」を成立させる限り、その行為は正しいと素直に判断されるものです。この単純化された最大多数の最大幸福の原則は、致命的な問題点を持っています。

例えば、大きな家に1人のお金持ちが住んでいて、その人は10億円の資産を持っているとします。他方に、その日に食べるものにも困っている貧しい人が10人いるとします。お金持ちにとって100万円は小さな金額ですが、今日食べるものもないような人々にとって100万円は大金です。100万円が手に入れば、10人が1週間お腹いっぱい食事をすることができ、彼らの幸福の量は著しく増すでしょう。

　お金持ちの人が100万円を奪われた場合に減少する幸福の量と、貧しい人が100万円を手にしたときに増加する幸福の量を比べてみると、後者のほうが多いといえます。人数的にも、貧しい人は10人でお金持ちは1人ですから、お金持ちから強盗してきた100万円を貧しい人に配るほうが最大多数の最大幸福という道徳法則に適うことになってしまいます。そうなると、多数の貧しい人が少数のお金持ちから金品を強盗することは、行為功利主義的に正しいことになります。

規則を守ったうえでの功利主義（規則功利主義）とその問題点

　お金持ちの家にたくさんの人が強盗しに行くことが正しいとは奇妙な話です。これに対して、功利主義を正しいと思っている人たちは反論を考えました。

　「嘘をつくな」、「盗みをするな」、「人を殺すな」というような、普通に守られたほうがよいと思われる規則のない社会を思い浮かべてみてください。このような社会は、いつ自分がだまされるか、盗みにあうか、殺されるか心配しなければならない、生きづらい場所といえます。それではより多くの人々の幸福が達成されないことから、より多くの人々のより多くの幸福をよしとする功利主義的にも正しくないと考えられます。

　それなら、守られることでみんなの幸福につながる規則をまずつくろうということになります。「嘘をつくな」、「盗みをするな」、「人を殺すな」という根本的な規則をまずは定めます。この規則を守ったうえで、功利主義を取り入れればよいこととします。このやり方を「規則功利主義」と呼びます。強盗行為を社会的に正しいと認めてしまうと、それこそ社会に不安が広がり、住みづらい世の中になることが容易に予測できます。もちろん強盗が認められている社会など住みやすい社会ではありませんから、全体の幸福の量も減少します。そうな

ると、多数の貧しい人による少数のお金持ちへの強盗行為が、功利主義的にも正しいということはできません。

　規則功利主義では、強盗はたとえ多くの人のハッピーの量を増やすとしても、規則に違反しているので、駄目だということになります。ただし、この規則功利主義に対しても批判があります。「嘘をつくな」、「盗みをするな」、「人を殺すな」という社会全体の安心のためにつくった規則は、社会全体のためになるときにのみ有効です。反対にこの理論によると、時と場合によって、最大多数の最大幸福を達成するためなら、「嘘をつくな」、「盗みをするな」、「人を殺すな」という規則を破ってもよいということもできるのです。

　この規則功利主義の問題点を示すときに多く用いられるのは、戦争の例です。ある都市への攻撃によって戦争が早く終わるのなら、その攻撃はよいことであると、規則功利主義では考えられるからです。しかし、戦争の例はあまりに凄惨であるため、多くの人が不快に感じます。ここでは、空想的な例をあげて考えてみましょう。

　犯罪者を捕まえたり、災害から人々を助け出したりして、ある街を守っているスーパーヒーローを思い浮かべてみてください。さて、あなたは偶然、スーパーヒーローの正体を知ってしまいました。街の新聞社の記者に「スーパーヒーローの正体を知っていますよね」と聞かれたら、あなたはどうするでしょうか。みんなに正体を知られてしまったら、スーパーヒーローは街から出て行かなければならなくなるかもしれません。

　功利主義の考え方を適用すると、その街の人々の安全を考えた場合、嘘をついてでもスーパーヒーローの正体を隠したほうがよいことになりますが、規則功利主義では「嘘をついてはいけない」という規則がありますから、スーパーヒーローの正体についても嘘をついてはいけないはずです。そこで、規則功利主義では、「嘘をついてはいけない。ただし、スーパーヒーローの正体に関する嘘は除く」というように、規則に例外を認めるのです。みんなのためになる嘘というのはいくつもありますから、規則の例外がどんどん増えていくことになります。

　このように、規則功利主義では嘘をつくことを絶対的に禁止することはありません。最大多数の最大幸福を達成するためなら、嘘を容認することになります。そうなると「嘘も方便」とたくさんの嘘が生まれます。私たちは子どものころか

ら「嘘をついてはいけない」と教えられて育ってきました。しかし、規則功利主義の場合、時と場合によって嘘をついてもよいとされるため、一貫性がないという批判が生じることになるのです。

幸福の量をはかることはできるのか

功利主義のもう1つの問題点は、幸福の量をはかることはできるのかということです。功利主義では最大多数の最大幸福が正しいこととされており、幸福の量が増加することほど、より正しいこととされます。これは、幸福の量を具体的にはかることができるということが前提となっていますが、はたして幸福の量をはかることはできるのでしょうか。

地域住民の憩いの場である森林公園をつぶして、大型ショッピングセンターをつくることを考えてみましょう。大型ショッピングセンターができると、これまで以上にいろいろなものを買うことができるようになるので、地域住民にとっては便利になります。また、ショッピングセンターで働く人は、雇用の場が確保され収入を得ることができます。ショッピングセンターの建設には地元の業者も多くかかわるので、地域経済も発展します。

一方、森林公園は地元の人々にとって古くからの憩いの場で、公園内にある池の前に座ってすごす人々の楽しみを奪うという点では、悪いことといえます。森林公園にある子どもたちの遊び場もなくなり、遠くの公園まで遊びに行かなければならなくなるので、そこで遊んでいた子どもたちにとっては不便になります。森林公園の中には、この地域にしか住まない珍しい鳥が巣をつくっています。森林公園がなくなれば、その鳥は他の場所で巣をつくるかもしれませんが、そのまま数が減っていくことになるかもしれません。

さて、買い物を楽しめるよさ、雇用が確保できるよさ、経済が発展するよさ、憩いの場がなくなる悪さ、遊び場がなくなる悪さ、珍しい鳥が見られなくなる悪さ、これらの尺度は違います。経済的に計測可能なものもあれば、そうでないものもあります。そこで問題になるのは、その幸福の量というのは本当に計測可能なのかということです。幸福の量といっても多様な見方があり、一概に明示することはかなり難しいと思われます。そうなると、功利主義をもって正しいということは、ほぼ不可能ではないかという批判が当然そこに生まれるわ

けです。

 ## 討議事例についての考え方

 について

　クラス全体のよさを考えるなら、SNSを使って情報共有することが都合がよいでしょう。しかし、SNSを使った方法では、スマホを持っていないごく少数の人たちが仲間外れになります。また、スマホを持っている人に進行状況などを聞くといっても、十分に伝わらなくて誤解が生じたりするかもしれません。

　他方、クラスの全員が集まってする打ち合わせは、仲間外れが出ないものの、めんどうだと思っている人がいるため、全員にとっての効率のよさはSNSを使った方法よりも減るでしょう。

　行為功利主義の観点からは、より多くの生徒にとって都合がよいSNSを使った方法が正しいといえます。

　規則功利主義の観点からは、「仲間外れにしてはいけない」という規則を功利主義的に考える必要があります。仲間外れが認められることで全体の幸福の量が著しく減るのであれば、仲間外れをしてはいけないということになり、全員集まって打ち合わせをする方法がよいということになります。他方、少々不便になる人がいても全員にとっての都合のよさがより大きいなら、SNSを使った方法が正しいこととなります。

　いずれにしろ功利主義の観点では、最大多数の最大幸福が達成される方法が選ばれることになります。文化祭までの期間限定ということなら、少数の人が不便になることがあってもSNSを使った打ち合わせのほうがよいということになるでしょう。

もちろん他の観点からは、全員が集まる打ち合わせのほうがよいとされるでしょうが、その理由については本書の義務論 (p.27) や公正 (p.38) の項を参考にしてください。

問2 について

経済的理由で仲間に入れない人がいる場合、それを無視して功利主義を適用してもよいのでしょうか。そのほかにも、身体的な問題でスマホが使えない生徒がいる場合、他の生徒全員が便利だからといってスマホを使う方法を選ぶことに抵抗はないでしょうか。

功利主義は一般に少数の人の権利をないがしろにする傾向があります。多数派がよいと言っているのなら、それがよいと押し切ってしまうのです。しかし、少数派に配慮しないのは人道上問題があることはこの事例からもわかります。功利主義を用いるときは、必ず少数派のことを十分に配慮したうえで、実行するようにしたほうがよいといえます。

A-2 義務論

人に親切にすることは善いことか、また人に親切にすることを強制できるか

討議事例

　あなたの学校では毎年、生徒会が学校全体の目標を設定し、それをもとにさまざまな取り組みを行うことになっています。今年の目標は「困っている人の手助けを積極的にしよう」に決まり、生徒の多くがボランティアを始めたり、町中で困っている人がいたら手助けをしたり、クラスの中でもお互いを気遣う場面が増えたりしています。

　2学期に入って間もなく、集中豪雨の影響で学校の近くを流れる川があふれ、20軒ほどが床上浸水する事態に陥りました。床上浸水の被害にあった人たちは、畳をあげたり、汚泥の掃き出しをするなど、重労働に追われています。とくに困っているのは、人手の足りない家や高齢者世帯です。

　先日、生徒会の会合が開かれ、今年度の目標に従い、学校全体で地元の人たちの復旧の手助けをするべきではないか、という意見が出されました。その後、そもそもこのような手助けをすることは善いことなのかどうかという議論になりました。

Aさん「人に親切にすることは、結果的に相手に利益がもたらされることなので、善いことだと思います。この場合、被災した人たちが早く復旧できることが一番なので、理由がどうであれ手助けをすることは善いことなんじゃないかな」

Bさん「自分がそうしたくてするのであれば善いことだけど、親や先生に言われてしぶしぶするのであれば、善いこととはいえないし、すべきではないと思う」

Cさん「親切は他人のことを思いやる気持ちからするものだから、自分の良心に従って人を助けることは、たしかに善いことだよね。でも、親にほめられるからとか、その人からの見返りが期待できるからという理由でするなら、むしろ道徳的に非難されてもしかたがないと思う。

それに、いやいや手助けすることは、道徳的にも正しいことではない
ので、すべきではないと思う」
Dさん「やりたい人がやればいいのであって、やりたくない人はやらな
いほうがいいと思う。道徳的に善いことだから人に親切にしなさい、
というふうに無理強いするのは横暴だと思うし、生徒に災害復旧の手
助けを強制することもやっぱりよくないと思う」

問い　これらの意見を参考にしたうえで、人に親切にすることは善いことか、
また、人に親切にすることを強制することができるかどうかについて、
あなたはどう考えますか。また、そう考える理由は何ですか。

学習のポイント

● 義務論では、幸福の追求ではなく、自分の理性的な意志が命じる道徳法則に
従うことを優先することを学ぶ。
● 義務は、無条件の命令として、「〜しなさい」という定言命法を通じて与えら
れるということを理解する。
● 定言命法の4つの原則を理解する。

解説

1. 義務論の考え方

「したいこと」よりも「しなければならないこと」を重視する

　この項では、人間にとって義務を守ることが大切だと説く義務論について、イマヌエル・カントの考えに沿って説明します。義務論とは、「したいこと」よりも「しなければならないこと」を選ぶよう要求する立場です。

　したいこととは自分の願望です。歌手になりたいとか、楽しく暮らしたいといった願望を実現することは、自分の幸福につながります。ですから、したいことを優先することは自分の幸福を優先することです。他方、しなければならないことが義務です。「中学校へ行くことは義務だ」と言われるときには、個人の願望とは無関係に学校へ行くことが強制されています。中学校へ行きたくなくても、行かなくてはならないのです。

　このことから、義務論は自分の幸福よりも義務を優先する立場だといえます。

欲求に従うことはかえって不自由

　やりたいことをやるということを基本に生きていると問題が生じてきます。私たちは日常、「もうちょっとゲームをしたい。でも、赤点は避けたいから定期試験の準備もしなきゃ」というように、互いに矛盾する欲求にかき乱されながら生きています。ですから、欲望や願望だけに従う生き方はかえって不自由です。こうしたなかで、私たちは自分が本当にしたいことはなんだろう、と問うようになります。このとき、欲求の強さ（量）を基準にして、すごくゲームがしたいと思ったら、そうすればよいのでしょうか。

カント

　例えば、1日に3袋のスナック菓子を食べたいという欲求が生じるとします。しかし、私たちは健康のためにそのような食欲を抑えようとします。このように、欲求とは別の基準に従わねばならないときがあるのです。それが義務だとカントは言います。カントは、欲求に従って幸

福を求めることは自然なことだとわかっていました。これに対して、義務に従う生き方は、幸福への欲求に逆らって道徳法則に従う生き方です。義務論は、そのような生き方を要求します。カントは、正しいことを考える能力である理性を持つことが人間らしさだと考えていました。欲求に振り回される不自由から抜け出して、理性的に義務に従うことによって本当の自由を獲得できると考えていたのです。

義務を要求するのは自分自身 ―「良心の声」としての理性

そうはいっても、義務は押しつけられたものです。義務に従うことは、欲求の奴隷から脱して義務の奴隷になることなのでしょうか。私たちは、親や先生が指示するから人に親切にし、万引きをがまんするのでしょうか。カントの答えはそうではありません。私たち人間には良心があり、良心の声に耳を傾けるなら、おのおの義務に逆らうことなく振る舞うことができるというものです。

良心の声を聴く理性を持った人間は、自ら進んで自分の意志で義務をはたします。私たちは、時に疲れて思いやりの心を忘れたり、友だちにそそのかされて万引きをしてしまったりすることがあるかもしれませんが、後悔し、反省することができます。時に義務に反する行動をとってしまう人間は、だからこそ道徳的なルールや法則を尊敬し、これに自由に従うのです。このようにして義務をはたす人間のあり方を、カントは「自律」と呼びました。自分の良心の声に耳を傾けてこれに従うのが自律です。親や先生の声に従い、法律で決まっているからしかたなく守るというのは、他人の命令を聞くこと、すなわち「他律」です。

「人に親切にしなさい」とか「万引きをしてはいけません」などという義務がどれほど立派なものであったとしても、それを進んで守ろうとする人間がいなければなんの意味もありません。ですからカントは、義務であることを認めて義務に従おうとする人間の意志こそが善いものだと考えました。カントは、この善い意志だけを無条件に善いものとしたのです。

義務論ではやったことではなく、なぜやったかが大事

ですから、実際に人に親切にすることや万引きをしないこと以上に、そのような行動をとった理由が大切なのだとカントは考えます。

　なかには、「とにかく人に親切にしたのだから文句ないでしょ」とか「万引きをしなかったんだからいいじゃん」と言いたくなる人がいるかもしれません。ですが、いい人だと思われたいから人に席を譲った場合や、店員に見つかりそうになったから万引きをやめた場合も、立派な行動だと称賛すべきでしょうか。

　人に親切にすることや万引きをしないことは義務と一致していますが、カントはこうした行動でさえも道徳的とはいえないとしています。道徳的な行為はあくまで、そうしたことは義務だからという理由でなされねばならないのです。法律で決まっているから万引きをしないという他律に基づく行為は、義務と一致した合法的な行為ではあっても、自分の良心の声に従った自律的な義務に基づく道徳的な行為ではありません。

　また、自分の幸福を優先して行ったことがたまたま義務と一致したとしても、道徳的な行為とは呼べません。店員に見つかって警察に突き出されるのはいやだから万引きをしないことは、義務に反してはいません。しかし、義務に基づく道徳的な行為ともいえません。

義務論の問題点　―義務論は自然な感情を否定しすぎる

　合法的な行為と道徳的な行為を区別するカントの考え方には問題もあります。私たちの常識的な感覚からすると、人に親切にしたいからそうするという人こそ道徳的に立派な人ですし、子どもを愛しているから守るという親の情も称賛されるべきものです。義務論では、義務に従うこととは、したいことをがまんすることだと説明されがちです。そのため、相手のことを思いやるといった自然な感情を過小評価していると批判されます。

　功利主義 (p.16) のような、動機よりも結果が大切という帰結主義の立場からは、結果的に義務とも一致しているし、合法的行為であるなら十分だという批判もあります。良心の声といっても、それはしつけや教育の結果かもしれません。そうすると、法律で決まっているから盗まないということも、親にほめられたいから人に席を譲ることも、道徳的に見てよかったといってもよいことになります。社会に善いできごとが起こりやすくするためには、カントのような厳格な立場を貫くよりも、結果としてよいことになるような行為を認めたほうがよいという意見も出てくるのです。

2. 義務を示す命令の独特なかたち

定言命法と仮言命法

カントによれば、善い意志を持つ人間は、自ら進んで自分自身に義務を課すことができる自律的存在です。とはいえ、人間が義務に従って善いことをするのは難しいことです。他人のことよりも自分のことを優先し、自分の得になるように相手を出し抜こうとする誘惑に負けてしまうのが人間です。このことをカントはよく知っていました。

人間は義務に従うよりも自分の幸福を求めてしまいがちなので、義務は、こうした傾向に逆らうかたちで、命令として人間に与えられます。例えば、人に席を譲るには、疲れた体をかかえた自分に対して、「人に親切にしなさい」と自分で命令しなければなりません。

カントによれば、義務は、人間という理性的な意志を持ったものすべてを、いつでもどこでも拘束する道徳法則でなければなりません。ですから義務は、「〜しなさい」とか、「〜するな」と言い切る無条件の命令として表現されます。これをカントは定言命法と呼びます。これに対して、「…したければ、〜しなさい」とか、「…したくなければ、〜するな」という条件つきの命令の表現法をカントは仮言命法と呼びます。仮言命法は、道徳法則を提供できません。「大学に行きたければ、勉強しなさい」という命令では、大学に行くという願望や目的を持っていない場合には、勉強しなくてもよいことになるからです。このような例外を一切認めない定言命法だけが、絶対的な道徳法則である義務を提供できるのです。

義務の衝突

義務や道徳法則を定言命法で表現すると、義務に例外を認めることができなくなります。すると、ある義務を守ろうとすると別の義務が守れなくなるような状況についてうまく考えることができなくなります。

嘘をついてはいけないことが義務だとすれば、「人命を守るためならば、嘘をつきなさい」という仮言命法は許されなくなります。人殺しから逃げる少女をかくまった場合でも、かくまっていないと嘘をつくことはいけないことになります。

しかしながら私たちは、人を助けることも義務だと知っています。この場合は、人を助ける義務と嘘をつかない義務が衝突しており、ここではとくに生命にかかわることから、人を助ける義務が優先されると考える人も多いのではないでしょうか。しかし、それはカントの考えとは異なります。カントはそのような場合でも、それが義務ならば嘘をついてはいけないとしているのです。

定言命法①　普遍的法則の原則

　カントによれば、「無条件に善いのは善い意志だけ」でした。義務自体ではなく義務に従う意志に価値をおくカントは、義務に従うこと自体ではなく、どのようにして義務に従うのかに着目します。つまり理性を持つものとして、自分で進んで道徳法則に従うとはどのようなことなのかを明らかにしました。このような観点から、カントは幸福を求めがちな私たちに迫ってくる定言命法の特徴について、おもに4つの原則を示すかたちで説明します。

　善い意志に従う理性的な人間は、自分の幸福にとらわれて、自分を例外として特別扱いすることのない人間です。そうした人間は、自分の生き方のルールがいつでも、どこでも、誰でも守るべき普遍的なルールとなることを、理性に基づいて望みます。このように生きるよう要求する定言命法の特徴が「普遍的法則の原則」と呼ばれます。

　例えば、入学試験でのカンニングについて考えてみましょう。入学試験で受験者の全員がカンニングをすると、自分がカンニングをして好成績をとる意味がなくなってしまいます。カンニングというのは自分だけがずるいことをして試験制度をくぐり抜けたい、他の人にはカンニングをしてほしくないという思いでするものです。したがって、カンニングをするという自分を例外とするようなルールが普遍的法則となることはありません。逆にいうと、カンニングを禁止するルールについては普遍的法則となることを意欲することができますので、このルールは義務だといえます。

定言命法②　人間性の原則

　「普遍的法則の原則」を自分の意志で守る人間は、理性的な行動を通じて善いことを実現します。このような人間の行為は、最終的に相手をだまして得をす

るために人に親切にするサギ師の行為と違って、道徳的であることを目的としています。人間らしい道徳的な生き方を貫く人間は、何かの手段としてではなく、それ自体として価値があります。そのような人間自体を大切にするよう要求するのが「人間性の原則」です。

　この原則は、「人を物のように扱ってはいけない」と言いかえることができます。物は値段をつけて売買され、お金もうけや便利な生活を送るための手段として利用されます。しかしながら、人間をそのように利用してはいけません。なぜなら、道徳的な人間にはそれ自体として価値があるからです。カントは、このような人間の価値を尊厳と呼びました。私たちは、時に食卓で同級生にソースを取ってもらったりするかもしれませんが、自分の手下のように人を利用してはいけないと「人間性の原則」は命じます。人とのかかわりのなかで、人を手段として利用する側面を完全になくすことはできませんが、相手を尊重する態度がその中心になければならないのです。

　それでは、悪いことをした人間、例えば、カンニングをした人に対してはどのように接するのが正しいのでしょうか。カントは、罰を与えるべきだとしています。罰を与えずに許すことは、「おまえがやったことは悪いことだと伝えても通じない」と、子ども扱いすることになり、かえって相手に失礼だとします。尊重されるべきなのは、自分だけカンニングをすることは悪いことだと理解し、そうしてしまった自分を自分で罰することのできるはずの理性的な人間です。したがって、カンニングをしてしまった人間に対するふさわしい接し方は、罰を与えることとなるのです。

　こうした考えに対しては、義務を自主的に守ることだけが価値あることとされるので、それが可能な人間以外の存在を軽視することにつながるという批判もあります。カントの見方では、動物はいうまでもなく、判断力の未熟な子どもや、重度の認知症の老人などの価値を認めることも難しくなってしまいます。

定言命法③　自律の原則

　カントにあっては、人間は自分の意志で道徳法則に従わねばならないのでした。自分が従っているルールを自分が立てたルールだと見なせるように行動することを迫るのが「自律の原則」です。自分が従っているルールが普遍的な法則であ

り、しかもそのルールが自分の立てたものだと見なせるとき、人は自分のことを自律的だと見なせます。

クラス内で、複数の生徒が特定の生徒をいじめている例について考えてみましょう。クラス内のいじめを察した先生が、いじめにかかわっているのは誰かを明らかにしようとして生徒に聞いたとします。このとき、先生に聞かれたからいじめている者の名前を言うのは、他人に従って行動するという他律的な態度です。

これに対して、自律的な人間は人をいじめることは普遍化できない悪いことだと考えます。また、いじめをなくすために、いじめの首謀者たちが先生から適切な指導を受けることが、彼らを人間として尊重することだと理解します。そして、正直に話すことを普遍的な法則として立て、いじめについての状況を隠し立てすることなく正直に話します。このように、自らがルールの制定者となって道徳的な秩序をもたらすことを定言命法は要求するのです。

定言命法④　目的の国の原則

4つめの「目的の国の原則」は、「自分が自分の生き方のルールを通じていつでも普遍的な目的の国における立法府のメンバーであるかのように、行為しなさい」と表現されます。何が道徳的に正しいのかを自分で考えてその答えを求める人間は、その答えを普遍的なものにしようとします。

一例として、カンニングが悪いことだと考える人間は、すべての生徒がカンニングをすることはいけないことだと考え、カンニングをしないようにすることを実現しようとします。社会では、何が悪いことであるのかについては、少人数なら全員が、大人数なら代表者が実際に集まって、議論を積み重ねることによって決定されるでしょう。しかしカントは、人々が集まって話し合いをしなくても、個々人が単独でも普遍的に正しい判断を下すことができると信じていました。

個人がどのように行動するかを決定する場合でも、みんなで話し合ってみんなで決めたかのように考えて行動するなら、自然と正しい行動をすることができるでしょう。一人ひとりがカンニングは悪いことだと考え、全員がカンニングをしないようにするだけでなく、他人に対してもカンニングをしないように要求することが道徳的だとカントは考えます。したがって、「他の人はどうする

かわからないけれど、自分はカンニングをしない」という態度は、カントの考え方では道徳的な態度ではありません。

　「目的の国の原則」が成り立つためには、全メンバーが他のメンバーも普遍的な道徳法則に自律的に従う理性的存在だと信頼し合っていなければなりません。定言命法に従う人間は、そうした信頼に支えられた道徳的な社会をつくり上げる義務を負うのです。家庭も友人関係も学校も社会も、大げさなことをいえば世界全体が、このような義務に基づいて道徳的に善いものにされねばならないとカントは言うのです。

討議事例についての考え方

Ａさんの意見について

　親切にされた人に結果的に利益がもたらされることを理由に、理由はどうであれ「人に親切にすることは善いこと」と判断しているので、功利主義の立場になります。功利主義は、社会に幸福が増える行動を義務として要求します。災害にあった人の手助けをする行為は、被災者の状況が改善されるので善いことといえます。

Ｂさんの意見について

　自分のしたいことや喜びが行動の基準ですので、幸福を重んじる立場になります。「親や先生に言われたからする」という態度を否定している点では、他律を否定するカントの考えと重なる部分もあります。しぶしぶならやらないほうがいいと考えていることから、これは義務として強制できないという意見です。災害

復旧の手助けをするのも、生徒の有志を募って、やりたい人だけでやればよい
ということになるでしょう。

Cさんの意見について

　人に親切にすることは善いことだと断定し、そのように自分で考えてやった
かどうかを重視している点で、「普遍的法則の原則」と「自律の原則」を認めて
いるものだと考えられます。Aさんの意見と異なり、結果的に義務と一致して
いても理由が利己的だとダメだと考えている点でもカントの考えと一致してい
ます。人に親切にすることを善いこととしている点で「人間性の原則」とも一致
しています。しかしながら、他人も理性的であると考え自律的に義務を守るこ
とを要求する「目的の国の原則」まで認めているかどうかはわかりません。この
意見をもとにして義務として強制できると主張するためには、人間には良心があっ
て、自分の心を見つめれば人に親切にしなければならないことがわかる、とい
う主張が必要です。災害復旧への手助けは生徒がみなやる気になっているなら
それは善いこととして実施できるでしょう。

Dさんの意見について

　道徳的善悪はその人がどう感じるかがすべてであって、そのことを合ってい
るとか間違っているとかいえないと考える立場です。これは現代人が好む「人そ
れぞれ」という考え方ですが、カントはこれに対して、普遍的な道徳法則はある、
それが人間にはわかる、と主張するのです。カントなら、困っている人を助け
ることを普遍的な道徳とするのなら、復旧の手助けをするのも普遍的な道徳と
なるので実践すべきと考えるでしょう。しかし、個々人の判断にゆだねるとい
う現代的なかたちでは、このような援助はなされないことが多そうです。それ
が人として善いことなのかということは、再考してみてもよいかもしれません。

A-3 公正

目の前にあるケーキを
どのように分けたら公平といえるだろうか

討議事例

　あなたの家におじさんが遊びにきて、あなたと弟へのお土産に、おいしそうな円形のケーキを1つ買ってきてくれました。2人はケーキをどのように分けたらいいか迷っています。そこで、みんなが納得する方法を考えてみることにしました。

あなた「じゃんけんがいいんじゃない？　じゃんけんで勝ったほうが全部食べられるっていうのは？　じゃんけんだったら同じ条件での勝負だからうらみっこなしだよね」

弟「じゃんけんで負けたら、全然食べられないの？　それはイヤだな。じゃあ、おじさんが買ってきてくれたんだから、おじさんにどういうふうに分けるか決めてもらうのがいいんじゃない？」

おじさん「家の手伝いをたくさんやってるほうに食べてもらいたい気もするけど、単純に比較できないしなぁ。前に似たようなことを聞いたんだけど、どちらか1人がケーキを2つに切って、切ってないほうが最初に自分の好きなほうを選ぶのは？　この方法なら、2人とも不満が残らないんじゃないか？」

　あなたはどうしますか。ここまでの誰かの案に納得しますか。それとも別の案を提案しますか。

学習のポイント

● 社会的な課題を追求したり解決したりする際の考え方の基盤の1つとなる「公正」概念について、基本的な理解を得ることを目標とする。

● 公正概念を理解するために、類似する他の概念（公平、平等、手続き的正義）との類似点や相違点を考察する。

● 「公正としての正義」を論じた哲学者であるジョン=ロールズの概念装置（原初状態や無知のヴェール）、および「正義の二原理」を理解する。

解説

1. 公正と類似する諸概念：公平、平等、手続き的正義

公正とは何か

　まず、公正とはどのような概念か、類似する他の概念とどのような関係にあるのかを確認することにしましょう。公正とは、公平で偏りがなく正しい状態を指します。公明正大なさま、すなわち、公平で私心、不正や隠しごとがなく（公明）、態度や行動が正しい（正大）様子を示す語です。学術語としてはjusticeの訳語として用いられるほか、「公正としての正義（justice as fairness）」論を展開したジョン=ロールズ以降、fairnessの訳語としても用いられています。

　では、公平とは何でしょうか。公平とは、公平無私ともいわれるように、判断や行動にあたり、自分の利益や感情を判断基準から外し、ひいきをしないことを指します。学術語としては、impartialityの訳語として用いられます。すわなち、いずれの当事者（parties）にも肩入れせず、偏りのない中立的な立場にあること、およびそのような立場からくだされた判断の性質を指す語です。

　したがって、公正とは端的にいえば、特定の者をひいきすることのない中立的な立場にあって、態度や行動が正しい状態のことです。

公正と平等

　例えば、あなたが提案したじゃんけんで決めるというやり方は、どちらか一方をひいきすることなく決定を導くという点において、たしかに公平です。しかし、はたしてこのやり方は、両者にとって平等だといえるでしょうか。

　平等 (equality) とは、偏りや差別がなく、みな一様に等しいことを指します。すなわち、偏りや差別がないという点では公平と同じですが、平等はなんらかの等しさを要求するのです。とはいえ、この等しさは「完全な等しさ」と単純におきかえることはできません。

　ここで、少なくとも「機会の平等」と「結果の平等」を区別して考える必要があるでしょう。じゃんけんで決めるというやり方においては、たしかに機会の平等が成立しています。じゃんけんをする前にはどちらにもケーキを食べる機会が平等に与えられているからです。しかしこの場合、当然ながら結果の平等は成立しません。結局、ケーキを食べられるのはどちらか1人だけだからです。このように公正であることと平等であることは、必ずしも同じではないのです。

権威に基づく公正

　では弟が提案した、ケーキを買ってきてくれたおじさんのような、特定の誰かに分け方を決めてもらうというやり方はどうでしょうか。この場合、一見すると公正は成り立たないように思えます。しかし場合によっては、公正なやり方になり得ます。例えば、ケーキの上にフルーツがのっている部分とそうでない部分の違いを考慮したり、次回は別のお土産を持ってくるから、ケーキの分け方に不服がある人は次回のお土産で優先権が与えられるようにしたりするなどです。単なるひいきではなく、みんなが納得できる理由によって分け方を決めるのであれば、このやり方も公正だと考えられます。

　ただし、みんなが納得できる理由をどこまで強く考慮するか、また分け方

を決める人にどのような権威や裁量が必要なのかについては議論があるでしょう。この例でいえば、購入者であるという理由のみでおじさんがその役を担うことができるでしょうか。ケーキを買ってきた人が決めてよいということで、おじさんが「長男が好きなだけ食べてよい、次男は長男が残した分だけ」と決めたなら、弟は大きな不満を持つでしょう。権威に基づく公正も、その権威や裁量にみんなが納得しないことには成り立たないといえるのです。

　ケーキを完全に等分して2人に与えるという結果の平等だけであれば、権威や裁量がなくても実現可能ですが、公正の場合にはそうはいきません。兄弟の体の大きさに配慮したり、生クリームが嫌いな人がいる場合は別のものを準備するなど、より公正な分け方を熟慮する必要があるのです。

公正と手続き的正義

　おじさんが提案した、1人がケーキを切り、もう1人が先に好きなほうを選ぶという案は、機会の平等も結果の平等も成立していませんが、公正なやり方だと考えることができます。このやり方では、一方はケーキを切ることができるのに対して、他方は選ぶことしかできないので、機会の平等は成立していません。また、人間の手によって2つに切られたケーキがまったく同じ大きさということはあり得ず、結果の平等も成り立ちません。しかし、一種独特な方法で公正なやり方だといえます。この方法では、切るほうは切り方が不揃いだと大きいほうを相手にとられてしまうので、なるべく同じ大きさになるように努めるはずです。他方、かりに選ぶほうがほぼ同じ大きさのケーキから小さいほうを選んだとしても、本人の判断でそうしたのだから納得できないという問題が生じることはありません。すなわち、このやり方は決定にいたる手続きが正しいのだと考えることができます。このように、公正が手続き的な正しさを指す場合もあります。

2. 公正としての正義

原初状態と無知のヴェール

　先述のロールズは、公正をキーワードに正義を論じた哲学者として知られて

います。彼は現実社会に存在する社会的・経済的不平等と向き合って、社会的便益の適正な分配や社会的な権利と義務の割り当てについて、合意することができる原理が必要だと考えました。義務論 (p.27) と同様に、人間には従うべき義務的な制約があり、それに基づいて行為すべきであると考えたわけです。その際、行為の動機として公正を中心に据えたのです。

ロールズ

　ではわれわれは、どのようにすればロールズがいうような、みんなが合意できる原理にいたることができるのでしょうか。そこでロールズは、自らの考察を進めるにあたって社会契約論 (p.46) を復権させます。伝統的な社会契約論においては、自由で平等な個人からなるのが自然状態でした。これに対応するのがロールズの「原初状態」です。

　原初状態とは、正義の概念を導くために設けられた仮説的な状態で、そこにおいて合理的な人々が平等な自由のもと、自分たちの社会の基本的構造のための原理を受け入れます。

　原初状態は「無知のヴェール」に覆われており、正義の原理はこれに覆われた状態のままで選択されます。ヴェールとはウエディングドレスなどを着るときに顔の前にかける布のことです。ロールズは何か意思決定するときには、思考に先立って無知のヴェールをかけてみようではないかというのです。意思決定をするときに、現在の自分に属するさまざまなものを全部捨てて、ヴェールをかけるように考えてみようということです。すなわち、この原初状態においては、誰も社会における自分の境遇、階級上の地位や社会的身分について知らないばかりでなく、持って生まれた資産や能力・知力・体力、その他の分配・分布において、どれほどの運・不運をこうむっているかについても知りません。

　この原初状態における当事者たちの選択が、正義の原理を決めるのです。無知のヴェールがかかった状態で獲得された合意は公正であるとロールズは考えます。自由で平等である合理的な当事者が公正（フェア）な条件のもとで、それぞれが合意できるもののみを正義の原理と見なすがゆえに、「公正としての正義」なのです。

正義の二原理

　ロールズによれば、無知のヴェールがかかった状態で判断した人は、最終的に以下の原理を全員一致で選択します。これが公正としての正義の実質をなす「正義の二原理」です。

　第一原理は「自由原理」とも呼ばれます。すなわち、各人は他人の自由を侵さない限りで、等しく基本的自由（参政権、言論・集会の自由、思想および良心の自由など）を享受する権利を持つという原理です。

　第二原理は（a）「格差原理」、（b）「公正な機会均等原理」から成り立ちます。この原理によれば、社会的・経済的不平等が許容されるのは、（a）最も不遇な人びとに最大の便益が与えられる場合（格差原理）と、（b）社会的に高い地位や経済的に恵まれた職に対して、すべての人に公正（フェア）な機会が平等に与えられている場合（公正な機会均等原理）に限られます。第二原理によって、高額な給与を受け取るような職種の存在も、その職に就く機会がすべての人に公正に、そして平等に与えられている限りで正当化されます（b 公正な機会均等原理）。一方で、そのような人々に、より高い税金を課す累進課税制度も正当化されます（a 格差原理）。

　また、2つの原理には優先順位がつけられています。すなわち、第一原理が第二原理に優先し、公正な機会均等原理が格差原理に優先します。自由は自由のためにのみ制限されるのであって、効率性や便益などの経済的考慮が自由を制限することになってはなりません。そして、機会の不平等は、機会の少ない人々の機会を拡大するものとしてのみ正当化されるのであって、便益を拡大するためのものではありません。

マキシミン・ルール

　なぜ、人々はこの正義の二原理を選択するのでしょうか。1つには、ロールズのいう「マキシミン・ルール」が働くからです。マキシミン・ルールは、予想される最悪の結果によって選択候補をランク付けることを私たちに命じます。すなわち、選択肢の中で最悪の結果に注目し、ある最悪の結果が別の最悪の結果よりは優れているような選択肢を採用するように命ずるルールです。当たり

が1万円ではずれるとなにももらえない（0円）くじと、当たりが5,500円ではずれが4,500円のくじを考えてください。はずれのほうに着目するなら、0円よりも4,500円のほうがよいことがわかります。マキシミン・ルールではこのように悪いほう（くじのはずれのほう）に注目して判断します。原初状態において人々は、無知のヴェールをとったあとに自らが社会的・経済的に不遇な立場である場合を考慮して、格差原理を選択するはずです。

　例えば、経済的な成功を重視する人を考えてみましょう。そのような人にとっては、自らが経済的に恵まれた立場で生まれ、またそのような立場の人々が優遇される社会が考えうる最高の社会かもしれません。逆に、自らが経済的に不遇な立場で生まれ、かつそのような人々にいかなる支援も行わない社会が最悪の社会でしょう。そこで、自らが不遇な立場で生まれたときのことも想定します。食費にも事欠き、病院にも行けず、学校に通うこともできないという状態には耐えられないと考えます。そこで、最悪の結果よりは優れている選択肢、すなわち経済的不遇な立場にある人々の格差の是正に努める社会を選択するのです。

人々の協働

　人々がロールズのいう正義の二原理を選ぶもう1つの理由は、この原理が人々の「協働」を可能かつ必要とするからです。人々は各自の目的を追求するにあたり、便益の取り分がより大きくなることを選好するため、便益の分配がどれくらいの大きさになるかに関して、無関心ではいられません。そのため、例えば経済的に恵まれた立場の人々とそうではない人々の間に利害の衝突が起こることになります。そこで、適正な分配に関して合意事項を確定するために、原理が必要となります。それが正義の原理です。

　例えば、恵まれた立場の人々は、すべての人に平等に便益が配分される社会では努力の意味を見いだせなくなるかもしれません。他方、不遇な立場の人々も、恵まれた立場の人々のみが優遇される社会では積極的に活動することをやめるかもしれません。こうして、正義の原理によって適正な分配に関して合意された社会は、恵まれた人も不遇な人も納得することができ、社会における人々の協働が可能になります。逆にいえば、正義の原理は、社会における利害の衝突を避けるために必要なのです。

討議事例についての考え方

行為の動機を重視するのか、結果を重視するのか

この事例においては、問題を解決しようとする場合に、そもそも公正を重視する考え方があったと見なすことができます。というのは、おじさんも含めて「みんなが納得する」方法を考えるということは、すなわちみんなにとって公正 (フェア) な方法を考えるという動機からなされていたからです。

行為の動機として公正を重視する考え方は、人間には従うべき義務的な制約があり、それに基づいて行為すべきであると考えます。ロールズの場合、われわれすべてが同意することができる義務的な原理として正義の二原理を提示したのです。

幸福を重視する考え方

他方、行為の結果である個人や社会全体の幸福の量を重視する考え方もあります。可能な選択肢とその結果を比較・検討し、その行為によって影響を受けるであろうすべての人々の幸福を全体として最大限にもたらすような行為ほど、道徳的に正しいとする考え方です (「功利主義」〈p.16〉を参照)。あなたがケーキを全部食べた場合、弟がケーキを全部食べた場合、2人が半分ずつケーキを食べた場合など、実行可能な選択肢をあげて、それぞれの場合にどのような結果が予想されるかを比較・検討し、おじさんも含めたみんなの幸福を全体として最大限にもたらすような行為が選ばれることになるでしょう。

現代社会においても、行為の動機として「公正」を重視する考え方が反映されている具体例を見いだすことができます。社会システムとしては、累進課税制度や生活保護法などがあります。事実、現在の日本でもこれらの制度が採用されており、その点では現在の日本では少なくとも部分的にはロールズ流の公正としての正義の考え方を採用していると考えることができます。

A-4 社会契約論

どうしてルールを
守らなくてはいけないのか

あなたの高校の最寄り駅周辺は自転車の放置禁止区域に決められており、駐輪場が設置されています。しかし駅から離れている場所は放置禁止区域に定められていません。あなたの高校は駅から離れていることもあり、通学路に自転車が何台も無断駐輪されていて、それらをよけて通学しなくてはいけません。無断駐輪の自転車をよけて歩きながら、生徒がルールについて話し合っています。

Aさん「ルールで禁止されていないから、この通学路に自転車が駐輪されているんだよね。町全体を駐輪禁止区域にすればいいのに。法律などのルールは社会の秩序を維持するためにあるんだから、どんどんルールで決めたらいいんじゃないかな」

Bさん「でも町全体を駐輪禁止にするというのは、意味がないよ。学校の裏側にある空き地なんかは、無断駐輪しても誰の迷惑にもならないんだし。必要なルールは決めるべきだと思うけれど、なんでもかんでもルールにするのは反対だな」

Aさん「みんなが好き勝手な行動をとるようになると、迷惑する人が増えると思う。歩道にまで自転車がとめてあると、視覚障がいのある人が点字ブロックを使えなくなったり、ベビーカーとか車いすの通行が妨げられたり、本当に迷惑。社会でルールを決めて、みんなはそれを守ればいいだけなんじゃないかな」

Bさん「でも、ルールの中には納得できないものもある。例えば歩きスマホを禁止する条例をつくろうという話があるみたいだけど、そんな条例ができたら困るな。歩きながら地図アプリを見ることもあるし、歩いているときに急な電話がかかってくることもあるよね。スマホに関する条例をつくるなら、10代の意見も聞いてほしいよね。自分たちの意見が反映されたルールなら、みんな積極的に守るんじゃないかな」

問い これらの意見を参考にして、どうしてルールを守らなければならない
のか、考えてみましょう。また、そう考える理由は何ですか。

A

公共の扉

　学習のポイント

● 社会契約論とは、自然状態にある個人が安定した生活を送るために、お互い
　に社会契約を結んで法律などの社会的な取り決めを守るよう強制する権力機
　構が必要だ、と考える理論であることを学ぶ。
● ホッブズは自然状態を戦争状態と考え、平和を維持するためには強力な国家
　が必要だと考えたことを知る。
● ロックは自然状態でも人間はある程度自然法を守っていると考え、自然権を
　守ってくれない国家に対する抵抗権を認めたことを理解する。

解説

1. 社会契約論の基本的な考え方

　人はなぜ道徳的なルールをつくり、それを守るようになったのでしょうか。
ここでは、個人が社会のルールに従う義務は社会契約によってはじめて生じる
と考える社会契約論について説明します。とくに、ホッブズとロックの考えを
紹介します。
　社会契約論では、国家に代表される社会は、自然状態にある自由な個人が安
定した生活を送るために社会契約を相互に結ぶことによって、はじめてつくら
れると考えます。そしてこの契約を維持するためには、法律などの社会的な取
り決めを守るよう強制する権力機構が必要だと考えます。

2. 戦争状態である自然状態からの脱却　―ホッブズの場合

自然状態は戦争状態

　ホッブズは、ピューリタン革命期の内戦状態のイギリスを生きてきました。そのため、人間が本能のまま生きるということは、周りをかえりみず他人を傷つける恐ろしいことだと考えました。人為的な決まりごとのない、人間の自然な状態は、戦争のような状態であると考えたのです。

　ホッブズからすれば、自然状態の人間こそが本来の人間です。自然状態にある人間は、自己の欲求に正直に生き、自己保存を唯一の目的として活動する利己的な存在です。自然状態の人間は自分の利益を合理的に追求しているのだともいえます。

　ただし、自然状態においては、自分の利益を合理的に追求する活動を制限するものは何もありません。つまり、自制心が働きにくくなるのです。これは誰に対しても平等にあてはまり、誰もが生きるために必要なパンや肉、野菜を好きなだけ際限なく求めます。このような自然状態においては、全員が自らの欲求を十分に満たすことはできなくなります。なぜなら、自己保存のために必要なものは似通っているだけでなく、量が限られているので、当然全員に行きわたらないことになるからです。

　ですから自然状態の人間は、生活必需品を確保するために、際限なく力を求め他人に勝とうとします。ところが、どんなに力の強い者でも他の者が束になってかかれば倒すことができます。個人が自己保存を保証するような力を手に入れることはできないのです。かといって、際限なく自己保存の欲求を満たそうとしている人間に、譲り合いの精神で利他的な行動をとることを期待することはできません。したがって、自然状態では、他人はすべて自分の生存をおびやかす敵となります。そして、自然状態は絶え間ない戦争状態に行き着くことになるのです。

ホップズ

　この「戦争状態」という言葉遣いを極端だと感じる人もいるかもしれません。しかし、政府

が存在する現代社会においても、戦争を含めて、さまざまな争いごとが絶えません。自然災害などで飲料水や生活必需品が不足しがちになると、人々が品物を求めて店頭に殺到し、口論やけんかが起こることもよくあります。ホッブズは、自然状態の人間について、「人間は人間に対して狼である」と述べ、自然状態を「各人の各人に対する戦争」状態と表現しました。こうして人間は、自然状態にあっては、自己の利益を追求しようとすればするほど、自己の生存をあやうくすることになるのです。

自己保存のための自然権が自己の生存をあやうくする

ホッブズは、人間には自己保存の欲求を満たすために必要と思われることなら、どんなことでも自由に行う権利があると考えます。その権利があるので、自然状態においては自己保存のための行動を制限するものは何もありません。例えば、他人が災害時に備えて蓄えておいた食糧であっても、自分の生命を守るためであれば、自由に食べてもかまわないのです。

とはいえ、自分の食糧が奪われるのを黙って見過ごす人はいません。人の食糧を奪って自分の命をつなぐという自然権があれば、反対に自分の食糧を守るために戦うという自然権もあるのです。ですから、自然状態においても自然権があるとはいっても、自然権を行使することがつねに成功するわけではありません。また、食糧を盗む者がいたり、食糧を奪われないように武装する者がいたりする状況は、自由な状況とはいえません。

このような不自由を力づくで克服しようと、自然権を過度に行使するとき、戦争状態への道が開かれます。こうして、自己保存のための自然権がかえって自己の生存を厳しいものにしてしまうのです。

人間を戦争状態から抜け出させるもの、それは情念と理性

ホッブズによれば、このような矛盾から抜け出すきっかけは、「死への恐怖」という情念と、平和に導く方法を発見する理性にあります。情念のおかげで人は平和を強く望むことになりますが、これだけではどうやって平和を実現したらいいのかわかりません。平和への道筋を示してくれるのは理性なのです。逆に、理性だけでは平和への強い動機づけを与えることはできないので、情念が必要

となります。情念と理性の両方があってはじめて、平和が可能となるのです。

平和に導く自然法

　ホッブズによれば、人間は理性を使うことで社会を平和に導くことができるという一般法則を発見します。これを自然法といいます。自然状態において自然権を考えなしに行使して、食糧を食べたいときに食べるなどすると、他の人間と対立し、最悪の場合、戦争状態を招いてしまいます。そういうことはやめて、もっとましな生活をするためには人と協力する努力を怠ってはいけないよ、と教えるのが自然法です。

　自然状態における戦争状態を終結し、平和という秩序をもたらす自然法は、第一に、平和を求め、平和の秩序に従うことを求めます。第二に、かえって争いを招く自由な自然権の行使をお互いに放棄し、他人と同等の自由で満足することを命じます。ここから、自然権の一部をお互いに譲りわたす社会契約を結ぶことが要求されます。そして第三に、結ばれた契約を履行することを求めます。

　この契約によって、こうした契約を履行することが正義であり、履行しないことが不正義となります。そして、際限なく自然権を行使することが禁じられるようになります。

自然状態では自然法を守れない人間には強力な国家による強制が必要

　人間は理性という知的能力を持っているので、このような自然法を守れば平和が実現されることを理解することはできます。しかしながら、自己保存の欲求に支配されている人間は、平和に導く自然法を自然状態において自力で守ることができません。そこでホッブズは、人間に自然法を守らせるためには、社会契約を相互に交わすことによって自然状態から社会状態へと移行するだけでなく、社会状態の秩序を維持するための共通の権力が存在し、この権力が市民から恐れられている必要があると考えました。死への恐怖に強大な権力への恐怖が加わってはじめて、すべての人が自然法を守るというのです。

　ホッブズによると、共通の強大な権力を確立するためには、各人の自然権の一部、すなわち各人の力と強さを放棄して、誰かに譲りわたさなければなりません。そして、譲渡された誰かが政治的に権威を持つ主権者として法律と体制

を整備し、各人の安全と平和を保障しなければなりません。それと同時に、各人も主権者のすることを自分たちのすることとして認め、主権者の意志や判断に従うことが不可欠です。こうしたことを約束することが社会契約であり、この契約によって各人の力を合成して、まるで1人の人間のようになったものが国家です。

　平和を実現するためには、国家は、絶対的な権力を持たねばなりません。この権力が弱まって主権が市民に移るとき、社会状態は戦争状態へと逆戻りするとホッブズは考えます。

まとめ

　以上のように、ホッブズにあっては、社会の決まりや国の法律に従う義務は、利害関係を共有する利己的な人間が自己保存を確実に実現するために相互に社会契約を結ぶことによって生じます。ホッブズの社会契約論では、強大な権力を持つ国家をキリスト教の聖書に登場する海の怪獣リヴァイアサンにたとえています。ですからホッブズは、劣悪な政府であっても問題視していないとか、当時の絶対王政が行っている専制政治を擁護していると非難されています。しかし、ホッブズからすれば、怪物のように見える国家も、理性的に見れば、平和をもたらす神の使いでもあるのです。ホッブズの思想における、利己的な人間像についても批判があります。しかし、自由で平等な個人を大前提として、個人の人権を守るという観点から国家の成り立ちを説明している点で、ホッブズが現代にも通じる考え方を提供していることは間違いありません。

3. 市民権の安定的確立のための契約　—ロックの場合

自然状態でも自然法は守られている

　名誉革命に参加し、議会の権利を確立することに貢献したロックは、人間の自然な状態を考えるとき、開拓時代のアメリカをモデルにしました。ロックは人間の自然状態をホッブズのような戦争状態と考えず、おおむね平和で安定し

ロック

たものと考えていました。

　ホッブズは自然状態の人間は自己保存を追求する利己的な存在だと考えました。他方、ロックは、自然状態においても人間はある程度理性的で、自然法の範囲内で行動するように、ある程度規律を守って生きていると考えます。ロックの考える人間は、自然状態でも自分の権利だけでなく相手の権利も尊重できるため、ある程度自由で平等です。したがって、自然状態にあってもお互いの自然権もある程度保障されます。

自然権としての所有権

　ホッブズの自然権は、自分の生命を維持するために必要と思われることならどんなことでも自由に行う権利でした。一方、ロックの自然権は、他者の自由を奪うことなく自己の自由を確保する権利となります。具体的には、自分の生命・自由・財産に対する所有権です。

　ホッブズの場合は、生きるために必要なものが誰のものかはっきりしないために、この調達をめぐって戦争状態になりました。しかしロックの場合は、生活に必要なものに対する自分の権利と他人の権利を区別する基準が定められることになります。その基準とは、生活に必要なものが誰の労働の成果によるものかということです。

　自分の体は自分の所有物なので、体をどのように使うかは自分の自由です。したがって、自分の体を自由に使って自分が生きるのに必要なものを調達することは自由です。そして、労働によってその成果として調達したものを自分の財産として所有する権利があるとロックは考えます。要するに、誰のものでもない土地を自分で耕すことによってできた田畑と農作物は、自分の所有物となります。その農作物を料理して食べることは、所有権を認める自然法によって保障されるのです。

自然状態から社会状態に移行する必要性　―もめごとはどうしても起こる

　以上のように、自然状態がおおむね平和で安定しているのであれば、社会契約をして政府の存在する社会状態に移行しなくてもよいのではないかといいたくなるかもしれませんが、そう簡単にことは進みません。

　自然状態において自然法に従った秩序を維持することは、個人にゆだねられています。例えば、自分の畑は不作だったが、隣の畑は豊作だという状況で、隣の作物を盗まないようにするのも個人の自制心にゆだねられています。隣の人が作物を盗んだときに、この損害を取り戻したり罰を与えたりすることも、被害者にゆだねられています。このような状況は、自然状態における個人にとって不便です。自然状態では、所有権が侵害される恐れがつねにあります。理性的な人間同士でも、所有権をめぐるもめごとはどうしても起こるのです。

　そこで、各人の所有を確実なものにするために社会契約を結んで国家を建設し、その政府を信じて所有権の保護を託すことが必要になります。このような状況に促されて人間は社会契約を結ぶのだとロックは考えます。このように、所有権の保護を確実にするために相互に社会契約を結ぶことによって、国の法律に従う市民の義務が生じます。

ロックの考える市民社会の国家

　ホッブズは、戦争状態を防ぐために強大な国家が必要だと考えていました。他方、ロックの考えでは、市民が法律を定めることによって、自然法の望む秩序を安定的に維持することが政府の役割です。このように、国家は市民の権利を保護する目的でつくられたものですから、国家が存在できるかどうかは全面的に市民の同意に基づくことになります。つまり、主権はあくまで市民の側にあるのです。

　このように、ロックの場合、政府が国家の秩序を維持する活動は、あくまで市民の信託に基づいて、市民の代理として行われています。したがって、政府が市民の所有権を保護できない場合には、市民には政府に抵抗して、よりよい政府につくりかえる抵抗権が認められることになります。

　現代に目を移すと、私たちは他の国の国籍や市民権を取得することで日本国民であることをやめることができますし、国民投票により日本国憲法を改正することもできます。このような考え方には、社会契約と抵抗権に対するロックの考えが反映されています。

討議事例についての考え方

Aさんの意見について

　ルールのない社会では、多くの人が快適な生活を送ることができなくなるという理解に立ったうえで、社会がつくったルールを守っておくのが安全だと考えています。そのような判断に基づいて、今あるルールを守ることに同意しているわけですから、ホッブズの社会契約論に近い考え方だといえます。無断駐輪禁止を取りしまる行政にルールづくりをゆだねていることから、行政の権威を認めているところもホッブズの社会契約論に近いといえます。

Bさんの意見について

　Bさんはルールの大切さは認めているものの、なんでもルールにしてしまうのはどうかという疑問を持っています。また、自分たちもルールに対してかかわりを持つべきだという主張をしています。自分たちが適切だと考えたルールであれば積極的に守るだろうとも言っています。この立場はロックの考え方に近いものといえるでしょう。

A−5 幸福

コンピュータによる仮想現実だとしても願望がすべてかなえられたら幸せといえるか

討議事例

　S氏という人が交通事故に遭いました。この人は体と脳に激しい損傷を受け、歩くことも話すこともできなくなり、ベッドに寝かされています。ただし、この人が普通の患者と異なるのは、コンピュータにつながっている電極が脳に差し込まれ、あるプログラムが実行されていることです。このプログラムは、この人の性格やこれまでの人生を正確に踏まえて作成されていて、その人生の続きを脳内で再現するものです。それだけでなく、プログラムの中では、この人の人生で生じるあらゆる苦痛を遠ざけ、望んでいるあらゆる願望を実現することができます。この人は、脳内で再現された人生の続きで、友人や同僚、家族に囲まれ、何不自由ない生活を送っています。

　S氏のおかれた状況について、次のような意見が交わされました。

Aさん「この人は幸福だと思う。コンピュータのプログラムのおかげで、苦痛もなく、あらゆる望みをかなえながら生きていけるんだから」

Bさん「でも、あらゆる望みがかなえられるとしても、それはこの人が実際に体験していることじゃないよね。全部コンピュータがつくりあげた幻想だよ。本当に幸福だといえるようにするには、自分の望んでいることを実現していることが必要じゃないかな」

Cさん「じゃあ、この人がもし自分の意思でコンピュータにつながれたのだとしたらどうだろう。自分で選んだ状態が実現されているなら、幸福といってもいいんじゃないかな」

Dさん「うーん、でもそんな状態を見て、家族はこの人を幸せだと思うかな。本人がそれでよくても、幸福とは何か違う気がするんだけど」

問い　S氏がおかれた状況について、あなたは幸福だと思いますか。Aさん、Bさん、Cさん、Dさんの意見をもとに考えてみましょう。

👆 学習のポイント

● 幸福とは何か、に関する主要な考え方として、快楽説、欲求充足説、客観リスト説の3つの立場を理解し、議論に応用できるようにする。
● 幸福を第一の目的と考える立場としての幸福主義、またその一形態である功利主義による最大多数の最大幸福の考え方を理解する。
● 幸福主義の問題点を理解するとともに、社会政策として幸福にはどのような考えがあるかを学ぶ。

🧑‍🏫 解説

　私たちが、コンピュータにつながれたS氏を幸福と考える、あるいは考えないのは、どのような理由によるのでしょう。ここでは、その理由を手がかりに、「幸福とは何か」を考えます。幸福についての現代の標準的な議論としては、快楽説、欲求充足説、客観リスト説という3つの立場が知られています。それぞれの立場がどのような主張を行うかを確認していきましょう。

1. 幸福とは何か

幸福とは快楽である：快楽説

　まず、Aさんの意見は「S氏はコンピュータのプログラムのおかげで、苦痛もなく、あらゆる望みをかなえながら生きていけるんだから、幸福だ」というものでした。たしかに、この事例でS氏は、プログラムがその望みをすべて実現してくれる、主観的に完全に満たされた状態にあります。このような満たされた状態を「快楽を得ること」と呼びましょう。ここでいう快楽には、お腹がいっ

ぱいであるときのように基本的なニーズが満たされていることに加えて、好きな音楽を聴くときのように楽しさや心地よさを得ている状態も含まれます。私たちは満足感や楽しさ、心地よさを感じているとき、幸せを感じます。このように、快楽を得ることを幸福と考えれば、S氏もまた幸福な状態だと考えられます。つまり、Aさんの意見は快楽を重視するものだといえます。

幸福とは「快楽を得ること」だという立場は、「快楽説」と呼ばれます。この立場は、古代ギリシャのエピクロスに由来します。現在でも、快楽にふけって生きる人を「エピキュリアン」と呼びますが、この呼び方は彼の名前に由来します。現代で快楽説を代表するのは功利主義 (p.16) です。功利主義の創始者であるベンサムは、幸福とは快楽を増大することだと考えました。簡単にいえば、おいしい、楽しい、心地よいなどの快楽を得るとき、私たちは幸福であり、まずい、つまらない、痛いなどの苦痛を受けるとき、私たちは不幸だという考え方です（快楽の量と質の違いについてはp.20を参照してください）。

快楽のみでは足りない：欲求充足説

他方で、快楽説には次のような批判があります。それは、快楽説は幸福に必要な欲求の充足を無視しているという批判です。この事例でS氏は、コンピュータの作成したプログラムによって、自身の欲するあらゆる快楽を得ることができています。しかし実際には、ただベッドの上で寝ているだけで、その欲求は満たされていません。たとえS氏がハンバーガーを食べたいと欲して、その味や匂いが脳内で再現されたとしても、実際には何も食べていないのです。本当は欲求が満たされていないのに、それを幸福だと考えるのは、少しおかしい気がします。

この点、Bさんは、「幸福には望みを実現していることが必要」と指摘しています。このように、幸福にはその人の欲求が実際に充足されていなくてはならないと考える立場は、「欲求充足説」と呼ばれます。欲求充足説から見れば、コンピュータにつながれたS氏は、完全な快楽を得ていたとしても、欲求の充足がなされていないため、幸福ではないと考えられます。Bさんの意見は、このように欲求充足説に基づいたものといえるでしょう。

よき生の実現：客観リスト説

　では、快楽と欲求の両方が満たされていれば、人は幸福といえるのでしょうか。Cさんは、S氏が自分の意思でコンピュータにつながれた場合を考えて、「自分で選んだ状態が実現されているなら、幸福といってもいいのではないか」と指摘しています。つまり、もしS氏がコンピュータにつながれることを自分で選択したのであれば、その欲求を充足させながら、同時に快楽を得ることにもなります。Cさんの考えでは、そのように快楽も欲求も満たされているのであれば、その人は幸福といってよいことになります。この点で、Cさんの考えは快楽説と欲求充足説を合わせたものといえるでしょう。

　しかし、私たちはS氏の姿を見て、この人が幸福だと考えるでしょうか。Dさんは、「もし家族がS氏の状態を見たら、幸福だとは思わないのではないか」と指摘しています。このように、快楽や欲求の充足があってもなお、その人を幸福ではないと考えるなら、幸福には個人の主観では決まらない客観的な要素がかかわっていると考えられます。

　幸福のための客観的な要素が存在すると考える立場は、「客観リスト説」と呼ばれます。この立場では、幸福であるためのすべての人にとって望ましい条件があると考えます。幸福であることが自分だけでは決まらないと考えることは、少し奇妙に思えるかもしれません。しかし、誰かの幸福について他の人が意見する場面を見れば、そのような考えがなじみのあるものだとわかります。

　例えば、ある高校生が進路について、「夜の駅前でギターの弾き語りをして生活していきたい」という希望を提出したとしたら、先生はこの生徒に就職するか、大学に進学するよう勧めるかもしれません。この場面で先生は、生徒の幸福を無視しているわけではなく、客観的な視点から見て生徒の幸福を考えているのです。このとき先生の考える幸福の条件には、安定した職や収入を得ることなどがあるでしょう。

アリストテレス

　客観リスト説は、古代ギリシャのアリストテレスに由来します。アリストテレスの議論の特徴は、富や家柄のような幸福に必要な個々の条

件だけでなく、幸福である人間のあり方そのものを提示する点にあります。そのような人間のあり方を、アリストテレスは「エウダイモニア」と呼びます。エウダイモニアは、日本語では「幸福」と訳されます。これは正確には、ギリシャ語で「よく生きていること、よくやっていること」を意味します。ここでの「よい」とは、それぞれの事柄やものならではの能力や個性がうまく発揮されている状態をいいます。例えば、よい職人とは、職人としての能力を持ち、それを発揮する人のことです。幸福な人間、すなわちエウダイモニアを達成している人間とは、人間ならではの能力や個性を発揮する人のことだといえます。

　では、人間の発揮すべき能力や個性とは何でしょう。アリストテレスによれば、それは理性です。なぜなら、人間以外の動物は理性的に考え行動することができませんが、人間は理性を用いて考え行動することができるからです。このように考えれば、人間の幸福とは、理性に従って生きることだといえます。Dさんは、S氏が自らの意思でコンピュータにつながれる状況を考え、それを幸福とはいえないと指摘していました。アリストテレスに照らしていえば、S氏は理性という人間に固有の能力を発揮できていないのであり、幸福ではないと考えられるということになるでしょう。

2. 幸福の追求に関する諸問題

　ここまでの議論は、人々が幸福を追求することを当然のことと見なしたうえで、その中身となる「幸福とは何か」を検討するものでした。しかし、幸福の追求はあくまで社会の中で行われるものです。そして、社会には幸福のほかにも義務や徳、名誉などの重視すべき事柄があります。では、それらと幸福はどのよう

な関係にあるのでしょうか。また、人々の幸福の追求は、社会の中でどのように行われるべきなのでしょうか。ここでは、このような幸福の追求にかかわる問題を、他の項の概念とも関連づけて検討します。

幸福は究極の目的である：幸福主義

　私たちの社会には、幸福の追求のほかにも重要と思われるさまざまな事柄があります。例えば、相手と交わした約束を守る義務は、私たちが社会生活を送るために必要なものです。では、そのような社会的に重要な事柄は、幸福とどのような関係にあるのでしょう。

　社会的に重要なさまざまな事柄のなかで、幸福こそがもっとも重要なものだと考える立場は「幸福主義」と呼ばれます。幸福主義の代表的な議論としては、ここまでに見てきたアリストテレスの議論や功利主義があります。アリストテレスによれば、幸福とは、さまざまな事柄の「よさ」のうちでもっとも高い位置づけを持つ、最高善です。最高善とは、つねに目的とされ、何かの手段となることがないものです。例えば、働くことは収入を得るという目的のための手段ですが、収入を得ることもまた、衣服や食料を手に入れるという目的のための手段です。しかし、アリストテレスによれば、幸福はこのように何かの手段としてではなく、つねに目的としてのみ追求されるものです。

　功利主義もまた、義務のような社会的に重要な事柄はすべて、幸福のために追求されるものだと考えます。例えば、功利主義では約束を守ることの義務は、それが幸福を達成する手段であるために、重要だと考えられることになります。つまり、私たちは約束を守ることで幸福になれるからこそ、約束した内容を守るのです（約束を守ることのような義務や規則を重視する功利主義として、規則功利主義〈p.22〉があります）。

幸福主義に対する批判：義務論

　しかし、このように幸福をもっとも重要なものとする考えには批判もあります。例えば、カント（p.29）は、約束を守ることの義務は、理性がそれに従うことを命じるから重要なのであって、幸福の手段であるから重要なのではないといいます。カントの考えに従うならば、約束を破ることで幸福になれるとわかっ

ていたとしても、私たちは理性に従って約束を守るべきなのです。

　このように、カントは義務が幸福の手段であることを否定することで、幸福主義を批判します。とはいえカントは、人々が幸福を求めることまで否定するわけではありません。カントにとっても、人間は幸福を求める存在です。しかし、カントにとって重要なのは、義務に従うことが理性によって求められる確実な事柄であるのに対し、幸福の追求は理性によらない不確実な事柄だという点にあります。理性的存在である私たちに求められるのは、理性の命じる確実な事柄に従うことです。そのため、理性ではなくあやふやな経験に基づき幸福を追求することを、第一の目的としてはならないのです。

幸福と運

　他方で、幸福の追求には、カントのような厳格な批判だけでなく、より現実的な問題もあります。それは、運悪く幸福を実現できない場面をどう考えるかという問題や、個人の幸福と社会の幸福がぶつかる場面をどう考えるかという問題です。

　まず、運の問題について見てみましょう。例えば、客観リスト説のアリストテレスは、富や家柄などの要素も、幸福のために必要なものと考えます。しかし、それらの要素は、必ずしも私たちの努力だけでどうにかなるものではありません。このことは、快楽説や欲求充足説をとってみても、望んだ快楽を得ることや欲求を充足することが、必ずしも私たちの思いどおりになるわけではないという点で同様です。そもそも、幸福を実現するためのチャンスは、家の裕福さや、生まれつきの能力によっても左右されるでしょう。このように、私たちの幸福は多くの場合、運の問題とかかわっているのです。

　このとき、私たちは運によって左右される状況に目もくれず、その時々の「よき生」を追求すればよいと考えることもできます。古代ギリシャから古代ローマにかけて興ったストア派と呼ばれる立場の人たちは、そうした生き方を追求したことで知られています。現在でも、禁欲的な生き方をする人を「ストイック」な人と呼びますが、その呼び方はストア派の名前に由来します。しかし、私たちの多くは、そのような賢者のような生活を望まないか、たとえ望んだとしても達成できないように思えます。

個人の幸福と社会の幸福：功利主義

　そのため、幸福と運の問題は、社会的な問題として考えられることになります。幸福を社会全体の問題として考える立場として、ここまでに見た功利主義があります。功利主義は、すでに見たように幸福主義の1つです。他方で功利主義は、幸福を個人の問題ではなく、社会全体の問題として考えます。功利主義によれば、社会は個人の集まりであり、社会の幸福は個人の幸福をひとまとまりにしたものです。そのため、「最大多数の最大幸福」という言葉が示すように、功利主義は、社会全体の幸福を最大にすることを、個人の幸福を最大にすることと考えます。

　しかし功利主義の、幸福を社会全体の問題として考える、まさにその見方については批判があります。その批判とは、功利主義が、ときとして個人の幸福を犠牲にしてしまうというものです。例えば、多くの人が工業製品を安く買うことができるようにするため、一部の労働者を安い賃金で長時間働かせる場合を考えてみましょう。このとき、多くの人が安い製品を買うことで全体の幸福は増えるかもしれませんが、少数の人々の幸福は犠牲にされてしまいます。

幸福の追求と公正

　このような功利主義への批判として有名なものに、ロールズの議論 (p.42) があります。ロールズは公正の観点から、功利主義が少数の人々の幸福を犠牲にすることを問題にしました。ロールズが重視するのは、社会で生じる幸福の偏りを修正する社会のしくみです。ロールズは、人々の自由をできる限り保証するという原則のもとで、（1）人々が競争に参加するための公正な機会の均等を保証すること、（2）競争でよりよい地位に立った人の財産を恵まれない人々のために分配することを主張します。（1）は「公正な機会均等原理」に、（2）は「格差原理」に対応します。例えば、（1）人々が競争に参加するための公正な機会の保証としては、家の経済状況で進学のチャンスに差が出ないようにするための、奨学金制度が考えられます。また、（2）競争でよりよい地位に立った人の財産の分配としては、ビジネスの成功でたくさんの収入を得た人に対する累進課税制度が考えられます。

　このように、競争の機会を保証したり財産を再分配したりするしくみをつく

れば、社会の幸福のために、少数の人々の幸福が犠牲にされる場面に対処することができます。またこれらのしくみは、運の問題についても同じように助けとなります。もし、私たちが運悪く自分の幸福の実現に失敗したり、そのチャンスに恵まれなかったりしても、競争の機会を保証したり財産を再分配することで、私たちの幸福の追求を間接的に手助けしてくれるのです。

　ここまで述べたように、幸福は、公正のような他の概念とかかわりを持つことで、十分な仕方で追求することができるようになるものです。私たちはつねに、幸福が他の重要な概念とどうかかわるのか、考えることを求められています。

この項の内容は、JSPS特別研究員奨励費JP20J11383、公益財団法人上廣倫理財団平成30年度研究助成金の助成を受けて執筆したものである。

生徒会長だからといって
独断でイベント開催を決めてよいだろうか

討議事例

　今年度の生徒会長のＡさんが定例役員会で中間報告を行いました。

Ａさん「これまで毎年、夏休み前の土曜日に球技大会を行っていましたが、今年は球技大会をやめて校内ダンスコンテストを行おうと考えています。先月から教頭先生に、実施時期や会場について相談をしながら詰めていたのですが、だいたいのスケジュールや内容のイメージが固まったので、報告します。コンテストの審査は地元の人たちにも協力をお願いする予定です。このイベントは、地域住民との交流の場にもしたいので、学区の自治会にも声をかけて進めていきます」

Ｂさん「ついこの間、Ａさんから聞いて、おもしろい企画だとは思ったけど、『まず他の生徒会の役員たちとよく話をしないといけないね』と言ったはずです。球技大会を楽しみにしている人もいるんだから、勝手に話を進めるのはおかしいと思う」

Ａさん「生徒会長に立候補したとき、『新しいイベントなど楽しい場をつくりたい』と意見表明して、私が選ばれたはずです。イベントを実施することについても、みんなの了解を得ていると思っていましたが」

Ｂさん「それは少し無理があるよ。Ａさんはたしかに、生徒会長の選挙でスローガンを示していたし、たくさんの票を得て会長に選ばれたけど。だからといって、球技大会をやめて校内ダンスコンテストをやることまでみんなが賛成したことにはならないでしょ」

（ほかの役員からもさまざまな意見が出されて、少し混乱。状況を見て）

Ａさん「では、この定例会で、役員会としての決をとりましょう。今日出席している人たちに多数決で認められたら、そのあと細かな手順も決めていきましょう」

Ｂさん「ちょっと待って！　いきなり賛成か反対か、といわれても困るよ。そんなの民主的じゃないよね」

問い Aさんのこの提案が適切といえるかどうか、民主的な進め方という観点から考えてみましょう。

学習のポイント

● 民主主義という考え方の歴史的な背景、意義、内容について整理する。

● ルソーの直接民主制、ハーバーマスの熟議民主主義など、民主主義における合意形成のしかたについて理解する。

● 間接民主制の意義、そこにおける代表性、代表者による多数決の意味について考える。人々の意志（民意）を確認するための実際のしくみについて学ぶ。

解説

1. 民主主義・デモクラシーという考え方

民主主義とは

民主主義と訳される「デモクラシー」は、「デモス」と「クラシー」という言葉が合成されてできています。デモスは、民衆、大衆という意味です。政治の実態など、しくみに着目するときは民主制といわれます。

民主制は、古代ギリシャの社会・国家のアテナイのポリスでの政治の進め方の1つとして意識されたものです。古くは、『歴史』の著者として有名なヘロドトスが、政治の体制を支配者の数に着目して、下のように整理しています。

この場合の民主制は、奴隷を除く成年男子が参加できるものでした。

その後、プラトンは『国家』の中で、賢人・哲人といわれる立派な人による支配を理想的なものと考え、民主主義への否定的な見解も示しました。

支配者の人数	政治体制
1人	君主制
少数	寡頭制または貴族制
多数	民主制

なお、古い時代の分類としては、アリストテレスの整理が有名です。彼は、ヘロドトスの支配者の数という基準に加え、公共の利益にかなうものかどうかという視点を加えて、次の6つに分類しています。

	1人での支配	少数による支配	多数による支配
公共の利益にかなう	王制	貴族制	国制
公共の利益にかなわない	僭主制	寡頭制	民主制

　ここでも、民主制は望ましくないものとされています。

　近代化が進むなかで、人々が支配者に従うのは人々がそういう約束をしたからだという理由づけで説明がなされていきます。これは、ロック、ホッブズ、ルソーなどが考えた社会契約論といわれますが、これを背景に民主主義はよいものであるという考えが一般化しています。

　今日、民主主義にはさまざまな形態があるものの、一般的に理念としては他のしくみよりもよいものと考えられています。なお、民主主義に対する皮肉を込めた表現としては、チャーチルの「民主主義は最悪だ。ただし、今まで存在したあらゆるしくみを除いては」という言葉が有名です。

民主主義と支配

　民主主義では人々が為政者を選びますが、人々は選ばれた為政者の指示に従う必要があります。例えば、新しい音楽ホールの建設が市長選挙の争点となっている場合、賛成派の候補と反対派の候補が立候補して、賛成派が当選した場合には、新しい市長は音楽ホールを建設しようとします。もちろん市民の中には反対派もいるでしょうが、多くの市民は新市長の音楽ホール建設の指示に従うでしょう。

　そこで、どうして人は支配者や支配者が定めたルールに従うのかという「支配の正当性」の問題が起こります。マックス＝ウェーバーは支配の正当性について、大きく次の3つに整理しています。

・カリスマ的支配：人々が信用・信頼する人が言うことだから従おう。

・伝統的支配：昔からこうであった、または以前困ったときにこのように手を打ってうまくいったので、それに従おう。または、こういうことをよく知っている長老の言うことを聞こう。

・合理的支配：納得できるきちんとした理由があるから、それに従おう。

　3番目の合理的支配が民主主義となじみやすいところがあります。民主主義は、民つまり自分たちが主人だということが出発点になっています。そのため、自分たちで決めたことなら、自分たちが従うのは当然だということになります。しかし、すべてのことを自分たちで決めることは不可能なので、決めるための代表を選ぶことになります。自分たちが選んだ代表が為政者となり、その人が決めた法律などのルールに従うべきである、という考え方になります。

　シュンペーターによれば、民主主義とは、「政治決定に到達するために、個々人が人民の投票を獲得するための競争的闘争を行うことにより決定力を得るような制度的装置」とされます。民主主義による政治的な意志決定とは、以下のようなしくみといえます。

・みんなが何をするかを決めることである。
・そのためには投票というやり方が行われる。
・だから投票でどうやって多数になるか競い合う。

民主主義と合意形成

　さて、「みんな」という主人である主権者がどう合意を形成するのかという問題が次に生じます。

　みんながそうだという場合、一番単純なものとして、全員の意見が一致すればよいということが考えられます。しかし、全員一致にいたることは少ないので、多数決によって行われることになるでしょう。その場合、決定に参加する人の範囲や割合などを定めます。半数以上の人が賛成すればよいとする単純過半数、例えば3分の2や4分の3の賛成を必要とする特別多数決といったしくみも考えることができます。

　また、人々全員が決定に参加する直接民主制はルソーが考えていたものです。彼の場合は、個々の利害に基づく考えである「特殊意志」やそれを合わせたものである「全体意志」ではなく、その社会・国の人々が目指すところの考えがある

としました。公共の福祉にかなって国が目指すもので、これを「一般意志」と呼びます。

　今日では、代表者による政治のしくみとして議会制、代表制、代議制などと呼ばれるものが発達してきています。

　ハーバーマスは、人々がよく議論し合うことの大切さを指摘しています。その主張は、熟議民主主義、討議民主主義といわれています。ハーバーマスは国や政府だけが公共にかかわるのではなく、一般市民一人ひとりが意見を述べて参画するべきだと考えました。人々が自由にかつ批判的に意見を交換して、そこで築かれた主張を公論として国や政府に突きつけるという公共的なプロセスを重視しました。ハーバーマスによると、民主主義にはコミュニケーション的行為という名の討議が不可欠とされています。人々は自分の言葉に「客観的真理」、「規範的正しさ」、「主観的誠実さ」をもって討議に参加し、合意形成にいたるよう努力しなければならないと考えていました。打算や無理強いされた意見が混じらない討議によってこそ、民主主義の政治的な正当性が確保できると主張したのです。

　なお、さまざまな民主主義の分類をしたレイプハルトが、とくにコンセンサス型に注目していることも、民主主義での途中の過程を重視したものといえます。

2. 選挙という手続きと「民意」のとらえ方

民主主義を実現するうえで一般に認められる間接民主制の意味

　選挙で選ばれた代表は、その人に投票した人々の具体的な希望をかなえるためのみに活動するのか、その人に投票しなかった人も含めた人々全体のために活動するのかといった点も議論されます。政治の場面では、議員が選挙区の人々の意見を伝えてその希望を実現するために活動するのか、選挙区の人々に拘束されず議員としての活動をするのかといった問題もあります。この点については、一般には、自分を選んでくれた個々の地域の人々などの課題について議論することはあっても、それに限らず、広く全体のために活動するものと考えられています。

　日本国憲法前文にある「日本国民は、正当に選挙された国会における代表者

を通じて行動し」は、

・国民主権を前提とし、

・間接民主制を採用し、

・国会が国民を代表して行動する

ことを意味します。さらに、国会議員は、選挙によって選ばれた公務員、すなわち、「全体の奉仕者」として、日本国民全体のために働くことが求められます。

A

公共の扉

「民意」の反映と選挙

　選挙は有権者の意思がはっきり確認される機会です。しかし、選挙というしくみ自体の持つ限界もいくつかはっきりしています。

　選挙を行うためには、選挙に加わる人となる有権者の範囲をどうするかを決めることが必要です。平成の時代にも選挙権の認められる年齢が、かつての20歳から18歳に引き下げられています。歴史をさかのぼれば、参政権には資産や性別などによる制限がありました。1890（明治23）年に始まった選挙制度でも、1925（大正14）年までは多額の国税を納めている男性にしか参政権は認められていませんでした。そして、女性に参政権が与えられるようになったのは第二次世界大戦後の1945（昭和20）年でした。

　選挙では立候補した人の中から代表者を選ぶわけですが、考え方が共通する人々が政党をつくり、選挙のたびにそれぞれの政党からマニフェストと呼ばれる具体的な目標が記された公約が発表されます。それによって、有権者はいくつかの重要な問題でどう意見が分かれているかを知ることができます。

　現在の選挙制度では、人々が主権を発揮できるのは投票のときだけといった言い方がされることもあります。選ばれた人たちが政策を決めていくときには、もはや反対でも意見を言う機会はほとんどありません。

　また、選挙は有権者が実際に投票することに意味があります。政治自体に関心がなく、面倒なので投票にも行かないという国民が増えるにつれ、低投票率といった問題も出てきました。例えば、投票率が40％の場合、そのうちの51％の票を得れば過半数をとっていることになるので一般的には民意ということになります。有権者全体からみれば20.4％にすぎないのに、これが民意となってしまうのです。

重要な課題については、国民・住民の意見を確認するために国民・住民投票が行われる場合があります。日本国憲法には、憲法改正については国民投票による国民の賛成が必要であることが定められています。また地方自治体においても、産業廃棄物処分施設の設置の是非について住民投票（2019年12月、静岡県御前崎市）が行われたこともあり、活用されるケースも増えてきています。具体的な課題についての意見を確認することへの関心が高まってきているものといえます。

 ## 討議事例についての考え方

生徒会の規約と生徒会長

　Aさんは、生徒会長に選ばれた以上、イベントについては、自分の考え方で進められることが原則であると考えています。それに対して、Bさんは、生徒会長を選ぶこととイベントについて決めることは別であり、イベントについては役員間でしっかりと議論をすべきだと考えています。Aさんの意見と、Bさんなど他の役員の意見は分かれている状態にあるといえます。

　学校生活に関して、生徒会をつくり、毎年、生徒会の代表者である生徒会長を選ぶことは、生徒会の運営のために必要なことです。

　生徒会についての規約には、生徒会長や他の役員の選び方、選ばれた生徒会長が代表となること、定期的に会議を開くことなどが定められている程度で、生徒会長の権限など細かな事柄がすべて書かれていることはほとんどないでしょう。だからといって、生徒会長の独断ですべてを決めることができるというわけでもありません。生徒会長は他の役員と話し合って、生徒会の中で合意形成をしていくことが暗に要請されているといえます。

　Aさんが主張する、生徒会長は自分の考え方のみでイベントの実施を進められるという事柄は、生徒会の規約に記されていないでしょうし、他の役員も納得できるものではないでしょう。Aさん自身も、生徒会長立候補の意見表明では「新しいイベントもやって楽しい場をつくりたい」と言ったかもしれませんが、

球技大会を中止してダンスコンテストを行うことについて言及していたわけではありません。全校生徒にも他の生徒会役員にも賛否の確認がとれていないなかでの球技大会の中止やダンスコンテストの実施は、独断専行と批判されてもしかたがありません。

そんなの民主的じゃないよ！

生徒会長にはあらゆる権限があるのよ！

生徒会の役員会での多数決の意味

　生徒会の役員会が開かれた場合、そこでの意見のまとめ方については、参加者が十分内容を理解し合って合意にいたることが望ましいでしょう。しかし、どうしても意見が分かれるときには、多数決によって決定することが一般的です。討議事例でも生徒会長のAさんがBさんからの反論に対して、その場で多数決をとろうとしています。

　多数決が有効となるためには、まずどれくらいの出席者数があれば議事として成り立つかという「議事定足数」を定めます。そして、その議事定足数を満たしたうえで、実際の表決でどれくらいの多数が必要かという「議決定足数」が定められることもあります。表決とは、投票に参加した人が賛否の意思を表示して、可とする人と否とする人の数の多さを比べることです。例えば、10人の役員がいる場合、議事定足数が7人と定められ、議決定足数が過半数（2分の1を超えた数）とされているとしましょう。インフルエンザの流行中で、役員会の出席者が3人しかいなかったとします。この場合は議事定足数を満たしていないため、ここで決められたことは役員会の決定ということにはできません。また、9人の役員が出席している場合でも、賛成4人、否定2人、棄権3人の場合は、たとえ賛成者数が相対的に多くても、出席数の過半数に満たないためこれも有効とはされません。

　加えて、たとえ多数決によって結論が出たとしても、その結果を絶対視するのでは不十分です。結論にいたる過程での参加メンバーのかかわり具合や、十

分な意見交換などがなされた合意なのか、という点も考慮に入れる必要がある
といえます。

　生徒会長のＡさんが多数決をとろうと言ったときに、生徒会定例会の参加者
は何人いたのでしょうか。もしかしたら10人の生徒会役員のうち4人しかいなかっ
たかもしれません。生徒会で議事定足数や議決定足数を定めていることは少な
いかもしれませんが、議題にあげたその場で多数決をとるのはＡさんの横暴と
非難されるでしょう。より公正に生徒会を進めるのなら、次回の議題としてダ
ンスコンテストの事案をあげておいて、コンテストの詳細を事前に知らせてお
く必要があります。そして、生徒会役員が十分に考える時間をとったうえで、
生徒会での十分な話し合いを持ちます。そのうえで多数決をとるのが順当な手
順といえるでしょう。

　ただし、生徒会が扱える範囲にないものも多くあります。例えば、法律など
で具体的に定められた学校教育に関することなどについて、生徒会が反対だか
らといって勝手に変えるわけにはいきません。1週間の授業日数を週3日にする
といったことは生徒会で決めることはできないのです。また、次の校長を誰に
するかといった教員の人事など、学校の運営に関する事柄も生徒会の議題とす
る問題ではありません。

生徒間、学校・保護者や関係する自治体との合意の形成

　たとえ生徒会で校内ダンスコンテストの開催について、役員の賛同を得るこ
とができたとしても、それですぐに具体化を進めることは適切ではありません。
代表者が進めようとしている内容が生徒全体の意思と合致しているのか、確認
する必要があります。

　生徒の間に混乱が起こらないよう、学校の広報誌などによって説明・周知をし、
もし不安や不満が出そうなときにはそれを確認する手立てを考えなくてはなり
ません。例えば、各クラス代表などを通じた意見の吸い上げなどが望ましいこ
ともあるでしょう。そして、提案した内容から大きく変わる可能性のある点や、
生徒全体の意思を確認することが必要と考えられる点については、役員会など
であらためて議論をします。もし生徒全体の意見を確認することが必要と思わ
れるような場合には、全校生徒対象の投票を行うこともあり得ます。

　さらに、学校や保護者、さらにはイベントに協力をしてもらう地元の人々などの関係者についても、どのように合意を得ていくかを整理する必要があります。

　みんなが選んだ代表者の決めることだからといって、当然にみんなが従わなければならないわけではありません。Aさんのような代表者は、具体的なテーマについてまず、生徒の多くに理解してもらい、納得してもらえるようにしなければならないでしょう。少なくともその見込みが立ったところで、さらに実施についての検討を進めていくことが重要だといえます。

A

公共の扉

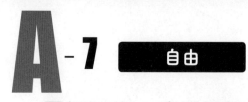

夏祭りの日に交通規制をすることは
しかたないのだろうか

討議事例

　次の週末に行われる夏祭りの日に、道路の通行が制限されることになりました。そのことについて、AさんとBさんが話しています。

Aさん「今度の土曜日、地元の夏祭りがあるわね」

Bさん「今年も楽しみだな」

Aさん「昨日私の家族が言ってたんだけど、今年は、お祭りの会場近くの道路が昼から通行止めになるんだって。会社の車が入れなくなっちゃうから、ずいぶん遠回りをして商品の配達をしなきゃならなくなって、本当に困るって言ってたわ」

Bさん「そういえば、今年は例年より大きなイベントになるんだってね。だから、集まる人たちの安全とかも考えて、少し広い範囲で昼から通行止めにするらしい」

Aさん「お祭りを楽しむためにやってくる住民とか、物販をする業者は、自分たちのためになるからいいだろうけど。仕事で使わなくちゃならない道路が通行止めになる人にとっては、損害とまでは言えないにしても、とても不便だよ。もともと道路は、誰でもいつでも自由に通れるはずのものなのに。道路工事や危険があるならしかたないかもしれないけれど、お祭りのために早くから通行制限するのは、市役所の横暴だと思う」

問い　夏祭りの開催と道路通行の自由・権利との関係は、どのように整理したらよいでしょうか。通行の制限が認められるとした場合、その制限は、どのような内容にすることが適切と考えられるでしょうか。

A

学習のポイント

● 自由に関する基本的な考え方である、カント、ミル、フロムの自由論について学び、その意義を理解する。

● 自由の制限であるパターナリズムについて学び、自由を制限する妥当性について検討できるようにする。

● リバタリアニズムとリベラリズムの違いについて知ることで、政府の規制のあり方について議論できるようになる。

解説

1. 自由というもの

　表現の自由、職業選択の自由など、自由という言葉は日常生活でも頻繁に使われています。そして、自由に対して不当な制限が加えられるのはよくないということには、異論はなさそうです。ただ、「自由とは何か」については意見が分かれそうです。そして、自由が認められるからといってやりたい放題の状態になるのはいけないとか、「自由」と「勝手」は違うといわれたりもします。

　人類の歴史を振り返れば、人に自由が認められるという考え方が当然のこととされるまでには、ずいぶん時間がかかりました。近代化が進むなかで、自由の大切さが人々に認められるようになったのです。ここには、社会や国家についての人々の意識の変化というのも背景にあります。いわば、社会の中でさまざまな不自由を感じたことから、人々は自由の必要性に気づいたわけです。

　ちなみに自由という言葉は、英語ではおもに、freedomとlibertyの2つの語の訳語として使われています。その語源をたどるとfreedomはゲルマン語系、libertyはラテン語系といわれます。内容としてはそれほど変わらないのですが、それぞれにはニュアンスの違いがあるということになります。フリーは、何かから離れる、逃れるといったイメージの言葉とされ、文化や経済の領域で語られることが多い一方、リバティは、古代のヨーロッパの自由人と関係するとい

われ、政治や法の領域で語られます。なお、古代ヨーロッパの自由人というのは、自分で意見を述べて行動する権限が認められた人々で、市民とも呼ばれていました。ただ、そこでいう市民には奴隷や女性は含まれていませんでした。

2. カントの自由論

自然の法則

　カントは人間が道徳的にあるためには自由が重要であると考えていました。カントは道徳法則を「自由の法則」と呼んでいました。

　一般に、何事にも原因と結果があると考えられています。ガラスのコップを2階の窓から落とせば、そのコップは割れて砕けてしまいます。2階の窓でコップから手を離したことが原因で、結果として地面にぶつかったコップが割れてしまったのです。2階でコップから手を離せば、落下するというのは必然的な現象といえます。この必然の法則をカントは自然の法則と呼びました。物理現象のような自然の法則は、一切のものがそれに従っている法則といえます。

　さて、すべての現象がこの自然の法則による因果関係で説明できるとします。ある人が社会に混乱を引き起こすような悪意のある嘘をついたとします。ある会社の製造する食品が汚染されているとか、あるテレビタレントが犯罪者だといったことを、SNSなどを通じて広めたのです。本人は、その拡散した内容が本当のことではなく、嘘だと知っています。それでもその会社やテレビタレントに悪意を持っていて、その人たちが傷つくのを承知のうえでSNSに嘘を書き込んだのです。さて、その嘘を広めた人がどうしてそのようなことをしたのか調べてみると、その人が両親から間違った考えを教え込まれ、学校の教育も十分に受けられない劣悪な環境で育ったということがわかりました。そうすると、その人が嘘を広めたのは、親や学校や社会に原因があり、そのような嘘をつくのも必然的な現象であったと自然の法則は説明するでしょう。

　自然の法則から考えると、あらゆる悪意のある犯罪もなんらかの原因をもとにして必然的に生じたことになります。殺人事件や窃盗事件を起こした犯人自身は自然の法則により必然的に犯罪を行ったことになり、犯人が罪を犯すことは避けることができなかった必然の結果であったと考えられるのです。同じク

ラスの生徒が万引きをしても、自転車を盗んでも、他の生徒を恐喝してお金を奪っても、それはそうなるように必然的に定められているので、その人を非難することはできません。人間が自然の法則に従うことしかできないなら、環境や遺伝的素質によってすべての行動が制約されることになります。道徳的に善く生きようと決断することなく漫然と生きていくなら、人間はボールが坂道を転がるように自然と悪をなしていくでしょう。自然の法則から道徳を考えると、このようになってしまいます。

　しかし、このような考えに納得できる人は多くはないでしょう。人間はどのような状態にあったとしても、罪を犯さないという選択ができるとわれわれは信じているからです。もちろん家庭環境や社会状況など、必然的なこともあったかもしれず、その部分については事情を汲みとる必要はあります。しかし、多くの人はお腹が減ったからといってパンを万引きしません。むしゃくしゃするからといって通りがかりの人を殴ったりもしません。大半の人々はお腹が減ってもがまんをするし、むしゃくしゃしても自分を落ち着かせようとします。盗まない、殴らないという選択を人間はできるはずです。われわれは坂道を転がるボールを止めることができるはずです。

意志の自由

　そこでカントは、道徳における自由の法則を訴えたのでした。自分の意志で判断する自由がなければ、人間は道徳に従って行動する自由もなくなってしまいます。人間には善いことをする自由もあれば、悪いことをする自由もあるのです。人間が善いことと悪いことのなかから善いことを選ぶのは、人間の意志は自由であり、意志が自律をしているからこそなのです。意志が自由でなければ、道徳的な選択の余地はありません。逆にいうと、意志の自由があるからこそ、人間は道徳的にふるまうことができるのです。これが、カントが主張した道徳についての自由の法則です。

3. ミルの自由論

自由の領域

　功利主義の項 (p.16) でも紹介されているミルは、著書『自由論』で自由についても重要な考え方を整理しています。

　ミルの自由論は、わが国では明治時代の初期に中村正直によって『自由之理』という題名で翻訳され、時のさまざまな人に影響を与えました。福沢諭吉も大きな影響を受けた1人で、その著作の『文明論之概略』で「自由は不自由の際に生ず」と書いています。

　カントは、人間個人の哲学的な考察である意志の自由について論じました。一方、ミルは市民的・社会的な自由の問題について論じています。

　アメリカの民主主義の状況をくわしく観察していたトクヴィルは、多数の人々による個人の自由の侵害を「多数者の専制」と呼びました。トクヴィルに影響されたミルは、多数派の意見や感情によって人々の自由が侵害されることを恐れました。ミルの考える自由とは、政治的支配者や多数派の専制に対して制限を加え、個人の身を守ることを意味します。民主主義や公共の利益、本人のためという名目で、個人の生活に干渉していくことに制限を加えようというのがミルの試みです。

　ミルは人間の自由の領域として、①思想と言論の自由、②ライフスタイルの自由、③個人間の団結の自由、をあげています。①思想や言論の自由がないと、意見の発表が封じられてしまい、全部あるいは部分的に正しい意見が聞けなくなってしまいます。また、活発な議論がないままでは多数派の意見の正しさも確信できなくなります。②ライフスタイルの自由は、人生設計や趣味や娯楽については自分の好きなものを選ぶことができる自由です。ミルは他人に関係しない事柄においては、個性が前面に出ることが望ましいとしています。世間の伝統や慣習に縛られると、人間は幸福になれないと主張するのです。

　ミルは1859年に書かれた本書で「現代人は、このように、精神が束縛されている。娯楽でさえ、みんなに合わせることを第一に考える。大勢の人にまぎれたがる。何かを選ぶ場合にも、世間で普通とされるものの中からしか選ばない」と書いていますが、これは流行に流される21世紀に生きる現代人にも通じる言

葉です。

　そこでミルの主張は、①判断力のある大人なら、②自分の生命・身体・財産に関して、③他人に危害を及ぼさない限り、④当人に不利益があることでも、⑤何をやってもよいとまとめられます。

自由の制限　―パターナリズム

　ミルの自由に関する議論でもっとも注目すべきなのは、他人に危害を及ぼさない限り、何をやってもよいという部分です。この部分は、他者危害の原則（他者危害原則）と呼ばれます。他人の財産を侵害したり、他人を傷つけることがないなら、政府や社会がその人の行動を制限したり、干渉したりしてはいけないということです。映画館で自分の好きな映画を見たり、図書館で自分の好きな本を読んだり、自分の好みの服装で出かけることに対して、政府や社会が禁止したり、口出ししたりしてはいけないということです。

　すると高校生からは、「年齢制限のある映画や書籍がある」、「学校が服装の自由を許してくれない」という声があがるでしょう。ミルはこの自由が保障されるのは判断力のある大人に限るとしています。ミルは、判断力が未熟である未成年者に対しては、政府や社会が制限したり、干渉したりすることを許しています。これは、未成年者が誤りを犯すことで傷つかないように社会が保護するための制限です。このような、力のあるものが弱い立場にある人を保護する意図で制限をしたり、干渉したりすることを「パターナリズム（父権主義）」と呼びます。映画の制限は、極度に性的な描写や残酷で暴力的な場面を見ることで、青少年が性的に逸脱したり、ショックを受けたりすることを未然に防止する目的で行われています。高校の服装制限も、あまりに華美な服装をすることで、学校の勉強がおろそかになることを危惧していると考えられます。

　未成年者に対するパターナリズムは、子どもの立場からは制限を無理強いされていると、批判的にとられがちです。しかし、未成年者に大人のような自由を与えてしまうと、さまざまな問題が起きるでしょう。例えば、中学生が「英語の上達にはこの教材が不可欠」という販売文句を鵜呑みにして、その価値もわからないまま50万円の英語教材を保護者に無断で購入したとします。しかし、中学生は当然、代金を払うこともできません。このような事態を防ぐため、民

法5条1項に「未成年者が法律行為をするには、その法定代理人（保護者など）の同意を得なければならない」と定められ、購入に納得していない保護者は代金をお店から返還してもらうことができます。大人が購入した場合は、クーリングオフなどの特殊なケースを除いて、契約が成立したあとの取り消しはほぼ不可能です。未成年者は自由が制限されている分、保護されているともいえるのです。

未成年以外に対するパターナリズム

　ミルのいう、「判断力のある大人なら」という部分には、未成年者以外に、大人でも精神的に不安定だったり、きちんとした判断力を持たない人にパターナリズムの観点から制限をかけることを是認しています。この考えは現代でも、認知症などの症状により的確な判断ができない高齢者などに適用されています。近年では、一人暮らしの高齢者が布団一式や効果が不確かな健康器具などを高額で購入するケースが問題となっています。そこで、判断能力が十分でない人のお金の管理や、相続に関する手続きなどの法律行為をサポートする成年後見制度というものがあります。家族や検察官、市町村長などが後見人になって、本人にかわって預貯金の管理、不動産の売買などのさまざまな契約を行い、その人の財産が散逸しないようにします。判断力が十分でないままさまざまな契約をすることは、本人にとって非常に不利益なことになるので、大人であっても契約の自由においてもパターナリズムの観点から制限をかけることがあるのです。

愚行権

　ミルは、「当人に不利益があることでも、何をやってもよい」といっています。この部分は愚行権と呼ばれるもので、愚行とは愚かな行為をさします。他人から見て本人に損害があるように見えることから、そのように名づけられていますが、愚行かどうかは本人の判断によるものともいえます。

　愚行権とは、他人に危害を与えない限りでは本人が損をするような愚かな行為をする権利があるので、それを制限してはいけないというものです。他人に危害を与えない限りは、なんら社会からの制限はなく自由にふるまってもよい

のです。エベレストなどの高山への冬山登山は、遭難などの危険性が大変高いものです。あるいは、毎日アルコール度数の高いお酒を大量に飲めば健康を害することは明白でしょう。しかし、これらの危険な行為は社会的に禁止されていません。これらの行為は、本人は生命において危険を被る可能性が高いものの、他人に直接的な危害を与えないと考えられているからです。成人が、自分の全財産をアイドルのCDを買うことに費やしても、毎日20時間をゲームに費やしても、スナック菓子だけの食事を続けることも自由です。ただし、このような行為によって生じた本人の損害については、政府や社会は補償する必要はないものとされます。

　ミルはまた、一人ひとりにとって、自由であることが、その人が成長して個性を発展させるためにも必要であるとしました。それぞれの人間の個性が大切にされること、多様性が認められることが社会にとってもよいことであると考えたのです。

　さらに、人々がそれぞれ自分の考えを自由に言える「思想の自由」を重視し、のちには自由に意見を言える場としての議会の大切さを『代議制論』で強調しました。そのための選挙権の拡大、政治に関する教育、女性の政治へのかかわり（女性の解放）などについても、ミルはいち早く注目していたのでした。

4. フロムの自由からの逃走

不自由だが孤独でない生活

　多くの高校生は、自由であることを無条件によいものであると考えるでしょう。学校へ行くときの服装も、制服があるのとないのとでは、自由な服装で登校できるほうがよいと思いがちです。しかし、自由があることで不都合が生じることもあります。制服があると、どの服を着て登校しようかと迷うことはありませんが、服装が自由だと毎日のコーディネートが面倒になる人も出てくるでしょう。また、制服があれば毎日同じ服装をしていることがあたりまえですが、私服の場合、周りの人の目が気になって、1か月間毎日同じ服装で通うことは無理そうです。学校が制服を決めてくれることで、毎日の服装に頭を悩ませる必要がなくなります。そういう意味では制服があるほうがよいと考える人も多い

はずです。

　社会心理学者であるフロムは、第二次世界大戦時のドイツの政治的状況から、人間は自由を与えられると孤独感を感じるため、そこから逃走するように、束縛されることを選ぶということを論じました。中世社会では、人間には自由がありませんでした。わずかな例外を除いて、職業は生まれたときにほぼ決まっていて、人々は生まれた場所に縛られていました。日常的に身につける衣服や食べるものの種類が限られていたため、自分の好きなものを着たり、食べたりする自由もありませんでした。このような生活は現代人からすると不自由であり、不幸な生活に見えます。しかしフロムは、中世の生活は近代的な意味での自由はなかったものの、人間は孤独ではなかったといっています。教会は身近なものであり、キリスト教の神に愛されているという教えのもと、人生の意義を疑う余地もありません。農夫や職人など、自分の職業を社会的役割として地域に根差して生活していたため、日常的な苦悩はあったものの、孤独感を感じることは少なかったようです。

自由から逃げ出す現代人

　一方、現代人は居住地や職業のほかにもさまざまな自由を得たものの、資本主義のもとで個人間の関係は駆け引きと手段になっており、孤独感や無力感を感じる人が多くなりました。そのような孤独な状態にある人間は、自由であることから逃避し、国家や制度などの大きな権威に支配され、指示されることを求めます（権威主義）。自由な状況にあると自分で決断しなくてはいけませんが、権威に支配されると決断するということから解放され、楽になるのです。そして、外の世界に対する自分の無力感から自暴自棄になり、外の世界を破壊しようとする欲求にかられます（破壊性）。やがて、ニュース記事などの周りの意見が、さぞ自分の意見であるかのように思い込んで、他人の期待に合わせて発言するようになっていきます（機械的画一性）。その結果、自由な個人であるはずの近代人が、自ら独裁的な権力に従い、反抗するものを弾圧するファシズムの台頭を許してしまうようになるのです。フロムは、この過程を第二次世界大戦時のナチズムを考察することで明らかにしています。

　自由や自立を重荷に感じて、自由から逃走してしまうことで自発的に依存や

従属を求めて権威に服従することになるのです。

　高校生においても、一般的には進路は自由に開かれているほうがよいと考えるでしょう。しかし、いざ自分の進路について決断をしなくてはいけない事態になると、自分で考えることをやめて、学校の先生や保護者の指示に従ったり周りの友人たちに合わせたりしてしまうことも多いのではないでしょうか。これでは自由から逃走して周囲に依存しているだけになります。フロムは自発的に、自分自身であるという自我を実現していくことによって、依存や服従でない自由を獲得できると考えました。自分の進路についても、判断を人任せにするのではなく、自分でさまざまな情報を集め、自分で深く考えて、自分で選択していくことで、真の自由を獲得し、幸福になれるといえるでしょう。

5. リバタリアニズムとリベラリズム

リバタリアニズム

　リバタリアニズムとは、自由至上主義と訳されたり、そのままリバタリアニズムと表記されたりします。リバタリアニズムとは、簡単にいうと個人の自由を最大限に尊重して、政府の役割を可能な限り限定するというものです。

　もちろんこの立場にも、国家そのものを否定してしまう極端なものから、国家の役割を国防・裁判・治安、最低限の公共財の供給に限定する最小限の国家を求めるもの、ある程度の社会福祉を認める小さな政府を主張するものまでさまざまな形があります。

　リバタリアニズムでは政府の役割を最小限にしようとするので、公共投資政策についても否定的です。政府は税金によって集めた予算でダムや道路をつくります。ダムや道路には、たくさんの原材料費やそれを建設する人々の人件費などがかかります。国民の税金から確保した予算を、このような形で国民に還元していきます。その過程で、例えばダムを建設した人がより多く飲食すれば飲食店が潤います。より多く買い物をすれば、さまざまな店が潤います。そしてそのお店の人たちの生活に余裕ができれば、彼らもまた飲食や遊興などにお金を使うでしょう。すると結果的に、国民全体にお金が行き届きます。このような効果を狙っているのが、ケインズ的公共投資政策といわれるものです。リ

バタリアニズムでは、このようなケインズ的公共投資政策には反対します。

　ダムをつくる分の税金を国民から徴収しなければ、国民はそのお金でほかのものを買うでしょう。高校生なら、ダムができるよりも、自分の好みの衣服を買ったり、テーマパークで遊んだりできるほうが嬉しいでしょう。たしかに、ダムを建設しなければダム会社の人のもとにはお給料が入らなくなりますが、人々は税金として納めるはずだったお金を使って自分の好きなように衣料品店やテーマパークで買い物をし、結果的にそのお金は国民に広く行き届くはずであるとリバタリアニズムでは考えるのです。リバタリアニズムでは、人々のほしい衣服や鞄、靴などを買う自由を、政府が税金を取り立てる形で制限していることを非常に問題視しているわけです。

　リバタリアニズムと似たような言葉に、リベラリズムという言葉があります。リバタリアニズムが、個人の自由を最大限に尊重して、政府の経済活動への介入や規制に反対するのに対して、リベラリズムでは、個人の自由を尊重するのは同じですが、政府の経済活動への介入や規制を歓迎します。どちらも個人の自由を尊重するのは同じですが、政府の経済活動への介入のしかたについての考えが異なるわけです。

リベラリズム

　リベラリズムは福祉国家リベラル、平等主義的リベラリズムあるいは社会民主主義と言いあらわされることもあります。

　リベラリズムの考え方では、政治的な領域では個人の自由が尊重されます。どのような政治を選ぶこともできますし、自分たちで政党をつくることもできます。自分たちが選んだ政府が国民の意に沿わない政治を行うなら、その政府を次の選挙で下ろし、別の政治を行う政治家を選ぶことができます。この点は政治的な自由が制限される社会主義とは異なるところです。

　また、道徳的な領域においても政府の介入を認めません。どのような服装ですごすのか、どのような仕事に就くのか、どのような生活スタイルをとるのか、どのような相手と結婚するのか、どのような信仰を持つのかなどはまったくの自由です。

　ただし、リベラリズムでは、個人が自由に生きていくための経済的・社会的

基盤を保証するためには、政府は積極的に個人に介入してきます。それはリベラリズムが個人の自由と同時に平等を重要視しているからです。リベラリズムの代表的な論者にロールズがいます。リベラリズムの内容については、本書の「公正」の項 (p.38) を参照してください。

行政との関係での自由と制限のバランス

社会生活を送るなかで、国や地方自治体、つまり行政によって、行動の自由に対するいろいろな規制が加えられることは少なくありません。事例で取り上げた道路の通行の制限のほか、ものを売買するときにも、まったく勝手に行うことができるわけではないことも広く理解されています。人々の安全な生活の確保のためであっても、社会での活動に関する自由の制限については、どこまでの制限や規制が適切なのかを考える必要があります。

討議事例についての考え方

通行の自由について

住民が町の道路を通るのは当然の自由と考えられます。それを規制するにはなんらかの理由が必要とされます。がけ崩れなどの自然災害によって危険がある場合は通行が規制されるでしょう。工事の場合は人が通ると作業の邪魔になるという理由もありそうですが、やはり一番は通行する人の危険を案じてのことと思われます。

この規制はパターナリズムによるものです。本来なら通行する自由はあるものの、通行する人が穴に落ちたりして怪我をする可能性があるので、その危険にさらされないように行政があえて規制をするというものです。ただし、すべての道がパターナリズムによって規制されるわけではありません。

高い山への登山などでは危険な道でも規制されてはいません。険しい山には滑落の恐れがあったり、落石が頻繁にあったりする道もあります。しかし、危険というだけで登山道を行政が立ち入り禁止にすることは特殊な場合を除いて

ありません。そこには愚行権が認められているからです。登山者本人が怪我を
する可能性があることを認識したうえで登山道を進むことにまで、行政が介入
することはないのです。それゆえ、登山に行く人は服装や天候などにしっかり
気を配り、自分の安全を守る覚悟が必要といえます。

　一方、近所で道路が通行禁止になるのは、普段は危険がないものと油断して
歩いている人が多い道が、工事や自然災害など普段とは異なった状況になった
場合と考えられます。通行する人もその道が危険であると覚悟をもって歩いて
いるとは考えられないため、行政がパターナリズムの観点から規制するのです。

　さて、事例にあるお祭りのための規制はパターナリズムにもとづくものでしょ
うか。お祭りが開催されると人通りが増えますが、自動車で商品を配達する人
には危険はなさそうです。そうなると、この規制はパターナリズムによってな
されたものではなく、別の理由でなされていると考えられるでしょう。

他者危害原則と規制

　ミルの自由論においては、①判断力のある大人なら、②自分の生命・身体・
財産に関して、③他人に危害を及ぼさないかぎり、④当人に不利益があること
でも、⑤何をやってもよい、とされていました。

　他人に危害をおよぼさないかぎりで、何をやってもよいという部分を他者危
害原則といいます。他人に危害を与える行為は法律で禁止されています。他人
に怪我をさせることは傷害罪、他人の財産を盗む（財産権の侵害）することは窃
盗罪になります。自由主義の
社会では原則としては何を
やってもよいのですが、他人
を傷つけることについては厳
格に法で規制されていること
がわかります。

　さて、お祭りの行われてい
る道路に自由に自動車が入り
込むとどのような事態が起き
るでしょうか。綿あめなどを

食べながら露店を見て歩く人、はしゃいで走り回る子どもなどがたくさんいるでしょう。そこに配達のためとはいえ自動車が入ってくることによって事故が起こることが容易に予測されます。お祭りのような事故の危険性が高い場所では、他者危害原則から規制されることは当然であるといえます。

　ただし、この規制も数日間の一時的なものに限って許されるものでしょう。みんなが通行できる公道に露店がいつまでも店を出していたり、歩行者が道路の真ん中を防ぐように立ち話をしたりすることは、平常時には許容できるものとはいえません。

　功利主義 (p.16) の観点からは、お祭りは町の多くの人が楽しみにしており、それによって得られる効用が高いものと社会的に判断されるなら、一部の人たちに不利益があってもそれはしかたがないということもできそうです。Aさんの家族も一時的な不利益が生じるかもしれませんが、それをもってお祭りをやめてしまうということは社会的な損失にもつながり、周りの同意を得ることは難しそうです。

　お祭りの最中とはいえ、重要な仕事のために自動車で乗りつける必要があるというのなら、事前に規制をしている役所に相談に行って、必要なときには警備員に付き添ってもらって一時的に道路の通行を許可するというかたちをとることもできます。

　町のみんなが納得できるかたちでお祭りが開催できるように、町民全体でお祭りのあり方を考えていくようにすることがよいでしょう。

A

公共の扉

A-8 責任

来年以降のことは考えずに
部費の残高を使い切ってもよいだろうか

討議事例

　　文化祭のイベントについて文芸部の部員が話し合っています。Aさん
とBさんは3年生で、部長と副部長の役割にあります。

Aさん「今、文芸部の通帳には、過去10年間の繰越金が積み重なって、
　　残高が20万円もあります。文芸部の部員は1か月500円の部費をおさ
　　めていますが、これまでは文化祭のときに配布する冊子の印刷代だけ
　　しか使ってきませんでした。今年もそのほかの使いみちがなければ、
　　残高は増えていくばかりです。そこで部長である私からの提案なので
　　すが、この20万円を使って文化祭に著名な作家を呼んで、講演をして
　　もらうというのはどうでしょうか。

　　　文芸部のみんなもXさんという作家を知っているでしょう。昨日も
　　クイズ番組の回答者としてテレビに出ていました。この人は私のいと
　　この知り合いなので、特別に15万円の講演料と3万円の交通費で講演
　　してくれるというのです。講演会開催の雑費が2万円ほどかかるので、
　　ちょうど20万円になります。こんなチャンスは二度とないと思うので
　　すが、どうでしょう」

Bさん「Aさんの提案はすばらしいと思います。ふだんあまり注目され
　　ることのない文芸部が脚光をあびることは、誇らしく思います。でも、
　　これまでの部費が積み重なってできた20万円を自分たちの代で使い切っ
　　てもいいのでしょうか。これまで冊子の印刷を安く請け負ってくれて
　　いた印刷所が会社を閉めるそうなので、来年度は冊子の印刷代がこれ
　　までの倍以上かかると思われます。この20万円を使い切ってしまった
　　ら、来年度から部費を値上げするか、冊子の発行数を減らすかしなけ
　　ればなりません」

Aさん「来年のことは来年の部員が相談して決めることです。冊子の印
　　刷代が2倍になるとのことですが、今は見つかっていなくても、来年

になったら安い印刷所が見つかるかもしれません。そもそも来年の部員は、『作品は学校のホームページに掲載するので十分。冊子は出さなくてもよい』と思うかもしれません」

Bさん「来年の部員は今の1、2年生と来年の4月に入学する新1年生です。来年になったらこの部員たちも何か新しいことをやりたいと思うかもしれません。それなのに、今ある部費の使いみちを決めるのは横暴ではないですか」

Aさん「今年の文化祭に有名な作家を呼ぶことで、文芸部に入部希望者が殺到して、部費も潤沢になるかもしれませんよ。来年のことを言うと鬼が笑うといいます。未来のことはわからないのだから、とやかく言っても始まりません。私たちで楽しく使い切ったらよいのです」

Bさん「それはさすがに後輩たちに対して無責任ではないでしょうか」

問い AさんとBさんの言い争いは止まりません。この2人の会話を読んで、あなたはどちらの考え方がよいと思いますか。その理由も教えてください。

学習のポイント

● 因果関係の責任、法的責任、道徳的な責任などから、法的な観点の責任を理解する。

● 役割責任、力のある者の責任から、倫理的な責任についての議論を知る。

● 世代間倫理における未来に対する責任を学ぶ。未来に対する責任を環境問題などの具体的な事例について応用できるようにする。

1. 因果関係の責任

　ある人がいたずら心で隣の家の窓ガラスに石を投げつけて割ったとします。すると隣の家の人から「責任をとれ」といわれるでしょう。このときの「責任をとる」ということについて考えてみましょう。

　隣の家の窓ガラスが割れたのは、その人が石を投げつけたからです。石を投げるという行為に原因があり、その結果で窓ガラスが割れています。石を投げる行為と窓ガラスが割れたことに因果関係（原因−結果関係）があるといえます。なんらかの行為をして、その結果で引き起こされた問題に対して責任が生じる、というのがもっとも一般的な責任の概念でしょう。この意味での責任という概念には、なんらかの悪い事態が生じたことに対する罰則というニュアンスが含まれています。

　例えば、Mさんが人混みの中でバットを振り回してそばにいた人にあててしまい、その人が怪我をしたとします。そのような悪い事態が生じたときには、Mさんに責任があるという言い方をします。他方、野球の試合で、Mさんが9回の裏にバットを振って満塁ホームランを打ち、チームが勝利したとします。そのときには、チームの勝利の責任がMさんにあるという言い方はしません。

　この因果関係の責任については、行為と結果の結びつきが重要です。学校に行くときに慌てて走っていたOさんが、前を歩いていた人にぶつかり、その人が眼鏡を落として割ってしまったとします。その人はPという会社に勤めていて、眼鏡がなかったため請求書の金額を見間違えて、請求金額を1桁多く記載してしまいます。その請求書を受け取ったQ社は多額の支払いのために事業を縮小しなくてはならず、R社との取引をやめてしまいます。唯一の取引先を失ったR社は、結果的に倒産してしまいました。このような場合、R社の倒産の責任がOさんにあると考える人はいません。Oさんが負う責任は、前を歩いていた人にぶつかったことにより割れた眼鏡に対する賠償だけです。

　責任があるといえるためには、ある行為とその結果が深く結びついており、しかもその結果の唯一の原因であり、予見できることが必要とされます。Oさ

んがぶつかった人の眼鏡が割れてしまったことに対しては、慌ててぶつかるという行為と眼鏡が落ちるという結果が深く結びついています。しかも眼鏡が落ちる唯一の原因であり、予見もできます。他方、Oさんが人にぶつかるという行為とR社が倒産した結果に対しては、深い結びつきはありません。Oさんがぶつかった人は眼鏡がないから金額の記載を間違えたのかもしれませんが、前の日に夜更かしをして頭がぼんやりしていたのかもしれません。R社もQ社との取引がなくなったことだけで倒産したのではなく、そもそも別の要因で会社の経営が苦しかったのかもしれません。誰かが人とぶつかっただけで会社が倒産するという予見は一般的ではありません。これらのことから、Oさんが人にぶつかったからといって、会社が倒産した責任を問われることはないのです。

2. 法的責任と道徳的責任

また、責任には法的な責任と道徳的な責任という区別もあります。少し特殊な分類のしかたですが、ここでは法的な責任を民法的な責任、道徳的な責任を刑法的な責任と分けて考えます。もちろん刑法も法律の1つなのですが、ここではその責任論としての意義からこの分類をしています。

相手になんらかの損害を与えたときには、民法の観点からの責任と刑法の観点からの責任が問われます。民法の観点からの責任は、なんらかの問題を引き起こしたことに対する賠償義務に基づいた損害賠償という概念です。例えば、自転車で走行中に前方の歩行者にぶつかって怪我をさせたとします。民法とは個人間の紛争についての法律ですので、その怪我をした人が「大した傷ではないから気にしないよ」と言うなら、民法上の責任は問われません。それとは逆に、怪我をした人が「この怪我で痛い思いをした。病院に入院して治療しなくてはならなくなった。持っていたカメラが壊れた。そのうえ、仕事に行けなくなって収入が減った」と訴えた場合は、怪我の具合などに応じて、慰謝料・入院費・治療費、壊れたカメラや収入に対する損害賠償が請求されることになります。相手に損害を与えた場合には、法的な責任が問われることがあるのです。

自転車に乗っていて歩行者に怪我をさせた場合には、刑法上の観点からも責任が問われます。刑法とは国家が犯罪に対して刑罰を定めた法律です。自転車

の事故でも相手が骨折などの怪我を負った場合には、過失傷害罪が成立して30万円以下の罰金または科料が科せられます。相手が死亡した場合には、重過失致傷罪5年以下の懲役もしくは禁錮または100万円以下の罰金が科せられます。

　この刑法の観点の背景には、処罰という考え方があります。処罰とは道徳的な意味を持ち、原因となる行為に対して道徳的に罪があると認定するものです。犯罪で考えてみるとわかりやすくなりますが、犯罪の場合、罰せられるのは行為の結果ではなく、行為そのものです。

　ある犯罪者が、金庫の現金を盗もうと無人の家に忍び込み、金庫を物色していたら大きな音がしたので外に逃げました。この状況では金庫の現金は盗まれていませんが、犯罪者は窃盗未遂罪に問われることになります。盗もうとした行為そのものが刑罰の対象となるのです。ここで犯人に問われる責任とは、他者が被った損害を弁償することではありません。現金は盗まれていないので、損害が生じてないからです。犯人が罰せられるのは、窃盗という行為によって乱された道徳的秩序に対する責任をとらせるためです。ここで犯罪者に罪があるというのは、「金庫の現金を賠償する責任がある」という上述の法的な責任の意味ではありません。社会的に許されない盗みや傷害、殺人などを行ったという道徳的な責任を順守していないから、罪があるとされるのです。

　この犯罪行為そのものに責任があるかどうかは、刑事事件において情状酌量の余地があるかどうかでも判断されます。飲食店で無銭飲食をしたケースで考えてみましょう。ある犯人は、家族から食事も与えられずに暴力を受け、現金も持たずに家を追い出され、持病の頭痛から正常な判断ができないときに無銭飲食の罪を犯しました。食事をしたあとに涙ながらに自分の罪を認め、その後にも反省の弁を述べ、すぐにでも弁償したいと申し出ています。もう1人の犯人はこれまで何度も逃げおおせていることから、繰り返し無銭飲食をしています。窃盗の前科もあります。犯行も昼食時の忙しいときを狙っており、犯行後も盗人猛々しく店主に暴言を吐いたりしており、弁償する気もありません。

　法的な責任の賠償については、どちらの犯人も同じ金額かもしれません。しかし道徳的な責任については、犯罪行為の動機に応じて罪の償い方もかわってくるのです。犯人が社会の道徳的な秩序を乱す意識が低ければその分罪も軽くなりますが、秩序を乱す意識が高ければその分罪も重くなります。同じ無銭飲

食でも、道徳的責任はやむを得ず犯した場合は軽くなるのですが、犯意が強ければより重くなるのです。

3．役割や契約が持つ責任

　責任のあり方のもう1つの形に役割責任というものがあります。例えば、クラブ活動で部長が遅刻してきたり、練習をさぼったりしていると、他の部員は部長として責任をはたしてほしいと要求するでしょう。部長も部員もクラブに所属する生徒であることに違いはないのですが、部長という役割を引き受けたことにより他の部員よりも厳しい道徳的な義務が課されるのです。

　職業的責任というのもこの役割責任の一種です。船の船長は、同じ船に乗っているからといって乗客と同じ立場とはいえません。船が火災などで危機的な状況になったときに、船長は乗客を安全に下ろす義務があります。船長が最初に逃げることは役割責任として許されることではありません。

　役割責任と同様の責任のあり方に、契約責任や課題責任というものがあります。契約を結んだ場合は、契約上の義務を守るという責任が生じます。また、なんらかの課題を引き受けた場合もその課題に取り組む責任が生じます。自分が引き受けると決めたことについては、通常の道徳的義務よりさらに重い義務が要求されるのです。外出先から帰ってきたときに家族から「アイスクリームが食べたかったから、買ってきてくれたらよかったのに」と言われたとしても、出かけるときに何も言われていなかったのならアイスクリームを買ってこなかったからといって責められるいわれはありません。しかし、「今日は帰りにアイスクリームを買ってくるよ」と家族に約束したのなら、アイスクリームを買ってくる道徳的な義務が生じるのです。契約責任や課題責任は、自分が引き受けたことについて、より重い責任を引き受けることだと考えるとよいでしょう。

4．力がある者の責任

　損害賠償という法的責任や、処罰という道徳的責任とはまた異なった責任概念もあります。すでに行われた行為に対する責任ではなく、将来なされるべき

行為の決定についての責任です。力の及ぶ範囲にあり、その力に委ねられていたり、脅かされていたりするなら、そのことに対して責任が生じるのです。力を持つ強い者が、その力の手にゆだねられた相手に対して持つ責任であるといえます。

　例えば、子どもを養うことは親としての責任です。子どもの生活は親の力の及ぶ範囲にあり、親に委ねられています。その親が子どもの食費や教育費をすべてギャンブルに費やしてしまったら、その親は子どもに対して無責任といえます。同様の例はバスの運転手などにもあてはまるでしょう。乗客はバスに乗っている限り、運転手の運転するバスの影響が及ぶ範囲にあります。そして乗客の生命は、運転手の運転技術に委ねられています。運転手が極度にスピード超過をして無謀な運転をした場合、バスが事故を起こして乗客が死亡したり重傷を負ったりすることが予見できます。たとえ事故が起こらなかったとしても、無謀な運転は乗客に対して無責任だと非難されるでしょう。親であることや運転手であることは、他者の安全・利益・運命がその人に委ねられているということになります。ある人が他者の安全などをコントロールできるということは、同時に他者の安全を守る責任があるということになるのです。

　力関係が明らかに対等でないときには、力のある側には力のない側に対する責任が生じるのです。パイロットが北海道行きの飛行機を自分が行きたいハワイに向けて操縦したり、経営者が入ったばかりの新入社員を少し景気が悪くなっただけで解雇したりすることは無責任であると非難されるでしょう。パイロットは乗客の安全な行程に対する責任がありますし、経営者は従業員の雇用環境や労働条件に対する責任があるのです。

5. 世代間倫理

　力の及ぶ範囲にあり、その力に委ねられていたり、脅かされていたりするなら、そのことに対して責任が生じるという考えは世代間倫理という考え方につながるものです。世代間倫理とは、現在の世代の未来の世代に対する責任についての倫理学的な考えのことです。

　世代間倫理の考え方は、おもに環境倫理の問題において用いられています。

現在の世代が、環境・資源・生物種・生態系について未来世代のために保護する義務を持つという考えです。現在の世代が自分たちだけが幸せならよいと考えて、海や空気を徹底的に汚染し、石油資源を使いはたし、多くの生物が絶滅するまで狩猟したり、環境を破壊したりすることを戒めることといえます。

現在の同時代の世代同士では、いやなものにはいやとはっきり言うことができます。例えば、自分の家の大量のごみを隣の家の庭に捨てたら、隣人たちはいやがらせだと憤怒するでしょう。日本で出た大量の廃棄物を他国に持ち込もうとしても、他国の人たちはそれに対して拒否することができます。

一方、未来の世代の人たちに先送りする場合はどうでしょうか。引っ越して新しい家に住んだら、その庭から第二次世界大戦のときの不発弾が発見されたようなものです[i]。新しく住む人にとっては過去の遺物が大きな迷惑となっていても、過去の人々に「そんなものはいらない」と伝えることはできません。現在世代が出した大量の廃棄物を未来に残したとしても、未来世代の人たちはそれに対して拒否することができないのです。

このことから、現在の世代は未来世代の声を聴くことができませんが、未来に影響が及ぶようなことについては、未来世代のことを十分におもんばかることが重要であるといえます。そうでないと、未来世代が大きな損害を被ることになるからです。これを通時性責任と呼び、歴史の流れのなかでの責任ということになります。

討議事例についての考え方

この討議事例は、部費の残高を使い切ってしまいたいというＡさんと、来年の新入部員のことを考えて使い方を吟味すべきだというＢさんの対立になっています。

役割責任と力がある者の責任

役割責任の観点から、Ａさんの部長としての責任を考えてみましょう。部費の適切な使い方を考えて講演会を開くというアイデアを提案するといった点に

おいては、文芸部のためになることをしようとしているので部長の仕事をしているといえます。

　他方、Aさんのアイデアは、後輩たちのことはあまり考えているとはいえません。ここで文芸部の部長の役割を考える必要があります。文芸部の部長の役割は、部員が楽しく部活に参加できるようにすること、冊子を発行するなど、部活動を適正にできる環境を整えることだといえます。これらに加えて、部の将来を考えることも部長の仕事といえるのかがこの事例では問われています。

　多くの部活動は春になると新入生の勧誘をします。これは学校のクラブ活動というものが単なる友人の集まりではなく、将来を見すえて継続していく組織的活動であるからです。そう考えると、部の存続を考えるのも部長の役割といえるでしょう。

　この事例では、Aさんの考える講演会によって部費の残高をすべて使ってしまうことに対して、Bさんから無責任だとの声が聞かれました。これはAさんが部長としての役割責任を果たせていないと考えたゆえの発言であるといえます。

　クラブ活動では学年が上の生徒が運営についての意思決定をする傾向があります。3年生が1年生の練習のメニューを決めることも多いでしょう。1年生からすると、クラブの運営について発言しにくいものです。力関係が明らかに対等でないときには、力のある側には力のない側に対する責任が生じます。力がある者の責任というものです。この観点からすると文芸部の3年生である生徒は、1年生、2年生に対して責任があるといえます。力のある者がしっかり責任を果たさないと、無責任な上級生といわれてもしかたありません。

世代間倫理の視点から

　また、AさんとBさんの対立の構図は、世代間倫理の現在世代と未来世代の関係に似ています。現在あるものについては現在世代がそのいっさいについて判断できるとする考えがあります。これは環境倫理の場合には資源を際限なく使う考えであり、事例においてはAさんの考えとなります。たしかに未来のことは不確定です。石油は何十年も前からすぐにも枯渇するといわれてきましたが、新しい採掘技術が開発されるにつれて新たな供給源ができてきました。Aさんのいうように文化祭に有名人を呼ぶことで文芸部の印象もかわり、新入部員が

増えるかもしれません。またネットで探せば印刷代の安い印刷所も見つかるでしょうし、WEB配信にするという手法もあるので、来年の新入部員がその中から選べばよいというのも一理あります。

　ただし、このAさんの考えは楽観論という1つの考えにすぎません。悲観論の立場に立てば、部費の残高の20万円を費やして開いた講演会は散々な評判で、新入部員は少数しか入らなかった。安く請け負ってくれる印刷所も見つからず、結局長年続いてきた冊子の発行を見送ることになった。結果的に退部者が続出して、文芸部そのものの存続が危うくなったという想像もできるのです。

　未来に対しての楽観論があることは思想の自由のもと許されます。しかし楽観論を盾に、自分のことだけを考える利己主義的な振る舞いは許されないのではないでしょうか。それが現在世代の未来世代に対する責任といえます。未来世代は現在世代の振る舞いに委ねられているのです。それを認識したうえで、未来世代に対する責任感のある振る舞いが求められるでしょう。

　新しいことをすることが、未来世代によい影響を与えることが多いのもたしかです。Aさんが言うように著名人を招いて講演会を開くのも効果的な取り組みともいえます。しかし、そのときに未来への遺産をすべて費やしてしまうのではなく、講演会の入場料を徴収するなどして半分の10万円に抑える努力をしてみるのもよいのではないでしょうか。

　自分たちの欲求のことだけでなく、未来の世代を考えた責任感ある振る舞いをすることは、環境問題だけでなく政治や経済・福祉の問題などにも必要なことだといえます。

i　2015年3月に大阪市浪速区のマンション建設現場で、不発弾が発見された。その処理費用について、土地所有者などが大阪市と国を相手どって約570万円の返還を求める訴訟を起こしたが、請求を棄却された。

「公共」における
哲学・倫理学的アプローチ

山本智也（筑波大学附属駒場中・高等学校教諭）

　本書の特徴は、行政や公共政策などの実務と接する分野の専門家と、哲学・倫理学の専門家とのコラボレーションにあります。このコラボは「公共」の授業を考えるうえでとても示唆的です。社会問題や公共政策などの特徴や争点を本質的に理解し、判断したり議論したりするためには、価値・規範を深く追究する哲学的・倫理学的な観点が欠かせません。では、学問としての哲学・倫理学は、実際に「公共」という科目の中でどのように活かされるのでしょうか。

❶ 学習内容として哲学・倫理学を学ぶ

　まず、哲学・倫理学は「公共」の学習内容に含まれています。もっとも明瞭なのは、学習指導要領の大項目A「公共の扉」の（2）「公共的な空間における人間としての在り方生き方」です。「人間としての在り方生き方」というのは学習指導要領上の用語で、従来から公民科の中の倫理的分野の学習、そして高校における道徳教育のキーワードとされてきました。ちなみに、中学校の道徳教育でこれに対応する用語は「人間としての生き方」で、意図的に使い分けられています。高校生の発達段階では、「在り方」（人間とはどのような存在なのか）という哲学的な次元まで踏み込むことが想定されているのです。

　「公共」の大項目A（2）では、「行為の結果である個人や社会全体の幸福を重視する考え方」と「行為の動機となる公正などの義務を重視する考え方」がおもな学習内容になります。倫理学説としては、前者は功利主義、後者は義務論におおむね対応します。さらに、学習指導要領の解説をよく読むと、現代の倫理学で注目されている「徳倫理」にあたる内容も、ここで取り扱えることが示されています。功利主義、義務論、徳倫理という並びは、倫理学（規範倫理学）の教科書でも定番の構成です。これらは、大ヒットしたマイケル=サンデルの『これからの正義の話をしよう』などでも章単位で取り上げられているので、哲学・倫理学を専門的に学んでいない教員でも比較的なじみがあるのではないでしょうか。ただし注意したいのは、これらを「選択・判断の手掛かり」とするために

学ぶということです。つまり、「カントは〜と考えた」と理解して終わり、ではありません。日常生活の中で出会う倫理的判断の必要な場面や、現代社会が直面している倫理的課題、さらに公共政策の倫理的側面などに対して、「カントを手掛かりとして」思考することが目指されているのです。

　また、大項目A（1）では「人間は、①個人として相互に尊重されるべき存在であるとともに、②対話を通して互いの様々な立場を理解し高め合うことのできる社会的な存在であること、③伝統や文化、先人の取組や知恵に触れたりすることなどを通して、自らの価値観を形成するとともに他者の価値観を尊重することができるようになる存在であることについて理解すること」とあります。あまりにも読みづらい文章なので、分解してまとまりに下線を引いてみました。すると、この中に3つの人間観（人間とは○○な存在）が示されていることがわかります。字面だけ見ても「ふーん」で終わってしまいますが、こうした人間観を基礎づけたさまざまな思想家の言説を踏まえると、おもしろく話がふくらみます。

　同じく大項目Aでは、「思考実験など概念的な枠組みを用いて考察する活動」を通して考察・表現することになっています。哲学・倫理学に関する思考実験というと、有名なところではトロッコ問題やサバイバル・ロッタリーなどがあり、興味を持っている高校教員も少なくないと思います（ただ、どれも人の死を含む物騒な印象を与えるので、学習指導要領に直接記載することは控えられたのでしょう）。思考実験をやさしく紹介した本も多く出版されており、授業で取り組むと大いに盛り上がりそうです。ただ、生徒が出した意見をうまく交通整理し、思想的な争点を的確に取り出せるかどうかは教員の腕の見せ所でしょう。

❷「見方・考え方」に哲学・倫理学を活かす

　上述のように、哲学・倫理学が直接の学習内容になるのは大項目Aの一部ということになりそうです。しかし、「公共」の全体構造は、大項目Aで学んだ概念的なツール、つまり「見方・考え方」をその後の学習に活用する、ということでした。そしてこの科目の「見方・考え方」には、哲学・倫理学に根本でつながるものが多いのです。それは奇妙なことではありません。例えば、政治学の領

域に政治哲学・政治思想・政治理論があるように、社会事象の価値的・規範的側面を抽象概念で捉えていく作業はどの分野でも必要とされています。元来、「哲学」というのは何か特定の問題を束ねたジャンルを指すのではなく、問題と向き合うときの姿勢や思考法のことを指す、ということかもしれません。

　先ほど見た「行為の結果である個人や社会全体の幸福を重視する考え方」と「行為の動機となる公正などの義務を重視する考え方」は、「見方・考え方」の一端といえるでしょう。そのほか、旧科目「現代社会」で学習内容となった「幸福、正義、公正など」は、新科目「公共」でも引き継がれます。学習指導要領で「これが見方・考え方です」と明記されているわけではありませんが、これらは代表的なものと見てよいと思います。また、学習指導要領には例示されていない重要概念もあります。例えば、2016年末に示された中央教育審議会答申（新学習指導要領を方向づけたものです）の別添資料には、社会的事象を捉える視点の例として、自由、平等、寛容、相互承認などの概念が挙げられています。

　このような概念を社会問題や公共政策を捉える際の切り口とすることの意味については、本書が全体として表現しているところです。学問の専門家は（本人が自覚的かどうかはともかく）、その学問ならではの概念的枠組みや着眼点によって事象を捉え、思考しています。本書の各文章を、そのサンプルとして読んでみるとおもしろそうです。

　自分の失敗経験を振り返ると、授業づくりのときに概念的枠組みを意識しなかった場合、だいたい生徒を退屈させる授業になってしまいました。意気込んで多くの資料から情報を集めるほど、自分のお勉強ノートをこまごまと全部生徒に伝えたくなってしまうからです。例えば、環境問題・環境政策について授業をするとき、ただ環境破壊の現状や国際条約を詳細に見せても生徒の頭を動かすことはできません。世界の人々のどんな「幸福」（功利）が関係しているか、人々の活動の「自由」をどこまで重視すべきか、地域間や世代間の「公平」をどのように考慮すべきか、人間は自然環境や動物に対する「義務」を負うのか、といった着眼点があることで、取り上げるべき教材を精選することができ、考えさせるに足るような発問（問いかけ）をつくることができるのです。

　もっとも、哲学者が執拗に探究した概念がごく短時間で学ばれ、まるでアプリをインストールするかのように活用されるという想定は、哲学になじみがあ

る人には多少の違和感があるかもしれません。実際の授業でも、生徒はプログラムに従って回答をはき出すマシーンなどではありません（また、そんな授業であるべきではないと思います）。例えば、教室内のみんなが自明視していた「自由」の定義が、1人の生徒の発言によって揺さぶられるような場面があります。そういう予定調和の展開から外れた場面にこそ、リアルな空間に人々が集まって学ぶ意味があるのではないでしょうか。そして、その想定外の展開から新たな学びを得るためには、「自由」という概念に豊かな含意や解釈があることを知っておくことが大切なのです。ここに、哲学・倫理学を活かすことの意義があります。

❸ 「公共」の理念を哲学する

　新科目の内容が明らかになってきても、「そもそも『公共』って何？　『社会』や『現代社会』ではだめなの？」という疑問が先に立って、どうにも落ち着かない思いがしたことを覚えています。生徒との雑談で新科目の名称が出ると、「最近の若者は公共心がなくてけしからん」というような、どこか説教じみた印象をいだかせているようにも感じます。

　学習指導要領には「公共」「公共的な空間」という語が出てきますが、何を意味しているのか説明はありません。のちに公表された学習指導要領の解説を読むと、「公共的な空間」について、「地域社会あるいは国家・社会などにおける人間と人間とのつながりや関わり並びにそれによって形成される社会システムそのものの両者を合わせ表した場を意味しており、地理的な空間の広がりを意味するものではない」とあります。また、「公共的な空間は、各人が、かけがえのない存在として認められ、よりよく幸福に生きることができるようにし、全ての人々のために協働の利益が確保されるようにすることを目指して、様々な課題の解決方法を議論し、決定し、その実現を図る開かれた空間である」と説明されています。後段は踏み込んだ書きぶりのようにも感じますが、まだイメージがしづらいです。

　思想史をかじった人なら、「公共的な空間」という語から、古代ギリシャのアゴラや近代ヨーロッパのコーヒーハウスをイメージするかもしれません。そして、

そこにはいくつかの重要な特性があるように思います。その1つは、複数の異なった視点を持つ人たちが、共通の関心事をめぐって関わり合う中で、各々のユニークさを他者に認められることです。教員としてはまず、このような場が学校という空間にありうるのだろうか、と考えてしまいます。その逆に、学校は同質性を前提とした共同体的な空間だと感じる人が多いのではないでしょうか。もう1つの重要な特性として、上のイメージでの「公共」は、国家や社会制度と一体化するものではありません。むしろ、支配的な公権力や自明視された制度からいったん距離を置き、そのあり方を批判的に問うような場を意味します。ここでいう「批判的」とは、非難するということではなく、理性的に吟味すること、さらにいえば自分自身がその中にいる枠組みをも問い直すことです。そのような思考のあり方を、教室でどのように教える（指導する？）のでしょうか。「公共」をめぐるさまざまな思想は、このような示唆と興味深い問いを学校教育に投げかけているのです。

　学校教育ですべての生徒が学ぶ「公共」「公共的な空間」が何であって、何でないのか、そして新科目「公共」が向かうべき理念をどのように捉えるか。こうした議論を哲学・倫理学に期待したいと思います。実際、「公共」の全容が明らかになって以降、哲学・倫理学関係の学会でもその動きが進んできています。例えば、日本哲学会の2018年大会では、新科目「公共」を考えるワークショップが開催されました。また、日本倫理学会の2019年大会でも、「公共」の学習への倫理学的アプローチを考えるワークショップが実施され、同時に（教育的関心からは離れますが）「公共的」なものを思想的に問う主題別討議も開催されました。これらの場での議論が、学校教育の現場とうまくつながってほしいと願っています。

B

現代社会の諸課題
〔基礎編〕

B[基礎編]-1 環境問題

プラスチックごみによる環境破壊を食い止めるにはどうしたらよいだろうか

討議課題

　2020年7月からレジ袋が有料化されました。文化祭の準備のためホームセンターに行った3人の高校生は、そこでたくさんの買い物をしました。エコバッグを持参しなかった3人は、あまりに品数が多いため、買ったものを袋に入れずに持ち帰るのは不可能だと気づきます。その結果、レジで会計をするときに、50円もレジ袋代を払うことになってしまいました。レジ袋の有料化への不満やエコバッグをどうして持ってこなかったのかといった口論が3人の間で起こりました。

　帰り道でプラスチックごみについて、3人が話し合っています。

Aさん「プラスチックは自然には分解されにくいから、海に流れ込んだら何世紀にもわたって海中を漂い続けることになるって聞いたよ。海を守るためにはプラスチックごみを減らさなきゃならないんだって。そう考えると、レジ袋の有料化は当然だね」

Bさん「でも、レジ袋の有料化には反対だな。今日だって50円もかかったしね。プラスチックは軽くて丈夫で安いから、あらゆるところで使われているんだよ。身の周りにあるプラスチック製品を数えてごらんよ。思っている以上に多いから。レジ袋だけ減らしたって意味はないよ」

Cさん「でも、このままのペースでプラスチックを使い続けると、2050年までに海中のプラスチックごみの総重量が魚の総重量を超えるという話もあるらしいよ。魚や海鳥、アザラシ、ウミガメを含む約700種類もの生物が傷つけられたり、命を落としたりしているんだって。この前テレビで、海鳥の体の中にたくさんのプラスチックごみが詰まっているのを見て、ショックだった。私たちが海に流れ込むプラスチックの量を減らさないと海の生物が犠牲になっちゃうんだよね」

Aさん「海の生物だけの問題じゃないみたいだよ。マイクロプラスチックという劣化して直径5ミリ以下になったプラスチックごみも危ない

らしいよ。マイクロプラスチックを餌と間違えて食べた魚を食べると、マイクロプラスチックがその生物の体内に入り込むんだって。それが生物の体や繁殖などにどんな影響を与えるのか、わからないことも多いらしいけど、本来自然界に存在しない物質だし、楽観視できないよね」

さらに3人は、プラスチックごみについて話しています。

Aさん「このままだとプラスチックごみによって生態系のバランスが崩れて、人類にも大きな影響が出るに違いない。だから、すぐにでもプラスチックの使用をやめるべきだと思う」

Bさん「危険性はたしかにあるけど、プラスチックのない生活なんて考えられない。プラスチックの使用をやめることには反対だな。現在のプラスチックごみの問題は、先進国から開発途上国へリサイクル資源と称して輸出されることが原因になっているんだよ。開発途上国ではプラスチックごみについての法律も十分整備されていないから、適正に処理されずに海に投棄されているんだ。先進国が開発途上国へのプラスチックごみの輸出をやめて、自国内で焼却すればプラスチックごみの問題はなくなるはずだよ」

Cさん「今のところ、人間には海に流れ込んだプラスチックごみの影響が出ていないとしても、将来的には危険性が相当高いと考えるべきだね。プラスチックが海に流れ込まないようにするのは当然のこととして、リデュース（削減）、リユース（再利用）、リサイクル（再資源化）の3Rを強力に進めることで、プラスチックごみ削減のしくみをつくるべきだと思う」

問い　みなさんは、Aさん、Bさん、Cさんの意見について、どのように考えますか。

B 現代社会の諸課題［基礎編］

● プラスチックごみの危険性について、地球規模の大きな視野で、かつ人類史的な視点も踏まえて理解する。
● プラスチックごみが現在どのように処理されているか、また、処理できていないかを学習し、とくに海洋プラスチックごみが引き起こすさまざまな問題について認識する。
● プラスチックごみ問題に対して行われている世界的な取り組みや今後の技術的可能性について学ぶ。
● 便益やリスクに加えてさまざまな不確実性があるなかで、どのようにプラスチックごみ問題に取り組んでいくべきか議論する。

政治・経済的視点からの解説

政治・経済的解説では、テーマとして取り上げている政治・経済的な事象について、具体的にそのできごとの背景や内容の解説を行っていきます。ここでは、プラスチックごみとその取り組みについて解説します。

プラスチックごみの脅威

地球は今、6回目の生物大量絶滅の危機に瀕しているといわれています。過去5回は火山の爆発や隕石の衝突など自然現象によるものでしたが、現在進行中の大量絶滅は人類の活動に起因しています。すでに人類は、狩猟を通じて多くの生物を絶滅に追いやりました。また、農耕による特定

絶滅のおそれの高い種（絶滅危惧種）の数

分類		CR	EN	VU	合計
動物	哺乳類	222	532	545	1,299
	鳥類	225	461	800	1,486
	爬虫類	310	564	532	1,406
	両生類	610	993	673	2,276
	魚類	616	962	1,271	2,849
	無脊椎動物	1,282	1,596	2,541	5,419
植物		3,520	6,557	7,430	17,507
その他		26	67	106	199
合計		6,811	11,732	13,898	32,441

IUCN（国際自然保護連合）資料より作成　2020年7月9日現在
※CR…ごく近い将来、野生での絶滅の可能性が極めて高い種
　EN…CRほどではないが、近い将来絶滅の可能性が高い種
　VU…絶滅の危険が増している種

植物の大規模栽培や人間の移動にともなう外来種の持ち込みも大量絶滅の原因となっています。さらに、現在は地球温暖化が大量絶滅に拍車をかけています。温暖化のスピードに適応できない生物たちが絶滅に追いやられているのです。

　人類はこれまで1億種類を超える化学物質を発見・生成しており、人体からも300種類を超える人工化学物質が検出されているといわれており、生態系への影響が懸念されています。例えば、人工的につくり出された農薬がハチなどの昆虫の大量絶滅に一役買っている可能性が指摘されています。食物連鎖の基礎となる生物にダメージを与えれば、影響はいずれ生態系全体におよぶことになるでしょう。人工化学物質には、DDT（有機塩素系の殺虫剤、農薬）やフロンガスのように当初は安全と考えられていたが、あとから人体や環境に深刻な影響を与えることが明らかになり、生産が禁止されたものもあります。プラスチックも人工化学物質ですが、これまで人体に害はないと考えられてきたため、人間生活のあらゆる場面で使われています。ところが、急増するプラスチックごみが人類を含むすべての生物の脅威になるかもしれないということが近年明らかになってきたのです。

プラスチックごみの処理方法

　プラスチックは、石油や天然ガスから人工的に合成される高分子有機化合物です。もともと自然界に存在しない物質なので、これを分解する微生物は地球上にほとんど存在しません。このため高い耐久性を持っていますが、この耐久性がいったんごみになるとやっかいな問題を引き起こします。

　プラスチックは軽くて丈夫で加工しやすくコストが安いため、ペットボトルや菓子袋などの包装用品、玩具や収納家具などの日用品、車や家電などの工業製品と、幅広く用いられています。世界のプラスチックの年間総生産量は、生産が本格化した1950年は200万トンでしたが、2015年には20倍の4億トンに達しています。そのなかでリサイクルされたのはわずか9％で、焼却処分されたのは12％、残りの79％は埋め立て処分されるか海などへ投棄されています。

　リサイクルの方法としては、プラスチックの原料として再資源化するマテリアルリサイクル、ガスや油に戻して再資源化するケミカルリサイクル、そのまま燃やして発電などに利用するサーマルリサイクル（熱回収）があります。日本

を含む先進国では、多くのプラスチックごみを中国などの開発途上国に資源ごみとして輸出することで処理してきましたが、2017年に中国が資源ごみの輸入を禁止したため、新たな処理方法を見つける必要に迫られています。

　日本ではサーマルリサイクルの割合が高くなっていますが、これにはごみ処理場でプラスチックごみを燃やしたときに出た熱を発電や給湯などに利用することも含まれるため、本当にリサイクルと呼べるのかという議論があります。他方、プラスチックごみの分別収集や再資源化にも大きなコストがかかることから、プラスチックごみを生ごみと一緒に回収・焼却したほうが環境への負荷がかえって小さくなると主張する人もいます。なお、プラスチックを燃やすとダイオキシンという有害物質が発生することがあるため、従来プラスチックごみは燃やさないという対応がとられてきましたが、最近は焼却技術の進歩によりこの問題がほぼ解決されたため、プラスチックごみを可燃ごみとして取り扱う自治体が増えています。

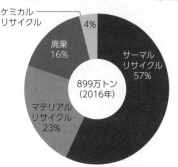

日本国内でのプラスチックごみの処理状況

ケミカル
リサイクル　4%
廃棄 16%
サーマル
リサイクル
57%
899万トン
（2016年）
マテリアル
リサイクル
23%

（一社）プラスチック循環利用協会

海中を漂い続けるプラスチックごみ

　廃棄されたプラスチックのうち海までたどり着くのは3%といわれているので、これまでの総廃棄量63億トンをもとに計算すると、すでに2億トンのプラスチックが海に流れ込んだことになります。プラスチックにはさびにくく、微生物によって分解されにくいという性質があるので、プラスチックごみの中には何世紀にもわたって海中を漂い続けるものもあると考えられています。プラスチックごみは、北極・南極から太平洋の無人島の海岸まであらゆる場所で発見されており、とくに日本近海はプラスチックごみのホットスポットと呼ばれています。このままのペースでいけば、2050年までに120億トンのプラスチックが廃棄され、海中のプラスチックごみの総重量が魚の総重量を超えると推計されています。

　直径が5ミリ以下のプラスチックごみはマイクロプラスチックと呼ばれていま

す。これにはプラスチック原料を加工しやすいように3〜5ミリ程度の粒状にしたプラスチックペレットや、肌の汚れなどを除去する目的として洗顔料や歯磨き粉等に添加されているマイクロビーズなどの製造段階から小さなものがあります。また、プラスチック製品

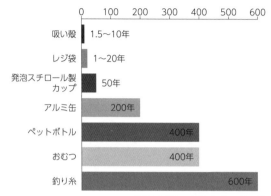

海洋ごみが完全に自然分解されるまでに要する年数

吸い殻	1.5〜10年
レジ袋	1〜20年
発泡スチロール製カップ	50年
アルミ缶	200年
ペットボトル	400年
おむつ	400年
釣り糸	600年

(NOAA/Woods Hole Sea Grant)

が劣化して細かくなったものもマイクロプラスチックに含まれます。車のタイヤや合成繊維でできた衣料品など、製品としては通常プラスチックに分類されないものも、じつはプラスチックの一種なので、摩耗して細かくなるとマイクロプラスチックになります。例えば、合成繊維製のフリースなどの衣料品は、洗濯のたびにマイクロプラスチックを下水道に排出するといわれています。

マイクロプラスチックの危険性

　クジラや海鳥、ウミガメなど多くの海洋生物が、レジ袋やペットボトルのキャップを誤食したり、海に投棄された合成繊維の漁網に絡まったりして命を落としています。こうした目に見えるプラスチックの被害に加えて、近年、海中に遍在するマイクロプラスチックの生態系への影響に注目が集まっています。マイクロプラスチックは動物性プランクトンや小魚が餌と勘違いして摂取するため、食物連鎖を通じて人を含む大型生物の体内に入り込みます。通常マイクロプラスチックが体内に入っても、そのまま排泄されるため問題は少ないと考えられていますが、一部の海洋生物の成長や生殖能力を阻害していることが確認されています。

　また、プラスチックにさまざまな属性を与えるための添加剤には、毒性があったり環境ホルモンとして作用したりするものがあり、これが食物連鎖で濃縮され、

摂取されると健康被害を引き起こす可能性があります。さらに、マイクロプラスチックは海中を漂ううちにPCB（ポリ塩化ビフェニル）などの有害物質を吸着することも報告されています。現在のところ、人間に対する直接的な影響は確認されていませんが、このまま海中プラスチックの濃度が上がり続ければ、なんらかの影響が出るのではないかと懸念されています。

プラスチックごみ問題への取り組み

レジ袋や容器、包装用品、ペットボトル、発泡スチロールなどの使い捨てプラスチック製品が海洋ごみの約6割を占めていることから、この問題を解決するには人類の使い捨て文化そのものを変えていく必要があると考えられ、さまざまな取り組みが始まっています。

EU（ヨーロッパ連合）では、2021年までにプラスチック製のレジ袋やストロー、スプーン、ナイフ、フォーク、トレイなどの使用が禁止されることになっています。また、ペットボトルについては、2025年までに90%のリサイクルを目指すとしています。国レベルでは、レジ袋の使用禁止や有料化、課税などの方法で削減を目指しています。

一方、海洋プラスチックごみの直接的な発生源としては、アジアの開発途上国が上位を占めていることから、プラスチックごみを効果的に削減するにはこれらの国々における取り組みが不可欠です。マイクロビーズを含む化粧品については、アメリカや台湾、韓国などの国々ではすでに製造が禁止されています。日本でも2016（平成28）年、各事業者にマイクロビーズ使用の自主規制を促しましたが、2020（令和2）年現在、製造禁止などの強制措置はとられていません。

技術的な解決の可能性

プラスチックはもともと自然界に存在しない物質であるため、分解されにくいという性質がありますが、近年プラスチックを分解する酵素や微生物が見つかっています。こうした酵素や微生物を利用して、将来的にはプラスチックごみを処理する方法が確立されるかもしれません。

石油ではなくバイオマス（エネルギー源として利用できる生物体）を原料とすることで、広く存在する微生物によって分解することができる生分解性プラスチッ

クを開発しようという動きも加速しています。バイオマス・プラスチックは、使用後に堆肥化して農地に戻すことでごみ問題を解決できます。ただし、冷たい海の中では分解スピードが遅くなるため、バイオマス・プラスチックは海洋プラスチックごみの根本的な解決にはつながらないという意見もあります。

人間活動の生態系への影響とプラスチック

　世界人口の増加と科学技術の進歩は、人間活動の生態系への影響を飛躍的に増大させてきました。現在もっとも懸念されているのが地球温暖化問題です。IPCC（気候変動に関する政府間パネル）は、このまま化石燃料による二酸化炭素の排出を続けると、今世紀末に地球の平均気温が最大で4.8℃上昇すると警告しています。その一方で、二酸化炭素による温暖化を否定し続けている人々もいます。世界各国は二酸化炭素の排出目標を定めて削減努力を行っていましたが、2017年には4年ぶりに世界の二酸化炭素排出量が増加に転じました。

　遺伝子組み換え食品の危険性については、国や地域によって大きく考え方や対応が分かれています。ヨーロッパ諸国が潜在的・長期的な危険性を重視し厳しく規制しているのに対して、アメリカはプラス面を重視し、利用に積極的です。アメリカの大豆やトウモロコシなどの作物の耕作面積は、すでに90％以上が遺伝子組み換え品種となっています。

　プラスチックも、化石燃料や遺伝子組み換え食品と同じような構造をかかえています。プラスチックごみがこのまま増え続けた場合の潜在的な危険性は大きいと考えられますが、具体的にどの程度の被害をもたらすことになるのか、じつはまだよくわかっていません。一方、人類はプラスチックから大きな恩恵を受けており、生産の増加を食い止めることさえ困難な状況です。リスクがある便利な生活を選ぶのか、リスクを避けるために不便な生活を選ぶのか、人類は難しい選択を迫られています。

プラスチックごみ問題と外部不経済

　さまざまな分野で利用されているプラスチックが、ごみとなって環境を汚染しているのは、経済学の観点からは外部不経済の問題と考えることができます。

　プロ野球の試合を例にして考えてみましょう。プロ野球のチームは観客が観

戦チケットを買うことでビジネスとして成り立っています。一方、観客はチケットを購入することで、プロ野球選手のすばらしいプレイを見て楽しむことができます。プロ野球チームと観客との間では金銭を介したビジネス上のやりとりがあります。

　外部経済というのは、このビジネス上のやりとりに直接かかわっていない人や会社によい効果を与えることです。野球場の周りの飲食店は観客がたくさん来ることで、売り上げが伸びます。飲食店そのものは野球の試合に関与していないのですが、野球の試合が開催されることでよい影響を受けているといえます。これが外部経済です。

　一方、野球の試合が開催されることで悪い影響を受ける人や会社もあります。試合前には大勢の人が球場に向かうため、駅から球場に続く道は大混雑します。野球と関係のない商品を扱っている店では、普段から来ているお客さんが入りづらくなって、かえって売り上げが減ることもあるでしょう。近隣住民は騒音に悩まされて、家の窓を防音効果の高いものにするなど余計な出費が必要となるかもしれません。また、マナーの悪い観客がいた場合、球場周辺にポイ捨てなどでごみが散らばり、自治体が清掃しなくてはならなくなるでしょう。野球の試合が行われることによって、野球に関与していないところで生じるこのような悪い影響を外部不経済と呼びます。

　プラスチックごみ問題はまさにこの外部不経済の典型的な事例といえるものです。企業は安価で使いやすいプラスチック製品を製造・販売し、私たちはそれをさまざまな利用目的で購入します。プラスチック製品の売り買いは売る人にとっても、買う人にとっても意義あるものです。しかし、プラスチックがごみになってから生じる悪い影響は、最近になるまであまり重視されていませんでした。そのため、プラスチックごみは外部不経済として世界中の海に広がり、悪い影響を人や社会のみならず動物にまで与えるようになってきたといえます。

　外部不経済は、当事者が関与していないところで起きている悪い影響といえますが、この状態を是正するための費用は、当事者が負担していくのが妥当といえます。プラスチック製品をつくる会社と使う消費者がともに、当初からプラスチックがごみになってからのことを考えて、代金にその費用を上乗せしておきます。そうすると、その上乗せした費用からごみ処理にかかる代金を負担

することもスムーズにできます。このように外部不経済のコストを当事者に負担させることを内部化と呼びます。

 ## 討議事例についての考え方

　Aさん、Bさん、Cさんの意見について考えてみましょう。

　Aさんの「すぐにプラスチックの使用をやめよう」という意見は現実的とはいえませんが、あとから考えると正しかったということになるかもしれません。すべての科学技術にはプラス面とマイナス面があり、私たちは両面を冷静に評価したうえで利用しなければなりません。過去の公害問題では、リスクを十分に評価せずに技術利用を進めた結果、深刻な悲劇を引き起こしたこともありました。地球規模の環境問題では、リスクの見落としは人類全体に致命的な結果をもたらす恐れがありますから、私たちはなおさら慎重に行動すべきでしょう。

　そうした観点からすると、Bさんの「先進国が開発途上国へのプラスチックごみの輸出をやめて、自国内で焼却すればこの問題はなくなるはず」という意見は、海へのプラスチックごみの流出対策としては現実的かもしれません。Bさんの言うような「先進国から開発途上国へリサイクル資源と称して輸出されるプラスチックごみが適正に処理されずに海に投棄されている」事例は、近年多く報告されています。先進国のリサイクルへのこだわりが環境問題をかえって悪化させた例といえるかもしれません。ただしBさんは、Cさんの言うようなリデュース（削減）、リユース（再利用）、リサイクル（再資源化）を考慮していません。現在の状況でプラスチックをリデュースすることなく使い続けるなら、プラスチックごみの問題は縮小すれども、焼却による温室ガス問題など別の環境問題が生じる可能性があります。

　Cさんの「リデュース、リユース、リサイクルの3Rを強力に進めなければならない」という意見には、誰もが賛成するでしょう。問題は、3Rを賢く具体的に推進するにはどうすればよいかということです。リデュースするには代替品の開発が不可欠ですが、多くの場合、代替品はプラスチックに比べて割高で品質が劣るためなかなか普及しません。環境への影響も含めたプラスチックと代

替品のコストを比較衡量したうえで、代替品が有利と判断されるのであれば、代替品への転換を促進するような大胆なしくみを導入する必要があります。

　EUではプラスチック戦略としてリユースを積極的に薦めています。しかしながら、回収や洗浄にも環境負荷がかかるので、リユースよりもリサイクルのほうがかえって負荷が小さいケースもあるようです。1つの手段にこだわりすぎることなく、もっとも合理的な方法を判断する理性も重要といえます。

　Cさんの意見の中で述べられたリデュース、リユース、リサイクルを製造業者である企業や、ごみを回収する行政に期待することは重要ですが、それだけで十分でしょうか。プラスチックは私たち消費者が購入するからこそ大量に生産されるのです。レジ袋の有料化によって消費者がプラスチックに対する意識を高め、そもそもプラスチックを多用しないように気をつけていくことが、もっとも環境に配慮するやり方であるといえるでしょう。

倫理的視点からの解説

倫理的解説では、プラスチックごみとその取り組みについてどのような視点で向き合うべきなのかを倫理的観点から明らかにします。

功利主義の観点から：世界におよぼす効用

　Bさんは「プラスチックのない生活なんて考えられない」と、プラスチックの使用を中止することに反対しています。たしかに、プラスチックの使用を中止することで生態系バランスへの悪影響が防げるとしても、同時にそれは私たちの生活の便利さを奪います。また、経済活動の停滞を招き、私たちの生活を悪いものにしてしまうでしょう。

　実際、プラスチック製品には軽くて丈夫、さびや腐食に強い、絶縁性など電気的性質に優れている、断熱性が高い、成形や着色をしやすい、安価、大量生産が可能など、さまざまな長所があります。そのため、現代文明においては必要不可欠な素材になっています。私たちの周りを見回しても、プラスチックのない生活がいかに困難なものかわかるでしょう。プラスチックはレジ袋、ペッ

トボトル、食品包装といった「容器包装プラスチック」だけではありません。文房具や電気製品、台所用品、玩具などの「製品プラスチック」としても多くのプラスチックが使われています。

　また、プラスチックの製造・加工・流通など、関連する業界には大きな雇用があります。EUのプラスチック業界団体によると、EUに加盟する28か国において、プラスチック業界は6万社近くの企業を擁し、150万人以上を雇用しています（2018年現在）。世界的な規模で考えると、プラスチック業界にかかわる人々が膨大な数になることは容易に想像できます。

　ちなみに、昨今では容器包装プラスチックについてはリサイクルのしくみができていますが、製品プラスチックについては分別収集・リサイクルが行われておらず、焼却・埋め立てされているのが現状です。製品プラスチックは沿岸にあるごみの埋め立て地に廃棄されたとしても、豪雨などによる水害で海に流出することもあります。また、工業生産プロセスで出たプラスチック素材が不適切に廃棄されて海に流出することもあります。それだけでなく、フリースなどの合成繊維は、洗濯のたびにマイクロプラスチックを下水道に排出し、それが川や海に流れ込むといわれています。

　ここで、功利主義 (p.16) の観点からプラスチックの、世界におよぼす効用について評価してみましょう。

　プラスチックごみが海に流出することによるマイナスの効用は、現在明らかにされている部分ではクジラや海鳥、ウミガメなどの海洋生物への被害や、沿岸部にプラスチックごみが漂着することで景観を害することなどです。マイクロプラスチックがもたらす生態系への影響については、現在のところ不明な点が多く、マイナスの効用として算出しがたいです。

　一方、プラスチック製品の利便性や雇用などの経済性が人類におよぼすプラスの効用は明らかなものであり、私たちの生活によい影響を与えています。プラスチックが与える具体的に明らかである利便性や経済性などのプラス面と不確かな環境への悪影響というマイナス面の差し引きを行うと、具体的に数値が出しやすいプラス面のほうが効用として評価しやすいこともあり、功利主義的にはプラスチックの利用量の削減はする必要はないといえるでしょう。

功利主義の観点から：地球全体の幸福

　同じく功利主義の観点から、まったく逆の判断を導き出すこともできます。

　Ａさんの意見は「今すぐプラスチックの使用をやめるべき」というものです。その理由は、このままプラスチックの使用を続ければ、生態系バランスが崩れて、人類や他の動物に大きな影響が出るからです。

　功利主義では人間の効用だけでなく、動物の効用も考慮に入れます。動物の快苦も人間の快苦と同様に検討するべきだと考えるのです。人間の快苦には配慮するべきであるが、イヌやウシなどの動物は人間とは違うのだから、その苦痛などに配慮する必要はないというのが、日本での一般的な意識かもしれません。しかし、動物の感じる苦痛に配慮すべきであるという動物の権利論が、功利主義とも結びつきの深いことは理解しておく必要があります。

　功利主義者のベンサムは、動物の苦痛を感じる能力について指摘していました。ご存知のとおり、イヌやネコ、ウシやブタなどの哺乳類は苦痛を感じます。イヌが怪我をして伏しているのを見ると、イヌが苦痛を感じているのがわかります。功利主義者はそもそも、快楽の量と苦痛の量の差し引きで善悪を判断します。その理論からすると、苦痛を感じる能力があるなら、動物も功利主義の効用計算の中に入れる必要が生じるのです。動物は人類と種が異なるから、それらの苦痛は考慮に値しないとするのは、人種が異なるからある人種の人々の苦痛は考慮に値しないとするのと同じだと功利主義は考えます。人種が異なるから苦痛を与えてよいとするのが人種差別なら、種が異なるから苦痛を与えてよいとするのは種差別であると考えるのです。現代の功利主義者の中には、苦痛を感じる能力を脊椎動物であるかないかで区別し、哺乳類・爬虫類・鳥類・魚類などの脊椎動物については苦痛を効用のカウントに入れるべきであると考えている研究者（ピーター・シンガーなど）もいます。

　Ａさんは、プラスチックの使用で生態系バランスが崩れることにより、人類に悪い影響が出る、言い換えれば人類全体の幸福が損なわれるから、プラスチックの使用をやめるべきと考えています。たしかに、プラスチックごみが海に流入して生態系バランスが崩れれば、多くの海洋生物が悪い影響を受けます。また、人類が環境ホルモンなどの影響を受けたり、魚類が減少して生態系サービスを

受け取れなくなったりすれば、全体の幸福が大きく減ると予想されます。

　地球に生息する生物全体の幸福を重視する功利主義の観点からは、生態系を破壊し、さまざまな動物（哺乳類・爬虫類・鳥類・魚類など）が死亡したり傷ついたりする環境破壊は、著しいマイナスの効用をもたらすといえるでしょう。生態系の破壊が人類にも悪影響を与えるなら、たとえ利便性や経済性でプラスの効用をもたらしても、動物プラス人類への悪影響としてマイナスの効用が大きくなり、功利主義的にも海洋プラスチックごみをなくす施策が正しいとされます。

将来世代への影響：世代間倫理

　プラスチックごみをはじめとする環境問題では、現在生きている私たちの幸福を考えるだけではダメだという指摘があります。なぜなら、環境問題は私たち現在世代だけでなく、まだ生まれていない将来世代にも大きな影響を与えるからです。将来世代は、私たちの消費生活のツケを一方的に受け取るだけで、私たちの生活に文句を言うことができません。

　Cさんは、プラスチックごみにより「今のところ、影響が出ていないとしても将来的な危険は相当高い」と指摘しています。Cさんの意見の特徴は、Aさん、Bさんが現在世代の視点から問題を考えているのに対し、将来世代への影響も考えている点にあります。このような、現在世代と将来世代の関係を考える問題は、世代間倫理（p.180）の問題と呼ばれます。現在世代の力のおよぶ範囲にあり、その力に委ねられている将来の事柄については、現在世代は将来世代に対して責任が生じるというのがその考え方です。

　現在の世代が環境・資源・生物種・生態系について影響力を持っているのなら、将来世代のためにそれらを保護する義務を持つという考えです。現在の世代が自分たちだけが幸せならよいと考えて、海や空気を徹底的に汚染しつくすなら、将来世代の平穏な生存はおびやかされることになります。

　ロールズは公正（p.38）の観点から、功利主義で生じる多数派による少数派の抑圧を問題にしましたが、その議論を世代間倫理にも持ち込んでいます。ロールズは、多数派による少数派の抑圧のような公正の問題を、現在世代と将来世代との関係性の問題としても考えました。ロールズの考え方では、私たちは住

む場所によって差別されてはならないのと同様に、住む時代によっても差別されてはならないとされました。言い換えれば、私たちは自分の時代のことだけでなく、未来の時代に属する人の利益も等しく配慮することが要請されるのです。

現在世代の不平等

しかしCさんの言うように、将来世代の利益を考慮して3Rを進めるとしても、その実現は簡単ではありません。日本を含む先進国では多くのプラスチックごみを開発途上国にリサイクルと称して輸出しています。しかし、大量のプラスチックごみのリサイクル率はわずか9%であり、その多くは処理が追いつかず、そのまま放置されるなどして海に流れ込んでいるのです。

私たち現在世代の間にもまた、消費する側とそのツケを負う側とで不平等があるといえます。公正の観点からすれば、このような現在世代の一方的な関係も許されるものではありません。ロールズの格差原理によれば、不平等はもっとも恵まれない人の利益になる場合にのみ許されます。この点から考えれば、豊かな消費生活を送る先進国が開発途上国へプラスチックごみを送りつけることは、恵まれない人の利益になるとはいいがたい点があります。たしかに開発途上国はリサイクルビジネスとしてプラスチックごみを受け入れているものの、その実情はリサイクルが追いつかずに、広大な土地にプラスチックごみが放置され、周辺に住む人々の居住環境を著しく悪化させています。

先進国から開発途上国にリサイクルと称してプラスチックごみを移転させる状況を改善するためには、そもそものプラスチックの生産量を減らす必要があるともいえます。私たちが日々の消費生活を見直すだけでなく、政府がプラスチック使用の削減を政策で決めるとか、企業がプラスチックを用いない商品販売の方法を開発するなど、多方面からの対策が求められることになります。

B [基礎編] -2 ローカルデモクラシー

選挙によって代表者を選ぶことで
住民の意思が十分に反映されているといえるか

討議事例

　東北にある人口約10万のX市で、市長選挙が行われることになりました。X市は、とくに目立った観光資源や強い産業のない地方都市で、明るい展望を見いだすことが難しい状況にあります。候補者であるY氏は、X市の認知度向上や地域活性化の切り札にしようと、選挙公約で「著名な建築家の設計による新文化ホールの建設」を主要政策として掲げ、それが選挙の最大の争点となっていました。新文化ホール建設の財源は、地方債（自治体の借金）を発行して調達し、建設には20億円の事業費がかかるものの、事前評価ではその経済効果は30億円と予測されていました。

　選挙の結果、Y氏が初当選し、新市長となりました。しかし、選挙後に事業計画を具体的につめていくと、新文化ホールの建設には特殊な資材・工法が必要なことから、100億円という莫大な事業費がかかることがわかりました。Y市長は、「選挙公約で『著名な建築家の設計による新文化ホールの建設』を掲げて市民の審判を受けているのだから、計画を変更せずに新文化ホール建設事業を進める」と主張しました。

　議会の多数派は、選挙でY市長を応援した自分たちは市政与党であり、Y市長を支える立場にあるとして、新文化ホール建設事業に賛成の立場をとりました。審議は多数派の数の力に押されるかたちで進められ、新文化ホール建設事業の100億円の予算案は議会で可決されました。このようにして事業は計画どおりに実施されることになりましたが、地方債を発行して資金を調達するため、X市は今後数十年にわたりその返済をしていかなければなりません。

　市民やマスメディアからは100億円もかかる新文化ホールの建設に反対する声や計画の見直しを行わないことに対する疑問の声が数多く上がり、複数の市民団体が反対集会を行ったり、計画の見直しを求める要望書を

B 現代社会の諸課題 [基礎編]

提出したりしました。しかし、市長と議会が賛成しているため、事業が中止・変更されることはなく、新文化ホールは完成しました。

　この新文化ホール建設事業に対する市民の不満は大きく、次の選挙でＹ市長は落選することになりました。あとには、100億円をかけて建設された新文化ホールと、莫大な借金が残されました。

　この事例について、ＡさんとＢさんが次のような主張をしています。

Ａさん「この公約を掲げたＹ市長を選挙で選んだのはＸ市の有権者なのだから、新文化ホールの建設を計画どおりに進めたことは間違っていないと思う。事業費の増加は数字の変更にすぎないし、これについては市長が市民に説明したので、問題ないと思うけど。それに、市長と同じように、議員も有権者が選挙で選んだのだから、議会の議決も尊重すべきだと思う」

Ｂさん「100億円という莫大な事業費は市の財政を圧迫して、Ｘ市に重大な損失をもたらすことになるよね。選挙のときと事情が変わったのなら事業を中止するか、20億円で可能な範囲に計画を修正して事業を進めるべきだったと思う。選挙公約から80億円も事業費が増えているんだから、選挙で十分に信を得たとはいえないんじゃないかな。議会も本来の監視機能を果たしていないし、審議が不十分で問題があったと思う」

 みなさんはＡさん、Ｂさんの意見について、どのように考えますか。

学習のポイント

● 討議事例をもとに、ローカルデモクラシー（地方自治体における民主主義）について、首長・議会・住民それぞれの観点から考察する。

● 地方自治にかかわる知識を学び、学んだ知識を生かしながら、事例について考察・討議を行う。

● 自治体における特定の事業について、是非が問われたり、賛否が分かれて対立したりした場合における考察・討議を経験する。

政治・経済的視点からの解説

政治・経済的解説では、テーマとして取り上げている政治・経済的な事象について、具体的にそのできごとの背景や内容の解説を行っていきます。ここでは、ローカルデモクラシーのあり方について解説します。

1. 首長の観点から考える

首長の立場

　首長には3つの立場があります。

　第一に自治体代表としての首長の立場です。首長は対外的に自治体を代表する立場であり、例えば、他の自治体との交流、各種式典への出席などがこの立場で行われることです。

　第二に政治家としての首長の立場です。自治体の目標を提示し、そこに向けて住民の合意を調整したり、政党等との連携・調整を行ったりする立場です。例えば、住民への説明や懇談、議員・政党との討論・協力、選挙応援などがこの立場で行われることです。

　第三に行政の長としての首長の立場です。住民サービスの有効かつ効率的な提供を図るために執行機関を管理・運営する立場であり、例えば、許認可等の権限の行使、予算の編成・執行、職員の人事などがこの立場で行われることです。

B

現代社会の諸課題〔基礎編〕

この事例においては、首長となったＹ市長は政治家としての首長の役割で、新文化ホール建設事業の予算案を成立させるために、政党や議員に説明したり、協力を求めたりしています。また、行政の長としての首長の役割で、新文化ホール建設に必要な事業の予算案を作成し、議会で議決された予算を執行するための指示・命令を部下の行政職員に与えています。

マニフェストと選挙

　従来の選挙公約は、「あれもやりたい、これもやりたい」といったいいことづくめの、候補者の要望集でした。誰もが反対するはずのない抽象的な内容だったため、選挙が政策論争の場となりませんでした。しかし現在は、候補者がマニフェストという形で数値目標、期限、財源が明確にされた政策パッケージを示して、有権者の信を問う選挙のスタイルが徐々に浸透してきました。

　マニフェストには民主政治を実現するうえで重要な、政策中心の政治になり、政治家・政党の責任が明確になるという意義があります。

　段階別に説明すれば、第一に、選挙の段階では、候補者が実現を目指す政策が明確になり、候補者間の政策論争が生まれます。それによって、有権者が政策によって候補者を選択できるようになる「政策中心の選挙」となります。

　第二に、当選後、政治家は約束した政策を実現するために努力し、政策を実現できない場合は説明責任が生じるため、「リーダーシップと緊張感のある政治」となるでしょう。

　第三に、任期満了の段階では、マニフェストをどこまで実現できたかを客観的に検証・評価することができます。結果を次の選挙での判断に生かすことができる「結果に責任を持つ政治」となって

マニフェスト・サイクルと住民のかかわり

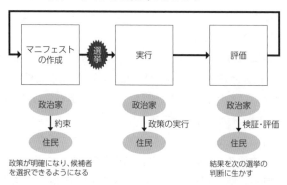

122

いきます。

　この事例における「著名な建築家の設計による新文化ホールの建設」というマニフェストは、Aさんの「この公約を掲げたY市長を選挙で選んだのはX市の有権者なのだから、新文化ホールの建設を計画どおりに進めたことは間違っていない」という主張につながります。しかし、選挙公約で20億円と示していた事業費が、選挙後に100億円と大きく増額しました。「100億円は市に重大な損失をもたらす」と考えるBさんは、計画の見直しが必要だったことを主張しています。これに対しAさんは、市長は新文化ホールの建設を選挙前に約束しており、100億円は数字の変更にすぎず、市長は住民に説明したのだから問題ないと主張しています。

マニフェストの問題点

　マニフェストには問題点もあります。マニフェストを掲げて当選しても、住民は候補者またはマニフェスト全体を信任したにすぎず、個々の政策を支持しているとは限りません。また、自治体は二元代表制をとっているため、首長選挙で支持を得ても代表機関の1つを確保したにすぎないことも問題です。立候補の段階では情報が不十分であり、マニフェスト作成時には予想できなかった社会経済状況の変化がありうることも問題といえます。この事例においても、選挙後に100億円という莫大な事業費がかかることが判明したことから、Bさんの主張のように状況の変化に合わせて計画の見直しを検討するという選択肢も考えられたでしょう。

2. 議会の観点から考える

二元代表制

　日本の自治体の統治システムは、住民の直接投票で選ばれる首長と議会という2つの代表機関を持つ二元代表制をとっています。議院内閣制（一元代表制）が権力の一元的な融合を重視す

二元代表制のしくみ

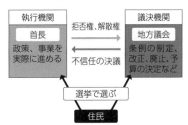

123

るのに対して、二元代表制では権力の分立と抑制・均衡 (check and balance) が重視されます。このような代表機関同士の抑制・均衡を重視する考え方を機関対立主義といいます。議院内閣制が内閣（与党）と野党の間の対立関係を前提としているのに対し、二元代表制は首長と議会という2つの代表機関の間に対抗関係を認めるしくみとなっています。

行政監視機能

　議会には首長以下の行政機構の活動を監視し、首長の政治権力を牽制する「行政監視機能」が期待されています。首長の権力は極めて強大であり、また、広範に及ぶ自治体の行政活動には無駄や不正が見られる場合があります。したがって、抑制・均衡や行政統制の観点から、議会には首長以下の行政機構を監視し、牽制するための権限が与えられているのです。

　まず、首長の議案・予算案の提出権に対応して、議会は議案・予算案の議決権を持ちます。この事例においても、市長が有しているのはあくまで新文化ホール建設事業の予算案の提出権までであり、予算案を議決して最終的に決定する権限を持つのは議会です。また議会には、検査・監査の請求権や調査権が与えられています。地方自治法第100条に基づき、国会の国政調査権と同様、広範な調査権（いわゆる百条調査権）も与えられています。

　事例では議会の多数派が「選挙でY市長を応援しており、自分たちは市政与党であり、Y市長を支える立場にある」として賛成しました。しかし、この対応は代表機関同士の抑制・均衡を重視する機関対立主義の考え方から見ると問題があります。Bさんが主張するように、議会は行政監視機能を十分に果たしてはいないといえるでしょう。議会は、たとえ選挙でY市長を応援していたとしても、首長・執行機関の行財政運営をしっかりと監視し、予算案を審議して議決する役割が求められるのです。

　また、Aさんが主張するように、議員も市長と同じく選挙によって有権者が選んだのだから、議会の議決も尊重される必要があります。ただし、少数派による反対も一定の住民の支持を受けているということを忘れてはいけません。

3. 住民の観点から考える

直接民主制的制度

　選挙は、住民が自分たちの意思を政治に反映させるもっとも重要な機会の一つであり、選挙の結果によって国民の代表である政治家、政策が決まります。選挙は住民の現在および将来の生活を左右する重要なものです。ただし、選挙は政治参加の一つであり、政治参加にはほかにもさまざまなものがあります。選挙後も政治参加を進め、市民のさまざまな声を取り入れながら政策の立案・決定・実施・評価を進めていく必要があります。

　従来からの住民参加手法としては、自治体が最終的な決定を行う前に、原案や関連資料を公表して住民の意見を募集する「パブリックコメント」や、住民が集まって自治体の事業・施策案を工房のようにつくりあげていく「ワークショップ」などがあります。無作為抽出された住民が、課題について小グループで討議を繰り返し、その結果を報告書としてまとめる「市民討議会（ドイツ語でプラヌークスツェレ）」などの新しい手法も行われています。

　日本の地方自治制度は、基本的に間接民主制をとっています。ただし、それを補完するためにいくつかの直接民主制的制度が設けられています。直接民主制的制度は一般的に、①イニシアチブ（住民発案）：住民が立法に関する提案を直接行う、②リコール（解職請求）：首長や議員の解職を要求する、③レファレンダム（住民投票）：住民の直接投票によって政府の意思決定を行う、の3つに分類できます。

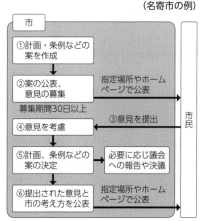

パブリックコメント手続きの流れ
（名寄市の例）

住民投票

　この事例においても、Ｂさんが主張するように、市長の政策が市に重大な損失を与えることが明らかであり、議会も本来の監視機能を果たしておらず、審議も不十分ということであれば、有権者の一定割合以上の署名という条件をクリアしなければなりませんが、首長の解職や議会の解散を要求する直接民主制的制度を活用するという方法もあります。また、対住民という点においては、Ａさんの場合は事業費の増額について、Ｂさんの場合は計画の見直しについて、首長と議会はその内容と理由を住民に対して十分に説明する必要があります。

　日本においては、レファレンダム（住民投票）は地方自治法上の一般的な法制としては制度化されていません。ただし、個別の法律による住民投票があり、最近では大阪市で行われた大阪都構想について住民の判断を仰いだ住民投票が有名です。2015（平成27）年と2020（令和2）年の2回にわたって行われましたが、いずれも僅差で大阪都構想への反対が支持されました。

　各自治体では、独自に住民投票条例を制定するなどして住民投票を行っています。住民投票条例には個別設置型住民投票と常設型住民投票の2種類があります。個別設置型住民投票では、原発施設、産廃施設などの住民からの反対が予期できる施設の建設の是非や、ダム建設など大規模公共事業の実施の是非など、

住民投票を求める動きとその結果

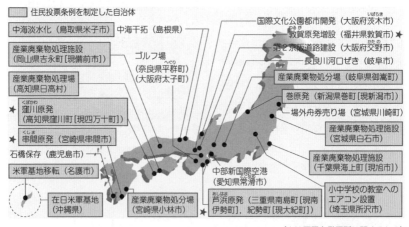

住民投票条例を制定した自治体

中海淡水化（鳥取県米子市）　中海干拓（島根県）
産業廃棄物処理施設（岡山県吉永町〔現備前市〕）
産業廃棄物処理場（高知県日高村）
★ 窪川原発（高知県窪川町〔現四万十町〕）
★ 串間原発（宮崎県串間市）
石橋保存（鹿児島市）
米軍基地移転（名護市）
在日米軍基地（沖縄県）
ゴルフ場（奈良県平群町）（大阪府太子町）
産業廃棄物処分場（宮崎県小林市）
中部新国際空港（愛知県常滑市）
芦浜原発（三重県南島町〔現南伊勢町〕，紀勢町〔現大紀町〕）

国際文化公園都市開発（大阪府茨木市）
敦賀原発増設（福井県敦賀市）★
第2京阪道路建設（大阪府交野市）
長良川河口ぜき（岐阜市）
産業廃棄物処分場（岐阜県御嵩町）
巻原発（新潟県巻町〔現新潟市〕）
場外舟券売り場（宮城県川崎町）
産業廃棄物処理施設（宮城県白石市）
産業廃棄物処理施設（千葉県海上町〔現旭市〕）
小中学校の教室へのエアコン設置（埼玉県所沢市）

（★は原子力発電所に関するもの）

個別の課題・争点の是非を問います。他方、常設型住民投票では、個別課題・争点についての個別の住民投票ではなく、一般的な要件を定めて、要件をクリアした案件について住民投票を行います。住民投票については、さまざまな政策をまとめて判断しなくてはならない市長選挙とは異なり、この事例における新文化ホール建設の是非のような個別の案件の是非を問うことができるというメリットがあります。

倫理的視点からの解説

倫理的解説では、ローカルデモクラシーについてどのような視点で向き合うべきなのかを倫理的観点から明らかにします。

住民にとっての最大の幸福は何か

　「最大多数の最大幸福」を是とする功利主義 (p.16) の観点から考えてみましょう。

　新文化ホールを建てることによるプラスの効用を挙げてみます。これまで都心でしか開催されていなかった有名歌手などのコンサートが行われることで、周辺地域から多数の訪問客が訪れ、ホテルや飲食店などの地域経済も活性化します。また、市民も都心に行くことなくコンサートなどを見ることができるので利便性が上がると考えられます。新文化ホールは市民の利用も促しているので、ピアノなどの習い事や地域の学校の音楽会などの発表スペースとして利用することもできます。また、有名建築家が建築した街のシンボルができることで、地域住民にとって誇りが生まれるという効用もあります。

　他方、新文化ホールを建てることによるマイナスの効用はどうでしょうか。新文化ホールの建設にかかる事業費は、当初は20億円とされていましたが、結果的に100億円になっています。建設前に予測されていた経済効果は30億円でした。当初の事業費で建設できたなら10億円のプラスがありますが、実際には70億円のマイナスになってしまっています。このマイナス分については、地方債というその自治体の借金で調達するので、今後数十年にわたって返済してい

く必要があります。ここでは2つのシナリオで考えてみます。

　1つめのシナリオは、70億円もの地方債をかかえていたとしても、急激に市の財政が悪化するような事態が起きない限り、市の状況は現状を維持するか、荒廃が進んだとしても徐々にであるというものです。新文化ホールの建設だけが市の財政を悪化させる要因ではありませんし、市民は市の財政状況による市政の日々の小さな変化には気づきにくいでしょう。そうすると、新文化ホールを建設したからといって、市民が不満を感じることはほとんどないともいえます。

　2つめのシナリオは、全国的に経済状況が悪化するなかで、X市も新文化ホールの建設により財政が逼迫していくことを市民が実感していくというものです。市の財政が悪くなると、市立の小・中学校、高校の施設が古いままであったり、場合によっては学校が統廃合されて遠くまで通学しなくてはならなくなったりするかもしれません。図書館や美術館、温泉入浴施設などの市営施設は廃止され、公園は整備されなくなって雑草が生い茂り、遊具が壊れても修理されないままになることも考えられます。そこまで財政が悪化すると、市立の医療機関も縮小されるでしょう。このような状態になるなら、マイナスの効用は著しく大きいといえます。

　さて、それぞれの効用を勘案して、住民にとっての最大多数の最大幸福は何かを考えてみましょう。

功利主義におけるプラスの効用とマイナスの効用

　功利主義ではプラスの効用とマイナスの効用の差し引きをして、プラスの効用が大きいならよいこと、マイナスの効用が大きいなら悪いことと判断します。1つめのシナリオでは、新文化ホールの建設によって市民は自分たちの幸福の量が減ったとは感じていないので、功利主義的にはホールの建設はよかったことになります。2つめのシナリオでは、新文化ホールの建設によって市民の暮らしが不自由になり、幸福の量が減っているので、功利主義的にはホールの建設は悪かったことになります。

　ただし、1つめのシナリオで気をつけなくてはいけないのは、本人がマイナスの効用に気づかないなら効用に換算されないという部分に議論の余地がある点です。例えば、グループの中の誰かがいないときに、みんなでその人の悪口

を言っていたとします。グループの人たちは悪口を言って盛り上がっているので、効用は増えています。一方、悪口を言われている人はその場にいないので自分の悪口を聞いておらず、いやな思いをしませんので効用は減っていません。このような状況では、功利主義の観点からは全体の効用が増えているので、悪口を言うことはよいことになってしまいます。しかし、これは明らかにおかしな解釈です。ここには、悪口を言われている人の名誉が傷つけられているという権利の侵害が考慮されていないからです。

　X市が新文化ホールの建設に費やした70億円もの地方債について市民の目が向かないように、新文化ホールのコンサートなどに活用されている部分だけを市の広報を使って広めることもできるでしょう。多くの市民は70億円もの地方債によって、どれだけ市の行政施策が不十分なものになっているのか気づきにくいかもしれません。しかし、これは自分がいないところでの悪口と同様に、市民の知る権利が侵害されているともいえます。

　功利主義的に正しいように思える政策でも、大きな問題があることは明らかでしょう。

デモクラシーから見た地方自治

　民主主義では為政者を人々が選びますが、人々は選ばれた為政者の指示に従う必要があります。これは自分たちが選んだ為政者であるから、その指示に従おうという合理的支配の考えによるものです。Y市長は市長選のときに、20億円の事業費がかかり、その経済効果が30億円にのぼる新文化ホールの建設を選挙公約に掲げていました。この公約のとおり、事業費が20億円であるなら市民はその指示に従う合理性があります。

　一方、新文化ホールの建設に100億円もの巨額な事業費がかかるなら、そもそも市民は選挙でY市長を選ばなかったでしょう。討議のなかでAさんは「100億円は数字の変更にすぎず、市長は市民に説明したのだから問題ない」と述べていますが、事業費の増加額が数字の変更といった小さなものではない点を考えると、市民の納得が得られているとは考えられません。実際、次の選挙でY市長は落選しています。このことから考えると、市民はY市長の新文化ホールを建設するという指示に従う合理性はなかったとも考えることができます。B

さんの「選挙時と事情が変わったのなら事業を中止するか、計画を20億円で可能な範囲に修正して事業を進めるべきだったと思う。選挙公約から80億円も事業費が増えているのだから、選挙で十分に信を得たとはいえない。議会も本来の監視機能を果たしていないし、審議は不十分で問題があった」という意見は妥当性を持つものといえます。

ハーバーマスによる熟議民主主義

そもそもの問題は、この新文化ホール建設の決定にいたるまで、X市民による討議が十分行われていない点にあります。Y市長が選ばれた選挙時には事業費が20億円とされており、Y氏が得ることのできた市民の信任はその時点でのものです。しかし、状況が変化して事業費が100億円になったときに、市民の判断を問うてはいないのです。

ハーバーマスは、一般の市民が意見を述べて参画する熟議民主主義という形をよしとしました。ハーバーマスは現代の社会では政治的経済的なシステムの下、マスコミなどの発達により市民が自由に議論する場がなくなったと批判しています。これに対して、対話や討論などのコミュニケーション的行為を通じて合意と公共性を達成するべきだと考えました。人々が自由にかつ批判的に意見を交換して、そこで築かれた主張を重視したのです。討議事例の場合も、主権者である市民が熟議をする機会をY市長は確保するべきでした。その点から見ても、Y市長の新文化ホールの建設は民主主義的ではないといえます。

デューイによる民主主義

新文化ホールが本当に市民のために役立つものなのかを民主主義的に決めるためには、そもそも市民が新文化ホール建設の政策に興味を持たなくてはいけません。Y市長が当選した市長選でも新文化ホール建設が争点となっていたとはいえ、Y市長が主張する事業費20億円が妥当なものであったのか、市民が真剣に検討する意識を持たねばならなかったのです。ところが実際の選挙では、口当たりのよい言葉で実行不可能な政策を主張する候補者が多いものです。市民がそのような選挙前だけの甘言に惑わされないようにするためには、日ごろから政治に対しての意識を高めておくことが必要であるといえます。

　デューイは『民主主義と教育』の中で、学校における民主主義教育の必要性について論じています。資本主義の発達や都市部への人口の集中によって、民主主義が本来目指していた理想とはほど遠いものとなっていることにデューイは危機を感じていました。そこで、民主主義を理想に近づけるために教育が必要であると考えました。教育がうまくなされていないと、自分たちに適切な統治者を選挙で選ぶことも、決められた施策に責任を持って従うこともできません。

　民主主義を円滑に進めていくには自由と平等だけでは不十分です。人々が自由に意見を交換し、互いに協力して困難や課題に取り組むためには、他人に対する寛容さや協調性、同情心などが不可欠です。デューイは、学校での教育においても他人とのかかわり方を学び、コミュニケーション能力を身につけることが不可欠であると考えたのです。そのためには学校での教育においても、子どもたちが与えられた課題に試行錯誤して取り組む、問題解決学習という方法が重要であると主張しました。教師が話すことを一方的に受け取る受動的な学習に対して、デューイは民主主義的な考え方が身につかないと批判的でした。デューイの考え方を用いるなら、そもそもY市長の新文化ホール建設のような施策を検討できる市民の目が必要であったともいえます。そのためにも、学校の中で民主主義を真剣に考える機会を増やしていくことは重要であるといえるでしょう。

　日本の学校教育では教師が行う授業を傾聴する座学形式の学習が一般的ですが、近年は課題解決型の授業も増えてきました。本書もそのような課題解決型の講義の一助となるように編纂されたものです。

B
現代社会の諸課題 ［基礎編］

大学の授業料は
誰がどのように負担するべきか

　P高校では、2年生から各生徒の希望に応じたコース別のクラス編成になるため、11月の初めにその説明会が実施されました。説明会では、理系学部に進む理系進学コース、文系学部に進む文系進学コース、就職希望者が多い教養コースのカリキュラムや進路などについて説明がありました。説明会後に3人の生徒が話し合っています。

Aさん「2年生からはコース別のクラス編成になるから、みんな別々になっちゃうね」

Bさん「Aさんは理系進学コースに進むんだよね。私は文系進学コースにするつもりだけど、Cさんはどっちにするの？」

Cさん「私は理系進学コースに進むつもりだったんだけど、家の経済状況が悪いみたいだから、就職指導をしっかりしてくれる教養コースに進むこともちょっと考えてるんだ」

Aさん「ほんとに？　これまで頑張って勉強してきたのに……

　そもそも大学教育は社会の発展に役立つものなんだから、経済的な理由で進学できないなら、授業料は国が賄うべきだと思う。学費や生活費を貸してくれる貸与型奨学金もあるけど、社会人になってから返さなければならないんだよね。誰もが公平に大学に進学できるように、大学授業料の支援制度の対象を大幅に広げて、みんなが無償で大学に行けるようにするべきだと思うな」

Bさん「言いたいことはわかるけど、大学には何のために行くのか考えてごらんよ。お給料のいい会社に就職するため、あるいは自分の好きな勉強をするためであって、それは自分の好きなアーティストのコンサートに行くのと同じじゃないかな。結局は自分のために進学するんだから、授業料は本人が負担するのが当然だよ」

問い Aさん、Bさんの意見をどう考えますか。また、大学授業料の負担問題に関するみなさん自身の考えを教えてください。

 ## 学習のポイント

● 大学進学の際には2人に1人が奨学金に頼らざるを得ない状況であること、奨学金破産が増えていることについて理解する。
● 日本では、大学などの高等教育機関に対する支出の私費負担の割合が高いことを理解する。
● 2020年度から始まった「高等教育の修学支援新制度」や新たな奨学金政策の方向性、支援の公平性について考え、議論する。

政治・経済的視点からの解説

政治・経済的解説では、テーマとして取り上げている政治・経済的な事象について、具体的にそのできごとの背景や内容の解説を行っていきます。ここでは、財政が逼迫(ひっぱく)するなかでの奨学金制度の問題点と今後の奨学金政策の検討課題を解説します。

苦しくなる家計、高くなる大学授業料

経済の停滞や高齢化を反映して、日本の家計所得はここ数年、低迷しています。国民生活基礎調査を見ると、18歳未満の子どものいる世帯の平均所得は、1996(平成8)年の782万円をピークに、2018(平成30)年には746万円に低下しています(資料1)。

他方、大学授業料は国の財政難を背景に上昇(例えば、国立大学の1年間の授業料はこの間に45万円から54万円に上昇)しているため、教育費負担が家計にますます重くのしかかっている状況にあります(資料2)。

奨学金（ローン）に頼る大学生

　こうした状況を背景に、大学生の奨学金受給率は1990年代の2割程度から近年では5割程度にまで上昇しています。

　そして、奨学金制度も国の財政難を背景に変貌を遂げています。かつて奨学金といえば、無利子での貸与があたりまえでしたが、1984（昭和59）年に導入された有利子奨学金制度が急速にその規模を拡大しています。このため、今や奨学金はその性格を変えて、銀行や消費者金融からお金を借りるのと変わりがないという批判もあります。また、かつては教職に就けば奨学金返還が免除されるという制度がありましたが、この制度も1998（平成10）年に廃止されてしまいました（資料3）。

奨学金が返せなくなると何が起こるのか

　日本学生支援機構の奨学金の場合、大学を卒業して6か月が経過すると奨学金の返済が始まりますが、正規雇用で就職できないなど、なんらかの理由で返済が2か月を超えて滞ると、延滞金が発生します。滞納が3か月を超えると、個人信用情報機関に滞納記録が登録され、クレジットカードをつくったり、住宅ローンを組むことができなくなったりすることがあります。4か月を超えると、債権回収会社に回収業務が委託され、厳しい取り立てが始まります。さらに9か月を超えて滞納すると法的手続きに移行し、簡易裁判所からの支払い督促に応じなければ、給与差し押さえなどの強制執行が可能となります。また、元本一括繰り上げ請求も可能となり、それによって自己破産にいたるケースも少なくありません。近年では、奨学金に絡んでそれによって自己破産する人が年に3,000人にのぼるなど、社会問題化しています。

資料1　1世帯あたりの平均所得金額の推移

（厚生労働省「国民生活基礎調査」より作成）
＊1）1994年の数値は、兵庫県を除いたものである。
　2）2010年の数値は、岩手県、宮城県及び福島県を除いたものである。
　3）2011年の数値は、福島県を除いたものである。
　4）2015年の数値は、熊本県を除いたものである。

資料2　国立大学と私立大学の授業料等の推移

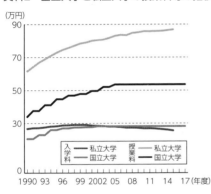

（文部科学省資料より作成）
＊1）年度は入学年度である。
　2）国立大学、私立大学ともそれぞれの平均額である。
　3）国立大学の2004年以降の額は国が示す標準額である。

資料3　奨学金受給状況の推移

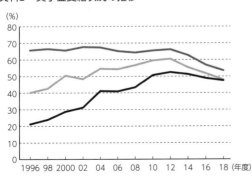

（日本学生支援機構「学生生活調査」より作成）

諸外国ではどうなっているのか

　国際的に見ると、日本の大学授業料は先進国のなかでも高額といえるでしょう。イギリスやアメリカなども大学授業料が高騰していますが、スウェーデンなどの北欧諸国では大学授業料は原則無料です。一方、奨学金制度を見てみると、他の先進国では返済の必要がない給付型が多くなっているのに対して、日本の奨学金は貸与型が中心で、返済が免除されるケースも限定的です。

　日本の大学教育にかかる家計負担が重いことは、国際機関のOECD（経済協力開発機構）からも指摘されています。大学などの高等教育機関に対する支出の私費負担の割合を見ると、OECD平均では30％程度ですが、日本は65％と2倍以上になっています。つまり、他の先進国では高等教育支出の70％を社会が負担しているのに対して、日本では35％しか負担していないということになります。

　教育支出の負担は、負担者に着目して公的負担、親負担、本人負担に分けることが可能です。日本は伝統的に親負担の割合が高い国でしたが、近年の動向は、公的負担と親負担が減少し、奨学金の急増というかたちで本人負担が増加してきた過程と見ることができます。しかしながら、その本人負担も奨学金破産などのかたちで限界に近づきつつあることから、あらためて公的負担の増大が求められるようになっているのです。

公財政教育支出対GDP（2017年）

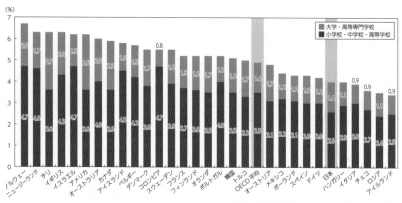

出典：OECD Education at a Glance 2020

　こうした状況を背景に、政策的な対応が始まっています。2018（平成30）年度から、低所得世帯の子弟の進学を援助することを目的に、日本学生支援機構が給付型奨学金制度を本格的に実施しています。対象は住民税非課税世帯で、1学年2万人に月に2〜4万円が支給されることとなりました。

高等教育の「修学支援新制度」

　2020（令和2）年度からは、消費税率の引き上げを契機として、子どもたちが経済的事情で進学を断念することのないよう、低所得世帯を対象に「高等教育の修学支援新制度」が始まりました。具体的には、住民税非課税世帯の子弟が国立大学に通う場合、入学金約28万円、授業料約54万円（年）まで免除され、無償化が実現しています。私立大学の場合は、入学金約26万円、授業料約70万円（年）まで減免されることになり、平均的な私立大学であれば、入学金は無償化、授業料はおよそ8割の公費負担が実現しています。短期大学、高専、専門学校についても、それぞれの区分に応じた入学金、授業料の減免が行われています。

　また、日本学生支援機構では、学費だけでなく学生生活費においても、世帯の収入基準の区分、国公立か私立かの別、通学形態により支援が行われるようになっています。さらに、住民税非課税世帯に準ずる世帯の子弟に対しても、2段階の世帯所得区分に応じて3分の2または3分の1の額の支援が行われるようになり、支援額の段差が滑らかになるような措置がとられています。

教育への公的支出の正当性

　教育への公的支出が正当化されるのは、教育が人々の所得水準を引き上げることで税収増加につながる効果が期待できるからです。また、教育によって国民の健康に対する意識を高めて健康状態が改善されることで医療費を低下させたり、学校生活によって道徳心を身につけて犯罪率を下げることで治安に必要なコストを低下させたりすることもできます。このように教育によって、それに直接かかわっていない人や社会に与えるよい効果（外部経済効果）が期待できるのです。

　大学の場合は、社会に知見を広めるという公共性の高い機能を持っているこ

B

現代社会の諸課題［基礎編］

とも公共支出の根拠となります。さらに、教育の機会均等（日本国憲法26条「すべて国民は、法律の定めるところにより、その能力に応じて、ひとしく教育を受ける権利を有する」）という社会正義を実現するためにも、教育への公的支出は重要な役割を担っていると考えられます。

教育予算の財源問題

現在でも国の教育予算の一部は、赤字国債（使途が特定されない、国の一般的な歳出にあてるための資金を調達する国債）が財源となっているので、赤字国債を増やすことで大学授業料を無償化することは可能です。しかしながら、大学授業料の完全無償化のために赤字国債を増発することは、現在の厳しい財政状況を考えると現実的な選択肢とはいえません。そこで、近年、教育の無償化を実現するために、教育支出に目的を絞った教育国債を発行すべきという議論もあります。教育費は未来のための投資ですから、建設国債で賄われる公共投資のように、教育費も教育国債を発行することで世代を超えて負担しようという主張です。もちろん赤字国債も教育国債も国の借金であることに違いはありませんが、財政赤字を拡大するための一定の論拠にはなるでしょう。

本当に必要な支出なら、借金ではなく増税で賄うべきという議論もあります。幼児教育から大学教育まで完全無償化を図るには約5兆円の原資が必要になりますが、これを仮に消費税で賄おうとすると2％以上の税率引き上げが必要です。低所得層の負担が大きくなる消費税ではなく、法人税の増税や富裕層への課税を強化して賄うべきという主張もあります。しかしながら、これらの税は「底辺への競争」と呼ばれる国際的な引き下げ競争にさらされているため、増税を行う際には企業や富裕層が海外に逃避しないよう配慮する必要があるでしょう。

一方、国民に抵抗感の強い増税ではなく、「子ども保険」という社会保険の1つとして、教育の無償化を図るべきという議論もあります。この場合、保険料の負担者の範囲を広げすぎると実質的に税方式に近づくことから、負担者と受益者の範囲をある程度一致させることが必要でしょう。

新たな奨学金政策の方向性

2020年度から導入された「高等教育の修学支援新制度」は対象を低所得世帯

に限ったものですが、今後はこの制度を一般の世帯に広げていくことが検討課題でしょう。また、2017年度からは日本学生支援機構では、奨学金の返済を出世払い（所得に応じた返済）にするという所得連動返還方式が導入されました。従来の返還方法では、返還期間を固定して月々の定額返還額を計算していたのに対して、所得連動返還方式では所得に応じて月々無理のない返還額を計算するため、所得の変動に応じて返還期間も変動します。このため、一生かかっても奨学金が返還できないという人が出てくる可能性があります。今後は、所得連動返還方式をさらに拡充することや、長期間返還金を支払った人に対しては、残額があったとしても一定期間後にそれを免除することなどが検討課題となるでしょう。

 ## 討議事例についての考え方

　Aさん、Bさんの主張について考えてみよう。

　Aさんの「大学教育は社会の発展に役立つものだから、授業料は国が賄うべき」という主張と、Bさんの「大学教育の利益は教育を受けた本人に返ってくるのだから、授業料は本人が負担するのが当然」という主張は、どちらも説得力があります。日本で義務教育の無償化が図られているのは、Aさんのような考え方に基づくものでしょう。他方、高等教育の外部経済効果は、義務教育ほどは高くないという議論もあります。そこで、多くの国では公的負担と本人負担のバランスを図ろうと苦労するわけです。

　日本では現在4年制大学への進学率は5割程度ですから、支援を4年制大学の学生だけに限定すると、利益を受ける人と受けない人が半々になってしまい、多くの国民の理解を得ることは難しいかもしれません。だからといって、大学生に一律の支援を行うと、高所得世帯の子弟ほど4年制大学への進学率が高いことから、逆進的な効果（高所得世帯に有利となる効果）が生まれてしまいます。授業料無償化だけならまだしも、学生生活費まで高所得世帯の子弟に支援することは国民全体の理解を得にくいでしょう。

　一方、短大や高専、専門学校を含めれば進学率は8割を超えますが、専門学

校に該当しない専修学校や各種学校も存在します。「高等教育の修学支援新制度」では、大学・短大・高専・専門学校のうち必要な要件を満たす機関が対象校となるしくみになっていますが、2020年度では大学・短大・高専のほぼすべてが対象になったのに対して、専門学校で対象となったのは全体の約6割にとどまっています。支援のラインをどのように引くのかも、現実的に難しい問題です。

　支援の対象を大幅に拡大すると、裕福な世帯の子弟と貧困世帯の子弟は同じ支援を受けることになります。この状態は公平といえるのでしょうか。たしかに、裕福な世帯に生まれるか、貧困世帯に生まれるかは本人が決められることではないのだから、学生本人に着目すればすべての学生に平等な支援を行うべきという考え方もあり得ます。他方で、どんなに支援制度を広げたとしても、そもそも高等教育に進学しない子どもたちが同世代の2割程度いる事実があります。経済的な問題以外で進学しないとするなら、その要因となっていることに対しても配慮する必要があるのかどうかという、世代全体の公平性についても考えてみる必要があるでしょう。

倫理的視点からの解説

倫理的解説では、大学の授業料負担についてどのような視点で向き合うべきなのかを倫理的観点から明らかにします。

政府の役割を限定するリバタリアニズムという考え方

　Bさんは、「大学教育が社会の発展に貢献するとしても、その利益は主として教育を受けた本人に返ってくるのだから、授業料は本人が負担するのが当然」だと主張しています。個人の生活に対して国家が税金を投入するのはよくないと考えているのです。

　ここでは最初にBさんの意見のもとになっている、リバタリアニズム (p.83) という考え方を中心に考察してみましょう。

　リバタリアニズムの考え方は、Aさんの「大学教育は社会の発展に役立つものであるから国が賄うべき」という考えには反対する立場になります。大学に行

く自由もあれば、大学に行かない自由もあります。大学の学費と同じ金額で、自動車を買ったり、海外旅行をしたりすることを選ぶこともできるのです。自分で選んで大学に行きたいのなら、自分のお金で行くべきであるということになります。税というかたちで政府が個人からお金を取り上げて、それをその人が費やしたいと思っていないことに使うのは、その人の自由にお金を使う権利を侵害しているとリバタリアニズムは考えるのです。

政府が福祉を重視するリベラリズムという考え方

　他方、Ａさんは、「大学教育は社会の発展に役立つものであるから、授業料は国が賄うべきだ」と主張しています。この意見は、リベラリズムという考え方をもとにしています。

　リベラリズム (p.84) は、個人にまったく責任がないのに経済的な問題で生活に支障が出ることに、政府が介入して是正していくという立場です。自分が生まれた家が貧しいことによって十分な医療が受けられない場合、リベラリズムでは富裕層から税金を徴収して貧困層に分配することで平等を確保します。

　同様に、リベラリズムの考えでは、貧しいことによって十分な教育が受けられない個人がいるなら、その人に政府が教育の機会を保証しようということになります。大学進学は個人の生涯に大きくかかわります。その進学を、自分の責任ではない経済的状況からあきらめなくてはいけないというのは、どう考えても平等の精神からかけ離れたものです。リベラリズムの考え方によると、「授業料は国が賄うべきだ」というＡさんの主張のように不平等を是正することが正しいということになるのです。反対にリベラリズムの考え方からすると、Ｂさんの「授業料は本人が負担するのが当然だ」という言葉は、高額な大学授業料を経済的に支払うことができない層を見放しているということになります。

　ただし、個人が自分の収入で好きな資格をとるといったことについては、リベラリズムでも経済状況の格差を是正することを求めません。漢字検定、英語検定、ニュース時事能力検定などについては、個人の生活にあまり大きく影響することは考えられにくいからです。

B
現代社会の諸課題［基礎編］

教育を受ける権利とロールズの格差原理

日本国憲法第26条には、教育を受ける権利として「すべて国民は、法律の定めるところにより、その能力に応じて、ひとしく教育を受ける権利を有する」と定められています。また、世界人権宣言第26条においても「高等教育は、能力に応じ、すべての者にひとしく開放されていなければならない」という一節があります。

現在の日本では、小・中学校の授業料が無償化されています。世帯の所得が一定以下の場合は、公立高校においても授業料が無償化されています。日本国憲法や世界人権宣言に従うなら、このような学校の無償化政策は妥当性を持つものといえるでしょう。

われわれの社会は貧富の差を容認しています。しかし、その貧富の差にも限度があると考え、貧富の差から生まれた社会的に不利な状況を是正するための理論を提示したのがジョン・ロールズです。ロールズは、貧富の差はあってもよいが、もっとも不遇な立場の人々の利益が最大となるような不平等であることがよいとしました。これを格差原理といいます。

ロールズは格差の問題を考えるときに、「無知のヴェール」という考え方を示しました。この「無知のヴェール」の考え方の詳細については、本書では「公正」の項（p.41）で説明しています。人は自分の人種・能力・家柄・財力・体力・階級などに基づいて、ものごとを判断する傾向があります。例えば、駅にエレベーターを設置するかどうかの判断について考えてみましょう。階段を楽に上がる能力のある人は、エレベーターの必要性を感じることはあまりありません。一方、体調がすぐれなかったり、体に不自由があったりする人は、エレベーターの必要性を感じるでしょう。エレベーターを設置するかどうかを判断するときに、いったん自分の現在の能力がわからないと仮定して考えてみてください。自分は階段を楽に上がれるかもしれないし、上がれないかもしれません。そのときに、エレベーターの有無を選ぶことができるなら、多くの人はエレベーターがあるほうを選ぶでしょう。

自分の現在の社会の中での位置、階級上の地位や身分、体力・知性・気持ち、楽観主義か悲観主義か、そういうものもすべて捨てて意思決定をしてみることで、

より客観的に公正な道徳的判断ができるであろうということです。

　現在の自分の居場所から判断するのではなく、もっとも不遇な立場から考えて判断しなくてはならない、とロールズは主張します。そうすると、人間は最悪の事態は避けたいと思い、最悪の状態になるだろう人に最大限に配慮した判断をするようになります。この考えでは、もっとも不遇な立場の人々の利益が最大となるようなしくみであれば、それで生じた不平等については許されるのです。

　このような観点から大学授業料についても考えてみましょう。大学に進学するかどうかは個人の判断です。すべての生徒が大学に行く必要はありません。しかし、経済的状況から大学へ行くことができない人のいる社会について「無知のヴェール」を用いて考えると、多くの人は「よろしくない」と判断するのではないでしょうか。そうなると、Ａさんの「国が授業料を負担する」という考えは、所得制限をつけたうえでよいとされます。ただし、この格差原理の考え方からは、全生徒に一律無償化をする必要はないということになります。

B

現代社会の諸課題 ［基礎編］

143

B [基礎編] - 4　移民・難民問題

日本は、将来の労働力として外国人労働者の受け入れを拡大すべきだろうか

　　Aさんと B さんが昼休みに話をしています。

Aさん「個人が所有する民家を宿泊施設として提供する民泊っていうサービス、知ってる？　最近はインターネットで民泊を紹介するサイトが増えていることもあって、居住していないマンションの一室を貸し出す人が増えているんだって。うちのマンションでも民泊を始めた人がいるらしくて、最近はスーツケースを持った外国人が何人も出入りしてるんだ」

Bさん「民泊はホテルや旅館より広い部屋に安く泊まることができるし、日常的な生活を体験できるから外国人にも人気があるみたいだね」

Aさん「その民泊を利用してる外国人がルールを守らなくて、トラブルになっているの。ごみ捨てのルールを守らずに、生ごみと一緒にビンやカンをごみ袋に入れてごみ捨て場に出したりしてるんだよ。それに、深夜まで騒いだり、早朝に大勢でスーツケースをゴロゴロ響かせて出入りしたりして、騒音問題も起きてるの」

Bさん「この前、授業で学習した『移民・難民問題』では、ヨーロッパ各国で起きてる外国人排斥運動についても触れていたよね。Aさんのマンションでのトラブルもそれと似ているね」

Aさん「民泊に来る外国人は観光客だからすぐに帰っちゃうけど、それでもうちのマンションでは大きな問題になってる。定住する外国人が増えると、犯罪が増えたり、外国人が集まって住むことによる日本人社会と外国人社会の分断が起きるんじゃないかな。だから、外国人労働者の受け入れの大幅な拡大は避けるべきだと思う」

Bさん「でも、今後の日本の少子高齢化がもたらす問題を解決するためには、予測される人口減少に見合うだけの外国人労働者を受け入れるべきだという意見もある。外国人労働者を受け入れないと、日本の経

済はよくならないよ」

Aさん「ヨーロッパでは外国人労働者としてだけでなく、自分の国での戦火を逃れて流入してくる難民の数も増えてるんでしょ？　大変な状況から逃げてきた難民であっても、外国人労働者の増加で考えられるのと同じような問題が起きるだろうから、受け入れには反対だな」

Bさん「外国人労働者は、自分の意志で外国からやって来て働いている人とされているよね。でも、難民は生命の危険があるから他の国に逃げてきた人なんだから、できるだけ受け入れることが国際社会の一員として当然のことだと思うけど」

 問い Aさん、Bさんの意見について、どのように思いますか。また、私たち一人ひとりがこの問題にどのように取り組んだらよいか、話し合ってみましょう。

 ## 学習のポイント

● 少子高齢化による人口減少がもたらす問題について理解し、外国人労働者の受け入れでこの問題に対処することの是非について議論する。

● 外国人労働者について、「就労目的で在留が認められる者」「身分に基づき在留する者」「技能実習」「資格外活動」などの制度とその問題点を理解する。

● 世界の難民問題について理解し、今後、日本がとるべき政策について議論する。

政治・経済的視点からの解説

政治・経済的解説では、テーマとして取り上げている政治・経済的な事象について、具体的にそのできごとの背景や内容の解説を行っていきます。ここでは、日本の外国人労働者の受け入れ問題と難民問題について解説します。

1. 外国人労働者

少子高齢化による人口減少と外国人労働者

　少子高齢化や景気回復にともなう人手不足を背景に、日本で働く外国人労働者が急増しています。外国人労働者数は2019（平成31）年に約166万人にのぼり、10年前に比べると110万人ほど増加しています。政府は、国家を維持するために外国人を家族ごと期限を設けることなく受け入れる政策はとっていないという立場から、外国人労働者を移民とは呼んでいません。一方、国連は、移民を「通常の居住地以外の国に移動し、少なくとも12か月間当該国に居住する人のこと」としており、この定義によれば、日本で働く外国人労働者の多くは移民に該当します。

　日本の人口が減少したとしても、すべての年齢層が均等に減少するなら、それほど大きな問題は生じません。しかし日本の場合は、今後、高齢者（65歳以上）

日本の高齢化率の推移と将来人口推計

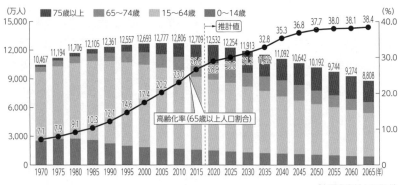

（内閣府資料より作成）

人口が緩やかに増大しながら生産年齢（15〜64歳）人口が急速に減少することが予測されるため、このままではGDP（国民総生産）が縮小し、医療や年金などの社会福祉を支えることができなくなる懸念が高まっています。政府の将来人口推計によれば、出生と死亡が推計値の中位である場合、生産年齢人口は2020年代に毎年50万人程度減少し続けます。そして2020年代末から減少幅が加速し、2030年代後半には毎年100万人単位で減少することが予測されています。最近の外国人労働者の年間増加人数は約18万人なので、生産年齢人口の減少をカバーするためには、外国人労働者数を2020年代で現在の3倍、2030年代後半には現在の6倍にしなければならない計算になります。

　ただし、この時期に生産年齢人口の減少分を埋め合わせるだけ労働生産性を上げることができるなら、外国人労働者を増やさなくてもGDPや社会福祉を維持できるはずです。それは簡単なことではありませんが、低賃金で雇うことができる外国人労働者に頼ることは、逆に生産性向上の妨げになるという議論があることにも留意する必要があります。

外国人労働者の内訳

　移民を受け入れる政策はとっていない日本ですが、労働力不足に対処するためにさまざまなルートで外国人労働者を増大させてきています。165.9万人の外国人労働者の内訳を在留資格別に見ると、いわゆる「専門的・技術的分野の在留資格」を持つなど「就労目的で在留が認められる者」32.9万人、日系人の「定住者」など「身分に基づき在留する者」53.2万人、技術移転を通じた開発途上国への国際協力が目的の「技能実習」38.4万人、EPA（経済連

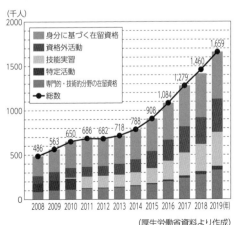

在留資格別外国人労働者数の推移

（千人）

凡例：
- 身分に基づく在留資格
- 資格外活動
- 技能実習
- 特定活動
- 専門的・技術的分野の在留資格
- ●─ 総数

486・563・650・686・682・718・788・908・1,084・1,279・1,460・1,659

2008 2009 2010 2011 2012 2013 2014 2015 2016 2017 2018 2019(年)

（厚生労働省資料より作成）

携協定）に基づく看護師・介護福祉士候補者などの「特定活動」4.1万人、留学生のアルバイトなどの「資格外活動」37.3万人となっています（2019年10月現在）。日本はこれまでそれぞれの制度をうまく活用するかたちで外国人労働者を増やしてきたという実態があります。

以下、それぞれの在留資格制度の問題点について見ていきます。

「就労目的で在留が認められる者」

日本では、2012（平成24）年から、学歴・職歴・年齢等をポイント化して一定の基準に達した外国人を高度外国人材と認定する高度人材ポイント制の運用が開始されました。この制度運用に合わせ、2015年に「高度専門職」という在留資格が創設され、高度外国人材の誘致に積極的に取り組んでいます。例えば、「高度専門職」に認定されると、配偶者の就労が認められる、永住許可申請に必要な在留期間が10年間から1年間に短縮されるなどの優遇措置がとられています。しかし近年、日本の相対的な国際競争力の低下を背景に「高度専門職」の他国への流出が続いており、せっかく受け入れた高度外国人材が日本に定着しない実態がうかがわれます。

「身分に基づき在留する者」

「身分に基づき在留する者」が急増したのは、1990（平成2）年バブル期の人手不足に対応するためブラジルやペルーなどの日系人に「定住者」という在留資格を認めたことがきっかけです。日系人1世は日本人ですが、2世、3世になると日本語もできない人が多数を占めています。日本人の血を引いている日系人だから日本人であり外国人ではないという理屈ですが、実際には中南米諸国で生活してきた外国人であることは否定できません。

「定住者」は職種を問わず就労が可能ですが、人手不足に悩む輸送機械・電気機器など産業機械製造業の非正規労働者となるケースが多く、外国人の単純労働就労への道を開くこととなりました。こうした「定住者」は日本語や日本での生活習慣になれない人が多くいましたが、政府は外国人ではないという扱いから十分な配慮をすることはありませんでした。そのため当時は近隣住民との間でごみ捨てや騒音など生活習慣の違いから多くのトラブルが生じたことが報告

されています。現在では地方自治体が多くの取り組みを実践していますが、失業した親の就労支援や日本で生まれた子どもたちの教育支援など必要とされる施策はいまだ多くあります。

［技能実習］

1993（平成5）年に創設された「技能実習」は、企業や団体で技能研修を受けた開発途上国の人々が、雇用関係を結んだうえで研修修了後も生産活動に従事し、さらにスキルアップを図ることを目的としています。しかし、実体は低賃金で雇用主に酷使されるケースが相次ぐなど、大きな問題となっています。具体的には、パスポートを取り上げて逃げられないようにする、低賃金で長時間労働させるなどのケースや、労働災害の隠蔽、雇用主による暴力などの問題が報告されています。「技能実習」には転職の自由がないため、仕事に不満があっても簡単にやめることができません。そのため、諸外国からも劣悪な強制労働の温床になっていると非難されています。政府は2010（平成22）年から、技能実習生が実務に従事する期間はすべて労働関係法令を適応するという措置をとるなどの対策を行っていますが、技能実習生は転職できないという根本的な問題は、依然として残ったままです。また最低賃金さえ支払われない例が多く見られる状況も変わりません。2017年に起きた技能実習生に対する不正行為として139件もの賃金の未払いがあります。技術も身につかずひどい労働環境であることから、この年には7,089人もの技能実習生が職場から逃れて所在が不明になりました。

また、技能実習制度の仕事内容も技能の習得にはほど遠いものであるとの指摘もあります。一例としては、練り物の製造、干物の製造、かつお一本釣り、ビルの清掃などで、外国から日本にまで学びに来る技術とはいえないものが多く含まれています。

［資格外活動］

日本では1983（昭和58）年に、当時1万人だった留学生を21世紀初頭には10万人まで増加させることを目指した「留学生10万人計画」が策定されました。「資格外活動」が急増したのは、原則禁止であった留学生のアルバイトが解禁され

たことがきっかけです。当初は週20時間だったものが、現在は週28時間が上限になっています。2008 (平成20) 年には留学生数の目標が30万人に引き上げられ、2017 (平成29) 年にはこの目標も達成されました。

　今では、コンビニや飲食店に外国人のアルバイト従業員がいる光景があたりまえのこととなりました。学費や生活費にあてるお金を稼ぐため、留学生にある程度のアルバイトを認めることは必要ですが、問題は日本で稼ぐことを目的に留学制度を利用するケースがあとを絶たないという点です。留学生がほとんど講義に出なかったり、学校から行方不明になったりする問題が各地で頻発しています。このような就労目的の学生は、アルバイトの上限時間を超えた不法就労をしたり、許可のないまま日本に不法残留したりすることがあります。

　とはいうものの、私立大学では文系でも100万円以上の学費がかかり、貯金や母国に送金することを考えると、週28時間の賃金ではまったくたりないともいえます。政府が目標とする留学生数の増加は日本で学ぶ外国人学生を増やすという名目で、安い労働力を輸入しているのではないかという見方もできるのです。

「特定技能」

　上記の在留資格に加えて、2019年4月から、一定の技能と日本語能力のある外国人に日本での就労を認める「特定技能」という在留資格が新設されました。この「特定技能」は、人材不足が深刻な産業分野において即戦力となる人材を受け入れる制度です。介護やビルクリーニング、素形材産業など14分野において相当程度の知識または経験を必要とする技能を要する「1号」と、建設と造船・舶用工業の2分野において熟練した技能が必要な仕事に就く「2号」に分類されます。1号は家族の帯同は認められず在留期間の上限が5年となっていますが、2号は家族の帯同が可能で在留期間に上限がありません。2号については子どもなどの家族づれの滞在が認められているので、実質的には移民といえます。

　「特定技能」の外国人労働者は、認められた同一職種内であれば転職も可能で、「技能実習」に比べると待遇も大幅に向上することが期待されます。しかし、それだけに「特定技能」の在留資格を得るための試験は難しくなりがちです。「特定技能」の試験を受けずに在留資格を得るには、「技術実習」を受けなければな

りません。このような実情が、結果的に問題の多い「技術実習」を温存すること
にもつながりかねないのです。「技能実習」の弊害に鑑みれば、試験による「特
定技能」へのルートを十分に確保することが重要でしょう。

2. 難民問題

　難民とは、人種、宗教、国籍、政治的意見または特定の社会集団に属するな
どの理由で、自国にいると迫害を受けるかあるいは迫害を受けるおそれがある
ために他国に逃れた人々を指します。このほか、経済的困窮や自然災害、飢餓、
暴力などを理由に他国に逃れた人々も難民と呼ばれることがあります。UNHCR
（国連難民高等弁務官事務所）によれば、2019年に紛争や迫害で故郷を追われ
た人の数は7,950万人にのぼります。これらの人々は3つのグループに分けられ、
国内避難民が4,570万人、自国を離れることを余儀なくされた難民が2,960万人、
出身国外で難民認定を待っている庇護申請者が420万人となっています。

　難民の発生は、シリア（660万人）、ベネズエラ（370万人）、アフガニスタン
（270万人）、南スーダン（220万人）、ミャンマー（110万人）に集中しています。
難民認定の申請者が主張のすべてを立証することは困難なので、UNHCRの「難
民認定基準ハンドブック」には、「疑わしきは申請者の利益に」という原則が唱

われていますが、日本の難民認定
基準や手続きは、世界でもとくに
厳格であると指摘されています。

　2019年の受け入れ国としては、
トルコ（360万人）、コロンビア
（180万人）、パキスタン（140万
人）、ウガンダ（140万人）、ドイ
ツ（110万人）の数字が大きく、
85％が開発途上国で受け入れられ
ているのに対して、先進国の受け
入れは全体のわずか15％にとど
まっています。

難民の発生数が多い国（2019年）

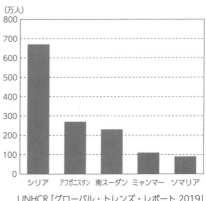

UNHCR「グローバル・トレンズ・レポート 2019」

2018年のG7各国の難民認定率等

	A 年間申請数*	B 条約難民	C 補完的保護	D 不許可	E 処理数(B＋C＋D)	F 認定率(B÷E)	G 庇護率(B＋C)÷E
カナダ	62,641	16,875	0	13,034	29,909	56.4%	56.4%
フランス	182,267	29,035	17,917	104,078	151,030	19.2%	31.1%
ドイツ	319,104	56,583	48,961	140,133	245,677	23.0%	43.0%
イタリア	48,451	6,488	24,172	64,542	95,202	6.8%	32.2%
日本	19,514	42	40	16,514	16,596	0.3%	0.5%
イギリス	52,575	12,027	2,451	22,584	37,062	32.5%	39.1%
アメリカ	309,083	35,198	0	64,196	99,394	35.4%	35.4%

＊各国の申請数等は新規、再申請、再審査、裁判所など異なる手続きの合算。
UNHCR「グローバル・トレンズ・レポート2019」

　その先進国の難民認定者数（2018年）を見ると、ドイツが56,583人、アメリカが35,198人、フランスが29,035人、カナダが16,875人、イギリスが12,027人、イタリアが6,488人、日本が42人です。

　このような厳格な難民認定制度は、外国人が国内に増えると問題が頻発すると考えている国民が多いため難民政策にそれが反映されているともいえます。しかし、難民のような基本的人権にかかわる問題については、主要先進国と価値観を共有しておくことが、長期的には日本への信頼を高めて国民の利益につながるという側面もあります。

 ## 討議事例についての考え方

　まずは、Ａさんの「外国人による犯罪の増加や、外国人が集まって住むことによる日本人社会と外国人社会の分断が起きるに違いない。だから、外国人労働者の受け入れの大幅な拡大は避けるべき。大変な状況から逃げてきた難民であっても、外国人労働者の増加で考えられるのと同じような問題が起きるだろうから、受け入れには反対」という意見について考えてみましょう。

　一般に外国人による犯罪はマスコミなどで大きく取り上げられやすいため、外国人が増えたことにより治安が悪化したという議論につながりがちです。これまで外国人労働者を受け入れてきた国ではこのような論調が激烈化して、在

留外国人に対する偏見や差別につながった例も多くあります。

　外国人労働者の受け入れについての国民の不安に対して、政府が適切な施策を行っていかないと、かえって外国人への迫害が起きることが多いようです。移民大国であるアメリカでは、移民の脅威を唱えるドナルド・トランプ氏が2016年の大統領選で当選しました。また、シリア難民を大量に受け入れたドイツでは、移民の排斥を唱える「ドイツのための選択肢」という極右政党が台頭しました。2016年にイギリスがＥＵを離脱（ブレグジット）選択した背景には、ＥＵとの条約で東欧からの移民が急増したことがあると指摘されています。

　日本政府の見解では、外国人労働者の定住化を阻止しているため移民は存在しないとされています。しかし、これはすでに多くの外国人が日本で働いている現状を曖昧にして見て見ぬ振りをしているにすぎません。このような状態を放置すると、他国のような外国人に対する激烈な迫害が起きる可能性があります。日本に在住する外国人に十分な配慮をすることも政府の役割でしょうし、それを可能にするためには国民全員で真摯にこの問題に向き合うことが必要といえます。

　Ｂさんの「予測される人口減少に見合うだけの外国人労働者を受け入れるべき」という意見は、日本の置かれた状況を踏まえれば真剣に検討すべき課題といえます。ただし、大量の外国人労働者を受け入れるのなら、それにともなう問題に備える必要があります。例えば、日本人と文化の異なる人々が共生できるような統合政策がその1つです。しかし、フランスのように移民をフランスの価値観と伝統に同化していくよう支援するのか、イギリスのように移民の生まれた民族・文化コミュニティの差異を認めて移民の母語の教育を推進していくのかでは、統合といっても政策の方向性はまったく異なり、それぞれにメリットとデメリットがあります。

　Ｂさんの「難民は本当に困っている人々なのだから、できるだけ受け入れることが国際社会の一員として当然のこと」という意見には、多くの人が賛同するでしょう。しかし難民については、現状では日本はほとんど受け入れていません。そのかわり政府は、ヨルダン、レバノン、トルコなどの難民が流入している国に対してODA（政府開発援助）のかたちで多額の援助をしているのです。しかしこの方法では難民を受け入れている政府に資金が渡されるため、それが

B

現代社会の諸課題 ［基礎編］

本当に難民のために使われているかはっきりしないという欠点があります。難民に対して直接的な援助をしていくべきなのかについて、もっと日本国内で議論していくことが大切でしょう。

倫理的視点からの解説

倫理的解説では、外国人労働者、難民についてどのような視点で向き合うべきなのかを倫理的観点から明らかにします。

外国人労働者の権利

外国人労働者に日本での長年の滞在を認めるなら、それにともなって日本人と同様の権利を与える必要があるといわれています。

その理由の1つとして、日本国憲法では国民に基本的人権が保障されていることが挙げられます。日本国憲法は国際協調主義をとっていることから、日本国民だけでなく外国人に対してもこの権利は保障されるというのが通説となっています。例えば日本は、すべての国民が日本のどこでも同じ医療費で平等に医療が受けられる国民皆保険制度をとっているため、病気になったときに医療費の自己負担額は実際の3割以下ですみます。3か月を超える在留期間がある外国人は、この国民健康保険に特別な場合を除き、加入する必要があります。また、国民年金についても日本国内に住所がある20歳以上60歳未満の者すべてに、国籍に関係なく加入することが義務づけられています。

このように、日本国民でなくとも社会的権利が認められるということから、日本に国籍がある人だけの「国民の権利」ではなく、日本国民と在留外国人を合わせた「住民の権利」があるといえるでしょう。そうなると、住民の権利として重要な参政権も認めるべきではないかという議論も当然出てくるわけです。外国人の参政権について、国政選挙に関しては1993（平成5）年の最高裁で、地方選挙に関しては1995年（平成7）の最高裁で争われました。ともに、たとえ永住権を持つ外国人であったとしても参政権はないという主旨の判決が出されました。ただし、永住者などの外国人の生活に密接する地方選挙については、在

留外国人に対して地方選挙権を付与することは憲法上は禁止されていないという意見もつけられています。外国人への地方選挙の参政権については、いまだ議論の余地がありそうです。

　国籍がないことから参政権が認められない在留外国人の存在は、民主主義の観点からすると問題があります。民主主義では、自分たちの決めた法律であるから、自分たちは守るということが前提となっています。一方、在留外国人においては、法律の形成に参加することができないものの、法律には従わなくてはいけません。言いかえると、在留外国人とは民主主義の規範のなかで生活せねばならないのに、民主主義の成り立ちの外に位置づけられた矛盾した存在といえます。この矛盾を解決した国は、現在のところ見あたりません。

　民主主義に参加できるのは、そのコミュニティにすでに籍のある人だけです。例えば、町内会は町内に住むメンバーの合議によって、いろいろなことが決められます。ある町が「外部からの新しい移住者にはごみ収集ボックスや公民館を使わせない」と民主主義的に決めたとしましょう。民主主義の決議としては問題ないとしても、まだそこで暮らしていない移住希望者にとってはまったく異常な決議といえます。民主主義に参加する国民として民主主義の限界も認識したうえで、熟慮する必要があるといえるでしょう。

外国人労働者の賃金

　日本に長期滞在する外国人労働者の、労働者としての立場は極めて弱いものとなっています。例えば日本人労働者と外国人労働者の仕事内容が同じである場合は、同じ賃金が支払われるべきです。しかし、現実には日本人と外国人には大きな賃金差があり、それを是正するような法的な規制（平成31年法務省令第5号第一条）はあるものの、実効性を持って運用されていません。

　企業側が外国人労働者を雇用するのは、賃金が安いか、日本人がどうしてもやらない仕事であるかのいずれかの理由であることがほとんどです。技能実習制度も一部の悪徳業者によって外国人労働者を劣悪な環境のもとで低賃金での長時間労働をさせるしくみになっているとの批判もあります。本来なら人がやりたがらない仕事は賃金が高くなるべきなのでしょうが、現実には賃金は不当に低く抑えられています。

日本は移民政策をとらないことで外国人労働者を期限付きで働かせて定住化を阻止しています。日本にとって必要なときには安い労働力として使い、不要になれば帰国させればよいという使い捨ての思想が透けて見えるようです。これは外国人労働者を機械の部品のように見なしていると考えられるでしょう。

　カントの義務論では人間を使い捨てるような行為を、人間性の原則 (p.33) に反するとして戒めています。カントは「あなたの人格やほかのあらゆる人の人格のうちにある人間性を、いつも同時に目的として扱い、決して単に手段としてのみ扱わないように行為しなさい」と述べています。日本で働く外国人労働者を単に利益を上げる手段としてのみ扱うのではなく、いつも外国人労働者のためにもなるように十分な配慮をする必要があります。外国人労働者の生活を考慮せずに活用することは、人間の尊厳を著しく傷つけることになるということを認識するべきでしょう。

功利主義から考える難民への救済

　難民とは、命の危険があることから国外に避難している人たちのことです。例えば、シリア難民は戦争中のシリアで家を破壊され家族を殺されたことからトルコへ逃れていきます。しかし、トルコも決して豊かな国ではないためギリギリの生活しかできません。そこで、より豊かなヨーロッパへ難民として向かうのです。難民は自分たちの安全を求めて逃げてきました。そのため、ヨーロッパやアメリカでの生活が厳しいものであるとわかってはいても、それ以上に過酷なロシアやサウジアラビアよりはましであるとして、これらの国へ行きつく難民が多くなるのです。

　難民問題を「最大多数の最大幸福」をよしとする功利主義 (p.16) の立場から考えると、先進国はより一層、受け入れの拡大に向けて取り組むことが必要であるといえます。先進国で暮らす人々も、難民の人々も同じ人間です。家を焼かれたり、家族が殺されたりすることによるマイナスの効用は著しいものです。一方、先進国に難民が増えることによるマイナスの効用を考えてみましょう。難民が増えることによって国の社会保障制度が機能しなくなります。また文化的な衝突が増えることで受け入れ国の住民が受けるマイナスの効用もあります。しかし、難民が自分の国で生命の危険に直面するマイナスの効用と受け入れ国

の人々が被るマイナスの効用を比べてみましょう。どう比べても難民が自分の国にいる場合の生命の危険のほうがマイナスの効用が大きそうです。そうなると、功利主義の観点からは、受け入れ国側は少々の不便を我慢して、困っている難民を受け入れるべきといえるのです。

必要なのは人間の尊厳を守ること

　ヨーロッパには、もともと難民の受け入れに対して寛容な国が多くありました。それによってヨーロッパを目指す難民が急増したことで、難民に対する市民の不安や不満が急増します。ここにきて、市民の不安をあおることで議席を獲得するポピュリズム政党が、反難民・反移民政策を打ち出して人気を得ることになりました。

　日本においても、1980年代にバングラデシュ・パキスタン・インドなどから外国人労働者が大挙して現れました。文化や生活のしかたの違いから、日本人住民は外国人に必要以上に不安を感じていたといわれます。この当時のことを知っている世代の人に聞き取り調査をしてみるのもよいかもしれません。日本においても、移民・難民問題は外国のできごととして無関係なものではなく、真摯に考えていかなくてはいけない問題です。

　そのときに重要なのは、人間としての尊厳を傷つけない態度です。これはカントの「人間性の原則」とも結びつくものです。カントは人間はかけがえのない存在なのであるから、その尊厳を傷つけてはならない義務があると考えました。例えば、みなさんのクラスに入ってきた外国人の生徒が、文化の違いからみんなと違うことを希望しているとします。水着や体操服を肌が見えにくいものに変えたい。肉類は食べられない、豚肉は食べられない、飲食ができない時間がある。日曜日は休む日と決められている。このような文化や信仰・信念から行われる行動はその文化を持つ人たちにとっては重要なものです。一方的に否定することはその文化に生きる人たちへの尊厳を欠いた行為といえるでしょう。

　また「本当に困っている難民の人々をできるだけ受け入れることは、国際社会の一員として当然のこと」という考えは功利主義だけでなく、困っている人を助けるという義務論の観点からもよしとされるものです。

B

現代社会の諸課題［基礎編］

どのような視点で
SDGs に向き合えばよいだろうか

討議事例

　P高校の文化祭では、これまで舞台イベントとしてミスター＆ミスコンテストを開催してきました。このコンテストは希望者が出場するもので、出場者は舞台の上でパフォーマンスやスピーチを行い、会場からの投票によって順位をつけて、「ミスター＆ミスP高」が決まります。しかし、外見が重視されるミスター＆ミスコンテストはルッキズム（外見至上主義）を助長しているという批判があるため、実行委員会の生徒たちが審査方法の変更について話し合いを行いました。

　その結果、今年の文化祭では「ミスター＆ミスP高」という形ではなく、男女混交で「P高ナンバーワン」を決めることになりました。舞台の上で行うスピーチ部門と、社会課題に関連することについて自分が行っている取り組みを発信するSDGs部門とに分け、その合計得点で審査が行われます。

　SDGs部門は、出場者が一定期間、みんなが見ることができるSNSにSDGsの取り組みを掲載していきます。もちろん、より多くの取り組みを掲載したほうが評価は高くなります。

　スマホで出場者のSDGs部門の書き込みを見ていたP高生が話をしています。

Aさん「今年の文化祭のP高ナンバーワンコンテストはおもしろい取り組みだね。私は出場者のSDGs部門の書き込みをいつも見ていて、"いいねボタン"を押しているよ」

Bさん「たしかにこれを見ていると、SDGsに対する意識も高まってくるよね」

Aさん「プラスチックストローを廃止したカフェで、コーヒーを飲んでいるところを投稿していた出場者もいたよね。私もあのカフェが好きだから応援したくなっちゃった」

Bさん「でも、出場者の書き込みについては、素直にいいとは思えないな。SDGsは17も目標があるから、こじつければなんでもSDGsってことになってしまうよね。ペットボトル飲料を飲んでリサイクルのごみ箱に入れれば、目標12の"つくる責任　つかう責任"を果たしたことになるから、それを毎日投稿してる人もいる。そもそもペットボトル飲料を買わずに、水筒を使うほうがよっぽど環境にいいと思うけど」

Aさん「それをいうなら、プラスチックストローを使うカフェにも行かないほうがいいってことになってしまうよね。それはいやだな。環境問題に高い意識を持つことの大切さをその投稿で訴えているんだから、効果そのものは小さくてもいいんじゃないかな」

Bさん「それなら、流行っているっていうだけの理由で雑誌に載っているような服を着ているのと同じで、中身のないファッションとしてのSDGsということになるよね。そういうSDGsで本当にいいのかな」

 問い　みなさんは、Aさん、Bさんの意見について、どのように考えますか。

 学習のポイント

● SDGsの17の目標とターゲットについて理解する。

● SDGsの企業や自治体での取り組みや、高校生の実践例を学ぶ。

● SDGsウォッシュの問題点を認識し、よりよいSDGsのあり方について考える。

B
現代社会の諸課題［基礎編］

政治・経済的視点からの解説

政治・経済的解説では、テーマとして取り上げている政治・経済的な事象について、具体的にそのできごとの背景や内容の解説を行っていきます。ここでは、SDGsの説明と検討課題を解説します。

SDGsとは

　SDGsとは、2015年9月の国連サミットで採択された2030年までに持続可能でよりよい世界を目指すための国際的な目標です。SDGsは「Sustainable Development Goals（持続可能な開発目標）」の各単語の頭文字を結び付けた略称です。

　SDGsには17の目標が設定され、17の目標の中にそれぞれ10個ずつくらい、より具体的な目標（「ターゲット」）が示されています。合計で169個あるターゲットには、数字で表記されたものと、アルファベットで表記されたものがあります。数字で表記されたターゲットはゴールの中身に関するもの、アルファベットで

国連持続可能な開発目標（SDGs）

3．すべての人に健康と福祉を

 あらゆる年齢のすべての人々の健康的な生活を確保し、福祉を推進する

6．安全な水とトイレを世界中に

すべての人に水と衛生へのアクセスと持続可能な管理を確保する

1．貧困をなくそう

 あらゆる場所で、あらゆる形態の貧困に終止符を打つ

4．質の高い教育をみんなに

 すべての人々に包摂的かつ公平で質の高い教育を提供し、生涯学習の機会を促進する

7．エネルギーをみんなにそしてクリーンに

 すべての人々に手ごろで信頼でき、持続可能かつ近代的なエネルギーへのアクセスを確保する

2．飢餓をゼロに

 飢餓に終止符を打ち、食料の安定確保と栄養状態の改善を達成するとともに、持続可能な農業を推進する

5．ジェンダー平等を実現しよう

 ジェンダーの平等を達成し、すべての女性と女児のエンパワーメントを図る

8．働きがいも経済成長も

 すべての人のための持続的、包摂的かつ持続可能な経済成長、生産的な完全雇用およびディーセント・ワーク（働きがいのある人間らしい仕事）を推進する

表記されたターゲットは実現方法に関するものと分けられています。

　例えば、「7　エネルギーをみんなに　そしてクリーンに」のターゲットは次のようになっています。

7. 1　2030年までに、安価かつ信頼できる現代的エネルギーサービスへの普遍的アクセスを確保する。

7. 2　2030年までに、世界のエネルギーミックスにおける再生可能エネルギーの割合を大幅に拡大させる。

7. 3　2030年までに、世界全体のエネルギー効率の改善率を倍増させる。

7. a　2030年までに、再生可能エネルギー、エネルギー効率及び先進的かつ環境負荷の低い化石燃料技術などのクリーンエネルギーの研究及び技術へのアクセスを促進するための国際協力を強化し、エネルギー関連インフラとクリーンエネルギー技術への投資を促進する。

7. b　2030年までに、各々の支援プログラムに沿って開発途上国、特に後発開発途上国及び小島嶼開発途上国、内陸開発途上国の全ての人々に現代的で持続可能なエネルギーサービスを供給できるよう、インフラ拡大と技術向上を行う。

9．産業と技術革新の基盤をつくろう

強靭なインフラを整備し、包摂的で持続可能な産業化を推進するとともに、技術革新の拡大を図る

12．つくる責任 つかう責任

持続可能な消費と生産のパターンを確保する

15．陸の豊かさも守ろう

陸上生態系の保護、回復および持続可能な利用の推進、森林の持続可能な管理、砂漠化への対処、土地劣化の阻止および逆転、ならびに生物多様性損失の阻止を図る

10．人や国の不平等をなくそう

国内および国家間の格差を是正する

13．気候変動に具体的な対策を

気候変動とその影響に立ち向かうため、緊急対策を取る

16．平和と公正をすべての人に

持続可能な開発に向けて平和で包摂的な社会を推進し、すべての人に司法へのアクセスを提供するとともに、あらゆるレベルにおいて効果的で責任ある包摂的な制度を構築する

11．住み続けられるまちづくりを

都市と人間の居住地を包摂的、安全、強靭かつ持続可能にする

14．海の豊かさを守ろう

海洋と海洋資源を持続可能な開発に向けて保全し、持続可能な形で利用する

17．パートナーシップで目標を達成しよう

持続可能な開発に向けて実施手段を強化し、グローバル・パートナーシップを活性化する

B

現代社会の諸課題　［基礎編］

社会におけるSDGsの取り組み

　SDGsはもともと国連で採決されたこともあり、国家レベルの取り組みでした。日本では総理大臣を本部長とし、全閣僚を構成員とする「SDGs推進本部」を設置して、国内での実施と国際的な協力の両面で取り組む体制を整えています。

　SDGsの取り組みには、行政が主体的に実践していかないと実現不可能な国家レベルのものが多いのはたしかです。しかし、国家レベルのものであるから企業や地方自治体とは関係ないと言い切ることはできません。SDGsは各国の政府だけでは達成できない目標を、企業や自治体を巻き込むことによって成し遂げようとする試みでもあるのです。

　外務省が開催している「ジャパンSDGsアワード」では、SDGsに関して優れた取り組みを行っている企業・団体等を表彰しています。2019（令和元）年12月、第3回ジャパンSDGsアワードで推進本部長賞を受賞したのは、福岡県北九州市の魚町商店街振興組合でした。魚町商店街では、ホームレスや障がい者の自立生活支援などの社会的包括に視点を置いた活動や、飲食店等と協力したフードロスの削減、規格外野菜の販売等の地産地消を推進しました。また、商店街内のビルをリノベーションし、若手起業家やワーキングマザーのための環境整備を実践したことでも評価されています。透過性太陽光パネルを設置して商店街の電力として活用したり、公共交通機関を利用した来店を促進したりすることで、環境にも優しい商店街づくりをしてきました。小さな会社の集まりである商店街が、SDGsの達成に向けて顕著な功績があったと認められたのです。

魚町商店街は、北九州市が経済協力開発機構（OECD）よりアジア初の「SDGs推進に向けた世界のモデル都市」に認定された2018（平成30）年以降、SDGs商店街としてさまざまな取り組みに挑戦している。

＊企業における取り組み例

・3　すべての人に健康と福祉を

　⇒従業員に対する各種予防接種費用の補助、ストレスチェック、喫煙者に対する禁煙治療のサポート

・5　ジェンダー平等を実現しよう

　⇒育児休業制度、育児時短勤務、家庭と仕事の両立のための費用補助制度、女性社員のキャリア研修

・7　エネルギーをみんなに そしてクリーンに

　⇒省エネルギーの推進、二酸化炭素の削減

・12　つくる責任 つかう責任

　⇒有害な物質を排出しない、廃棄物を減らす、リサイクルやリユースの導入

・14　海の豊かさを守ろう

　⇒プラスチックごみのリサイクル、製造品の原料をリサイクル素材に変える、使い捨てプラスチック製品の使用をやめる

＊自治体における取り組み例

・6　安全な水とトイレを世界中に

　⇒マイボトル活動を奨励する。

・10　人や国の不平等をなくそう

　⇒市民向けの広報誌を読みやすいユニバーサルフォントにする。視覚障がい者や車いす使用者にも生活しやすい街づくりをする。

・11　住み続けられるまちづくりを

　⇒市民参加型のワークショップを開催して地域での生活をしやすいものにする提案を市民から募る。

・13　気候変動に具体的な対策を

　⇒市の環境基本計画に環境対策を組み込む。

・16　平和と公正をすべての人に

　⇒日本語が得意でない外国人住民に行政手続きがしやすいようにする。

B

現代社会の諸課題 ［基礎編］

＊高校生における取り組み例

　SDGsは大きな取り組みが多いため、行政や企業でないと参画することは難しいと思ってしまうかもしれません。しかし、すでに多くの高校生がSDGsの達成に取り組んでいます。

・1　貧困をなくそう
　⇒開発途上国について学び、募金活動やボランティア活動をする。フェアトレードの製品を文化祭で販売する。
・3　すべての人に健康と福祉を
　⇒国内の自然災害の被災者支援。
・4　質の高い教育をみんなに
　⇒開発途上国の子どもの状況を学習し、その支援を行う。
・5　ジェンダー平等を実現しよう
　⇒妊婦体験を通して、妊婦へのサポートを考える。
・7　エネルギーをみんなに そしてクリーンに
　⇒学校での省エネの取り組み。
・10　人や国の不平等をなくそう
　⇒視覚障がい者体験を行い、介助技術を学ぶ。
・11　住み続けられるまちづくりを
　⇒地域のまちづくり活動への参加。
・12　つくる責任 つかう責任
　⇒学校内でのリサイクル活動。
・14　海の豊かさを守ろう
　⇒海岸周辺でのごみ拾い。
・15　陸の豊かさも守ろう
　⇒学校での園芸活動、近隣の農家
　　との協働。

校外学習で琵琶湖の水質調査を行う立命館守山高等学校の生徒たち。同校では、環境負荷削減に向けた取り組みとして、数年にわたり、「水」をテーマとした研究調査を行っている。

「SDGsウォッシュ」に気をつける

　行政や企業だけでなく、高校にもSDGsを達成するための活動は広がっていますが、そこで気をつけなくてはいけないのが、「SDGsウォッシュ」と呼ばれるものです。似たようなものに「グリーンウォッシュ」という言葉があります。グリーンウォッシュとは環境によいと訴えながらじつは効果がなかったり、環境に悪い影響を与えていたりするような状況をいいます。企業の例では、「わが社は地球環境を考えます」などというイメージ広告を出してはいるものの、具体的には何も行動を起こしていないというものがあります。そのほかにも、植物由来の素材を使ったペットボトルであるとPRしながら、実際にはその素材全体のごくわずかな量でしかないものもグリーンウォッシュといえます。

　グリーンウォッシュと同様にSDGsウォッシュも、それらしく見えるもののそうではないという活動が考えられます。SDGs活動について完全に嘘であるのは極端な例ですが、曖昧な印象の言葉を用いて、証拠をあげることもなく活動をPRする例はよく見られます。効果があるにしてもほんのわずかでしかないのに、それを大げさに表現するのもSDGsウォッシュに見られるものです。

　また、SDGsはその目標が多岐にわたることから、一つの目標にはかなっているものの、ほかの目標には悪い影響を与える場合もあり、これもSDGsウォッシュとされます。例えば、環境によい影響を与える製品をつくってはいるものの、その製造工程において開発途上国で児童労働が行われたり、極めて労働環境が悪かったりすることは、17の目標のうちいくつかによいインパクトを与えていても、それを打ち消す悪いインパクトもあることから、SDGsの目標達成に資する活動とは言い難いものとなります。

 ## 討議事例についての考え方

　Aさんは文化祭の企画でのSDGs活動を肯定的にとらえていますが、BさんはSDGsウォッシュを意識していることがわかります。SDGsはもともと国家レベルの取り組みであり、個人がSDGs達成のための活動を行ったとしてもその

B

現代社会の諸課題〔基礎編〕

影響は極めて小さいものといえます。また、17の目標が多岐にわたるため、どのような活動もこじつければSDGsの達成に資するものと言い張ることもできます。そのためBさんが個人の活動に懐疑的になることも納得できる部分があります。

　高校でのSDGsに関するイベントは一般に教育的効果を狙ったものといえます。個人の取り組みとしては小さな影響しかないものでも、大勢で取り組むことで大きな効果が期待できます。目標達成のためというよりも高校生がSDGsに興味を持ち、今後より大きな取り組みをしていくためのものといえるでしょう。ただし、活動に参加する生徒はSDGsウォッシュについても知っておくべきとはいえます。そのためには、きれいな印象の言葉だけを並べない、活動を針小棒大なかたちで発表しない、実践した内容についての効果を明示する、誇張や嘘は避ける、などに注意しておいたほうが周囲からの誤解を招くリスクが小さくて済むでしょう。

倫理的視点からの解説

倫理的解説では、SDGsについてどのような視点で向き合うべきなのかを倫理的観点から明らかにします。

現代社会と功利主義

　現代社会では功利主義の考え方が広く受け入れられています。功利主義では効用の差し引きの計算をすることから、善悪の判断の基準がわかりやすいという利点があります。

　例えば、ある電機メーカーがこれまでにない新しい機能のついた製品を販売したとします。自動で家を掃除してくれるロボット掃除機や、体調を管理してくれるスマートウォッチを想像してみましょう。その製品を購入して利用した人は、生活が便利になってプラスの効用があります。その電機製品を製造した会社は、その従業員に賃金を出すことができるというプラスの効用があります。そして儲かっている会社は、その会社や工場がある自治体に税金を納めますから、

自治体やそこで生活する人々にもプラスの効用があります。その製品を販売する電器店やデパートも、売り上げが増えることにより会社や従業員にプラスの効用があります。このように製品の売り上げが増えることにより、多くの人や組織が経済的に潤い、ハッピーの量が増えることになります。よりたくさんモノやサービスが売れると、それによってよりたくさんの消費者、企業、企業で働く従業員、企業が税金を納める自治体、販売店、販売店で働く人々など、より多くの人々の効用が上がります。このことは功利主義的な観点からはよいことといえます。

　現代の資本主義を取り入れている国は、この功利主義の観点から、モノやサービスがよく売れることはよいことだと奨励してきました。そして世界的に開発が進むことが理想的な社会に近づくために必要であると信じられてきました。

功利主義的な社会のはらむ問題

　しかし、先進国だけでなく、それまで開発が進んでいなかった国でも、開発が進むことでさまざまな問題が生じてきたことも事実です。

　例えば、開発途上国での開発による先進国との貧富の拡大があげられます。世界的に開発が進んだことにより、開発途上国に先進国の企業による工場が建設されたり、先進国への輸出用の農産物が生産されたりするようになりました。これによって先進国では、より安価な製品や農産物が輸入できることになります。先進国の国民には安い製品や農産物を購入できるというプラスの効用があります。またそれらの製品や農産物の販売や流通を支える企業の雇用を増やすというプラスの効用もあるでしょう。開発途上国にも、工場ができることでさまざまな生産技術が伝わり、現地の人々の雇用も生まれるということから、プラスの効用があります。近代的な農法により輸出用の農産物を大量生産することで、雇用が生まれ外貨を獲得できるというプラスの効用もあるでしょう。

　他方、先進国の企業は自国内で生産するよりも開発途上国で生産するほうが安く済むため進出するのであり、工場での工賃や農産物の価格もできる限り低く抑えられる傾向があります。衣料品はこれまで中国で大量に生産されてきました。しかし、中国では経済発展にともなって賃金が高騰したため、先進国のアパレルメーカーは賃金のより安いバングラデシュに工場を移転させました。

より安く製造するということは、それだけ安い賃金が労働者に支払われるということです。労働に関する法規制が十分なされていない開発途上国では、極度の低賃金による労働や過酷な労働、児童労働が生まれやすくなります。児童労働とは、学校に行くことよりも働くことが優先され、子ども（5〜17歳）に危険で過重な労働が強いられることです。その数は世界で1億5,200万人と推計され、世界の子ども（5〜17歳）の10人に1人が児童労働に従事しているといわれています（国際労働機関〈ILO〉2016年）。このようなマイナスの効用はこれまで見過ごされてきたといえます。

　他の例として、環境問題でもあるプラスチックごみについて考えてみましょう。プラスチック製品は軽くて丈夫で加工しやすくコストが安いため多くの工業製品で使われています。人々の生活はプラスチックによって豊かになり、プラスチックを製造する工場やそれにかかわるさまざまな産業は新たな雇用をつくり出し、地域経済にも貢献するなど、プラスの効用があります。

　一方、プラスチックごみの処分方法が十分に確立されないままに大量のプラスチックが廃棄されたことから、それらが川や海などに流れ込む事態となりました。プラスチックごみ問題は海洋生物だけでなく、沿岸地域にも多大なる影響を与えるといわれています。しかし、環境や海洋生物への悪い影響は、経済的な効用のようには計量しにくい部分があるため、マイナスの効用を明確にできないという実態があります（プラスチックごみについてはp.104〜118に詳しく言及されています）。

　製品やサービスの販売量、それにともなう企業の売り上げ、各業界の雇用者数など、経済的に数値として表れるプラスの効用は万人にわかりやすいものです。しかし経済的にプラスの効用がある反面、人権や環境などのように数値化されにくいマイナスの効用が無視できない量であることが社会的に問題となってきました。SDGsが提唱しているターゲットのうち、1．貧困をなくそう、2．飢餓をゼロに、3．すべての人に健康と福祉を、4．質の高い教育をみんなに、6．安全な水とトイレを世界中に、などは貧困層が拡大している開発途上国のマイナス部分の効用に目を向けたものといえます。また、13．気候変動に具体的な対策を、14．海の豊かさを守ろう、15．陸の豊かさも守ろう、などは環境問題のマイナスの効用に対する施策と考えられます。

SDGsはこれまであまり考慮されてこなかったマイナスの効用に対する目を社会的に向けるための提言といえます。

功利主義は必ずしも経済発展だけを目指さない

功利主義は効用を計算してより効用の量が大きいことを正しいとする学説です。これまでの社会は経済的な効用のみを計算に入れ、それ以外の効用をあまり考慮してこなかったといえます。しかし、本来の意味での功利主義はこの経済的な効用以外も十分に配慮するべきであるという考えでした。

著名な功利主義者であるピーター・シンガーは、功利主義の観点から開発途上国などの貧困状況にある多くの人々の効用を増やすべきであると提案しています。世界的な規模で考えると、貧困状況にある人々の効用を増やすことは人類にとってプラスの効用を著しく増加させるものだといえます。功利主義の考え方では、人間を性別・民族・人種・年齢などで区別することはありません。開発途上国で困難な状況にある人がいるなら、それは日本で暮らす人と同じようにその状況から回復できることがよいことといえるのです。

日本の国内で考えてみるとよくわかります。みなさんが居住する市町村は豊かで、街の開発も進み、人々も衣食住に困ることなく暮らしていて、かたや隣の自治体はある災害によって、今日食べるものがないような貧困に陥り、医療や教育も十分に受けられない状況になったとします。隣の自治体のことだからそのような状況を放置してよいとは誰も考えないでしょう。誰もが食料がみんなに行き渡り、医療や教育も自分たちの自治体と同様なものとなるほうがよいと考えるのではないでしょうか。本来の意味での功利主義では、この考えを世界的な規模にまで広げて考えているのです。日本に住む私たちは貧困に陥ったとしても、適切な行政の援助を受ければ飢餓状態に陥ることは考えにくく、行政が飢餓状態にある人々に十分な手当てをすることに反対する人も少ないでしょう。この考えを開発途上国で飢餓状態にある人々にも広げる必要があるというのが功利主義の考え方なのです。

また、環境問題についても、経済的な効用と異なり環境面でのマイナスの効用はこれまであまり考慮されてきませんでした。しかし世界的な規模での地球温暖化が起きることで異常気象が頻発し、各地で自然災害による大きなダメー

B 現代社会の諸課題［基礎編］

169

ジを受けています。自然災害は多数の人命が失われるだけでなく、施設の破壊や企業活動の停止など経済的な側面でも著しいマイナスの効用をもたらします。またプラスチックごみが海洋に流れ込むことで、海洋生物の生態にだけでなく将来的には人類に対しても悪影響を与えることが予測されています。

　経済的側面だけに偏らない本来の意味での功利主義の観点からすると、SDGsがターゲットにしているような人権や環境に配慮する社会のほうがよりよい社会であるということができるのです。

義務論的な観点から

　義務論では、すべての人間が守らなくてはならない絶対的な規範があると考えます。普遍的な規範があると考えるのです。どの時代の、どの国の、どの宗教の、どの民族の人々でも従っている黄金律と呼ばれる規範があります。例えば、「人を殺してはいけない」、「盗みをしてはいけない」というのは、この黄金律の一つです。カントの研究はこの黄金律を精緻に理論化したものといえます。

　SDGsは開発途上国だけでなく、先進国も含めたすべての国に適用されるものとして提案されました。普遍性のある規範という点では、現代の黄金律ということもできるかもしれません。国や民族、宗教の違いを超えて、すべての人々に対しての目標として掲げられているからです。SDGsの事例としては開発途上国の例が多く取り上げられることがありますが、SDGsが目標としているのは開発途上国の問題だけではありません。日本でも、子供の貧困（1．貧困をなくそう）、女性への不平等（5．ジェンダー平等を実現しよう）、不正規雇用や失業（8．働きがいも経済成長も）などの問題が起きています。このような日本の問題に対しても、真摯に取り組むことをSDGsが要請していることがわかります。

　SDGsは社会に対しての義務論的な観点からの提言ということもできるのです。

討議事例について

　Aさんは文化祭企画のSDGs活動について、効果のほどは問わないという態度でいます。一方、Bさんは効果の見えないSDGs的な取り組みは欺瞞（ぎまん）であると批判しています。

　生徒の1人はSDGsの活動として、プラスチックストローの使用をやめたカフェについて投稿しています。功利主義の観点から見てみると、プラスチックストローを使うことで社会が得られる効用とそれによるマイナスの効用を比較しなくてはいけません。また、プラスチックストローから紙のストローに変えることでのそれぞれの売り上げの増減、環境負荷の変化など、たくさんの側面の効用を考えなくてはいけません。しかしこの効用計算の範囲は限りなく広いことから、正確な計算はほとんどできないでしょう。

　そこで、プラスチックストローを使うか使わないかという個別の案件として考えるのではなく、人々の環境意識を変えるという総体としての案件で考えてみるほうがよいといえます。たしかに個別のケースではかえって環境に負荷がかかったりするかもしれません。しかし総体としての環境意識で考えるなら、それによって環境はよい方向に変わっていくことはあり得ます。ただし、環境にとってはよいことでも経済的に著しく悪いものは、人々の生活面においては不便が生じることも考えられます。それが全体効用を考える功利主義的によいといえるのかはより深く考察しなくてはならないでしょう。

　Bさんが主張するSDGsウォッシュについては、義務論的に問題だといえます。義務論の観点からは「嘘をついてはいけない」という普遍的な規範があります。SDGsウォッシュは、企業がSDGsを単なる広告宣伝の戦略の一つととらえ、誇張や嘘を用いてもよいと考えていることから起こります。企業が入ってもいない成分を入っているように掲示して商品を販売するなら、不当表示防止法に違反していることになります。この違反が報道されれば、売り上げは激減するでしょう。しかしSDGsについての曖昧な表示については規制する法律がないため、放任されているのが現状です。企業などがSDGsを標榜するものについては、消費者として、社会としてより厳しい目を向けていくことが必要です。

領土防衛
── 応用倫理学の視座から

眞嶋俊造（東京工業大学リベラルアーツ研究教育院教授）

　領土の防衛は一見のところ国家の至上命題であり、また果たされなければならない義務のように思えるかもしれません。しかし、いかなる状況にあっても領土の防衛はつねに必ず正しく、どんな犠牲を払ってでもしなくてはならないことなのでしょうか。

領土とは

　私たちは、「領土の防衛は国家（より正確には、その国家の正統な政府）の責務である」ということについて、ほぼ疑いを持っていないのではないでしょうか。少なくとも現在の国際関係では、領土は絶対的なものであるように扱われています。

　しかし、過去において、領土は国家にとって売買の対象であったり、外交の交渉材料であったりしました。例えば、「米国成立期の歴史は領土購入の歴史であった」といっても過言ではないかもしれません。ルイジアナはフランスより、アリゾナとニューメキシコの一部はメキシコより、またアラスカはロシアより購入した土地でした。

　また、過去においては、条約に基づく割譲や併合によって、国家間での領土の変更が数多くありました。例として、樺太・千島交換条約（1875年）が挙げられます。この条約によって、大日本帝国とロシア帝国との国境が画定され、ウルップ島以北の千島諸島がロシア帝国より大日本帝国に割譲されました。また、日清戦争後の下関条約（1895年）によって、台湾は清国より大日本帝国に割譲されました。さらに、「韓国併合ニ関スル条約」（1910年）によって、大日本帝国は大韓帝国を併合しました。

　とはいえ、第二次世界大戦後の国際連合体制下の国際社会は、欧米の植民地の独立や民族解放運動を経て、国境線や領土の変更をいやがるようになってきました。ここに、「現代国際関係における領土の絶対視」「領土防衛の絶対化」という「物語」ないし「神話」が定着したと考えることができるでしょう。

国家とは

　さて、領土防衛を理解するためには、まず、国家というものを理解する必要があります。国家の構成要素は、「主権」「領土（領空、領海を含む）」「国民」の3つとされます。領土が国家の構成要素である以上、国家はその領土を領有し統治する権利を国際社会、他の国家や政治共同体、その国家の統治の及ぶ（べき）領域の内外にいる人々に対して主張することができます。また、もしその国家の統治権の及ぶ領土に人々が暮らしている場合には、その人々を保護する責任があります。さらに、もし領土の領有権や統治権がなんらかのかたちで脅かされたり侵害されたりした場合には、国家は領有権や統治権を主張し、必要に応じて対抗策を講じるという義務が自国民に対してあります。その義務には、実力をもって不当な侵略を排除するという選択肢、つまり武力による領土防衛も含まれます。

　以上が一般的な説明です。しかし、国家をより正確に理解するためには、もう少し詳しく見ていく必要がありそうです。

　国家の構成要素をより精緻に特徴づけると、「国家を統治する正統な制度や体制や機構」「国家の正統な政府の領有権と統治権の及ぶ（べき）領域（領土・領海・領空）」「国家の正統な政府の統治権の及ぶ領域にいる人々」といえます。以下、それら3つについて具体的に見ていきましょう。

国家の構成要素1：国家主権

　第一に、「国家を統治する正統な制度や体制や機構」について見てみましょう。一般的な国家の構成要素についての説明で「主権」とされているのは、「国民主権」ではありません。第一義的には「国家主権」を指します。それはどういうことでしょうか。国家は他の国家や政治共同体に対しての主権、つまり排他的な統治権としての国内管轄権と、それを根拠とする内政不干渉を主張できます。つまり、「主権」とは「国家を統治する正統な政治制度（例えば民主政）や国家体制（例えば立憲君主制）や運営機構（例えば、立法府や行政府や司法機関）」を指します。もちろん、それらの制度や体制や機構の正統性を基礎づけるのは国民主権ですが、ここでいう「主権」とは、あくまでも対外的な「国家主権」を意味します。つまり、

国家の第一の構成要素は「国家主権」、つまり統治の正統性と統治システムです。具体的には、「国家を統治する正統な制度や体制や機構」として考えられるのは、民主政や共和制や立憲君主制や法の支配や三権分立や文民統制（シビリアン-コントロール）や正統な行政府などを挙げることができます。

国家の構成要素2：領域（領土・領海・領空）

　第二に、「国家の正統な政府の領有権と統治権の及ぶ（べき）領域（領土・領海・領空）」について見てみましょう。ここで「統治権の及ぶ（べき）」のカッコ内にある「べき」に注目してください。そのような領域とは、「統治権を有する国家の正統な政府の実質的な統治が及んでいないが、統治権が担保されるべき領域」という意味です。そのような領土は具体的にどのようなものでしょうか。例えば、わが国は北方領土を自国の領土として領有権と統治権を主張していますが、過去70年以上においてソビエト連邦、ついでロシアの実効支配下にあります。また、先の記述にもありましたように、わが国は竹島を自国の領土として領有権と統治権を主張していますが、同じように領有権と統治権を主張する韓国の実効支配下にあります。さらに、わが国、中国、韓国がともに尖閣諸島の領有権と統治権を主張していますが、わが国が統治を行っています。

　このように、複数の利害関係者によって領有権や統治権が主張されるような領土は紛争の引き金となるおそれがあります。例えば、東エルサレムはイスラエルが実効支配をしていますが、その領有権と統治権はイスラエルとパレスチナ自治政府の間で争われています。その「統治が及ぶべき」を巡る問題、言いかえると「競合または対立または相反する、統治権と実効支配への主張を巡る紛争状態」が領土問題といえるでしょう。

　一つ補足しておくと、「領有権」と「統治権」が分けられる理由は、「ある地域を占領された国家が、その地域の領有権を有するが、統治権を有さない（保障占領）」場合や、「ある地域を統治する国家が、その地域の領有権を有さないが、統治権を有する（信託統治）」場合が考えられるからです。

国家の構成要素3：そこにいる人々

　第三に、「国家の正統な政府の統治が及ぶ領域にいる人々」について見てみましょ

う。国家には国民を保護する責任、義務があります。もっと言いますと、国家の第一義的な存在意義は国民の保護にあります。あとで論じますが、国民を保護しないような政府に対して忠誠を誓う必要はないでしょう。しかし、国家の正統な政府の統治が及ぶ領域にいるのは、果たしてその国家の国籍を有する人々（つまり国民）だけでしょうか。事実として、国家には、その国家の国籍を有していない人々、つまり外国籍の人々がいる場合がほとんどです。それらの外国籍の人々は保護する対象とはならないのでしょうか。そのようなことはないでしょう。すると、国家の正統な政府の使命は、その統治が及ぶ領域にいる人々（とくに戦闘員ではない民間人）を保護する責任があるといえます。

このように考えると、国家の第三の構成要素は「国家の正統な政府の統治が及ぶ領域にいる人々」といえるでしょう。

自国民保護のためなら、他国の領土や主権の侵害も許容されるのか

ある国家の国籍を有する人々がその国家の領域外にいる場合には、その領域を統治する他の国家の庇護下にあるべきともいえます（図1）。

しかし、もし他の国家の領域にいる人々が迫害を受けたり身の安全が脅かされていたりする場合には、自国民（と、ときとして第3国の国民を含む）を保護するために武力の行使を含む強制措置を講ずることが国際慣行上において認められてきました（図2）。

その一例として、エンテベ空港事件（p.177）を挙げることができるでしょう。しかし、「自国民保護」は、過去において何度となく侵略の言い訳や隠れ蓑に使われてきたという事実もあります。

図1

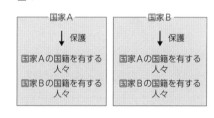

図2

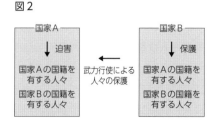

領土の防衛はつねに必ず正しいのか

　さて、以上を踏まえたうえで、冒頭で挙げた問いについて考えてみましょう。領土、より正確には「国家の正統な政府の領有権と統治権の及ぶ（べき）領域（領土・領海・領空）」の防衛は、国家の責務であることは自明であり、少なくとも現代の国際関係ではほぼ絶対の慣行であるように思われます。そのような領域の防衛は、そこにいる人々の生命や財産の防衛や、国家を統治する正統な制度や体制や機構の防衛をも意味することがあるからです。

　しかし、領土防衛がつねに必ず正しいことであるかどうかは注意深く考えてみる必要がありそうです。例えば、領土を防衛するために、そこにいる人々の生活を犠牲にするような場合はどうでしょうか。例えば、侵略により戦闘地域となった場所にいる人々を保護するという名目で、人々を強制退去・強制移住させることには疑問を持ってもよいかもしれません。というのは、領土を防衛するという目的のために、本来は保護されるはずの人々の、普通の日常の暮らしが強制的に破壊されることを意味するからです。もし私たちがそのような立場に置かれたら、領土の防衛のためとはいえ、今までの普通の日常の暮らしを犠牲にすることを喜んで受け入れるでしょうか。また、私たちは領土の防衛のために、それらの人々の暮らしを破壊することをよしとすべきなのでしょうか。それほどまでに、領土というのは防衛する価値があるものなのでしょうか。

　私たちは領土防衛の犠牲となることを強制されることを望んでいませんし、また実際にそのようなことが起こるとは思えないかもしれません。しかし、いつ、わが国がどこかの国家や政治共同体と戦闘状態になるかわかりません。もしそうなったとき、私たちの政府が国家体制や政府そのものを防衛することを自己目的化すること、そしてその防衛のために領土やそこにいる人々を犠牲にしてまで武力行使を行うことは「想定外」の絵空事でしょうか。人々に犠牲を強制してまで防衛すべき価値のある国家体制や政府というのは本当にあるのでしょうか。逆に、人々を領土防衛の犠牲にするような政府に対して私たちは忠誠を誓うべきなのでしょうか。

　「想定外」を想定していくこと、そして思考を放棄したり停止したりしないことが、私たちが国家、また領土防衛の目的や意味と真摯に向き合う一つの姿勢

といえます。

　最後に、あるエピソードを紹介します。政治学者や歴史学者の多くは、冷戦の終結を予測していなかった（できなかった）といわれています。ある世界的に高名な政治学者でさえ、「自分が生きているうちにベルリンの壁が崩壊するとは思っていなかった」という言葉を残しています。

エンテベ空港事件とは

1976年、アテネ発パリ行きのエールフランス航空139便が、イスラエルに敵対する武装組織「パレスチナ解放人民戦線・外部作戦（PFLP-EO）」と、西ドイツ（当時）の極左テロ組織とされる「革命細胞（EZ）」のメンバーによってハイジャックされた事件に端を発します。同機は、リビアのベニナ空港を経て、ウガンダのエンテベ空港に着陸させられました。エンテベ空港には、イスラエルの国籍を有する、またはユダヤ系の乗客が人質にとられました。この事態を受けて、イスラエル政府は人質救出のための軍事作戦を敢行するという強硬手段にうってでました。イスラエル国防軍は、兵士を乗せた輸送機をエンテベ空港に強硬着陸させ奇襲攻撃を行いました。この作戦によりハイジャック犯を制圧し、人質を解放するに至りました。このとき、イスラエル政府は、ハイジャック犯に好意的とされるウガンダ側に対し、この救出作戦について事前に通告をしていませんでした。

B′

現代社会の諸課題
［発展編］

B'[発展編]-1 世代間格差・対立

高齢世代と非高齢世代、さらに将来世代の格差をなくすにはどうしたらよいだろうか

討議事例

　日本では、高齢化の進展や選挙の際の高齢世代の投票率の高さなどから、高齢世代の利益に合った政策が追求されやすく、そのほかの年齢層が求める政策が実現されにくくなる「シルバー民主主義」の問題が指摘されています。

　私たちの周りでも、高齢世代の優遇は見受けられます。身近なところでは、医療費の自己負担率の違いがあります。現在の日本では、75歳以上の人は後期高齢者医療制度という健康保険制度に加入します。75歳未満の人が加入している国民健康保険や社会保険における医療費の自己負担率が3割であるのに対して、後期高齢者医療制度では自己負担率が1割と大幅に低くなっています。このように高齢世代と非高齢世代では、受けることのできる社会保障、負担しなければならない税金などにおいて格差が存在します。高齢世代の優遇を維持したままで非高齢世代への分配も増やすなら、増大する財政赤字はさらに次の将来世代に先送りされることとなります。高齢世代と非高齢世代の格差以上に現在世代と将来世代の格差は大きく、将来世代の視点から見ると、高齢世代も非高齢世代も優遇されていることになるのです。この問題をさらに複雑にするのは、将来世代が現時点ではまだ存在しないため、現在の施策への同意を将来世代にとることができないということです。

　高齢世代と非高齢世代、および現在世代と将来世代の格差・対立について、Aさん、Bさん、Cさん、Dさんが次の主張をしています。

〈高齢世代と非高齢世代〉
Aさん「私は、高齢世代と非高齢世代の格差については問題ないと思う。
　　　日本は民主主義の国で、65歳以上の高齢世代の人たちが人口の3割近
　　　くを占めていて、若者に比べると高齢世代の人たちが多くの割合で選

挙に投票している。選挙で高齢世代を優遇する政策が選ばれているなら、国民にとってそれが正しいことだといえると思う」

Bさん「非高齢世代よりも高齢世代が優遇されている状況には問題があると思う。先に生まれた人たちはさまざまな部分で優遇されるけれど、あとから生まれた若い世代は財政赤字を受け継いで、自分たちが高齢者になったときには優遇策はなくなっているんだよね。生まれた時代が違うだけで不利益をこうむらなければならないのは、公平とはいえないよ。非高齢世代の利益を確保できるようにすべきだと思う」

〈 現在世代と将来世代 〉

Cさん「現在世代と将来世代の格差について問題はないと思う。未来では技術も発展し、現在の社会問題の多くも解決されているはずだから。そもそも、将来の社会・経済・自然状況は不確実で、将来世代の利害などを明確にすることはできないし、将来世代の人々が何を必要とするのかもわからないでしょ。存在しない将来世代のことを気にかけるよりも、今存在している人たちの利益を考えるべきだと思うけど」

Dさん「将来世代よりも現在世代が優遇されている状況には問題があると思う。エネルギー問題にしろ、年金問題にしろ、将来世代に負担を先送りしてるだけじゃないか。将来世代に現在世代のつけを負わせていいのか。将来世代の利益も確保できるような政策に転換すべきだよ」

B'

現代社会の諸課題〔発展編〕

✋ ┃ **学習のポイント**

● シルバー民主主義、高齢世代と非高齢世代の格差・対立の問題とその対策について考え、討議を行う。

● 現在世代と将来世代の格差・対立の問題とその対策について考え、討議を行う。

● ミニ・パブリックス、フューチャー・デザインなど、新しい取り組みについて学び、考える。

政治・経済的視点からの解説

政治・経済的解説では、テーマとして取り上げている政治・経済的な事象について、具体的にそのできごとの背景や内容の解説を行っていきます。ここでは、シルバー民主主義の問題点、高齢世代と非高齢世代、現在世代と将来世代の格差・対立について解説します。

高齢化の進展と高齢世代の投票率

　日本では高齢化が大きく進展してきており、2020（令和2）年9月15日現在、総人口に占める65歳以上人口の割合（高齢化率）は28.8％となっています（総務省統計局「統計トピックスNo.126」）。

　また、高齢世代の投票率は他の年齢層よりも高く、例えば2017（平成29）年に行われた第48回衆議院総選挙では、全体の投票率が53.7％のところ、非高齢世代の10歳代の投票率は40.5％、20歳代の投票率は33.9％、30歳代の投票率は44.8％です。これに対し高齢世代の60歳代の投票率は72.0％、70歳代以上の投票率は60.9％となっています。

年代別の人口構成比

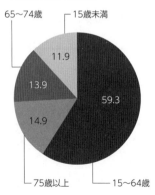

総務省統計局「統計トピックスNo.126」
より作成

2017年衆議院総選挙における年代別投票率

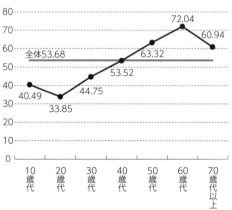

各世代における年金給付額と保険料負担額

　厚生労働省が2014（平成26）年財政検証において行った各世代における年金給付額と保険料負担額、およびその比率の試算結果は下の表のとおりです。

　各世代における年金給付額と保険料負担額との比率を見ると、非高齢世代に比べて高齢世代が、負担分に比べてより多くの給付を受けていることがわかります。ここでも世代間格差が確認できます。

世代ごとの給付と負担の関係　　　　　　　　　　　　　　　厚生労働省資料より作成

2015（平成27）年における年齢	厚生年金（基礎年金を含む）			国民年金		
	保険料負担額①	年金給付額②	比率②／①	保険料負担額③	年金給付額④	比率④／③
70歳（1945年生）(2010年度時点で換算)	1,000万円	4,400万円	4.4倍	400万円	1,400万円	3.5倍
60歳（1955年生）(2020年度時点で換算)	1,300	4,300	3.3	500	1,300	2.6
50歳（1965年生）(2030年度時点で換算)	1,800	5,000	2.8	700	1,400	2.0
40歳（1975年生）(2040年度時点で換算)	2,300	5,100	2.2	900	1,300	1.4
30歳（1985年生）(2050年度時点で換算)	2,600	5,400	2.1	1,000	1,300	1.3
20歳（1995年生）(2060年度時点で換算)	3,000	6,000	2.0	1,200	1,400	1.2

※試算についてはさまざまなケースがある。当試算はその中のケースG（機械的に給付水準調整を進めた場合）による。
※それぞれ保険料負担額及び年金給付額を賃金上昇率を用いて65歳時点の価格に換算したものをさらに物価上昇率を用いて現在価値（平成26年度時点）に割り引いて表示したもの。
※数値は現役時代の賃金や受給期間などについて、一定の条件下で計算した平均的な負担額や給付額。そのため、実際の負担総額や給付総額は個人によって異なる。

B′

現代社会の諸課題［発展編］

1. 高齢世代と非高齢世代の格差・対立を解消するために

意思決定への若年層の声を増やす

〈 討議民主主義とミニ・パブリックス 〉

　現代の日本は、有権者が選挙を通じて代表を選び、その代表が政治的意思決定を行う代表制民主主義（間接民主主義）により政治が行われています。これに対して、代表をはさまずに市民が直接、政治的意思決定に参加する民主主義を直接民主主義といいます。

　日本では、憲法前文において「日本国民は、正当に選挙された国会における代表者を通じて行動し」、「そもそも国政は、国民の厳粛な信託によるものであつて、その権威は国民に由来し、その権力は国民の代表者がこれを行使し、その福利は国民がこれを享受する」と代表制民主主義が明確に掲げられています。

　今日、さまざまな社会問題に対して多様な意見が噴出するようになり、これまでのような代表制民主主義における議会の機能だけでは十分に対応することができなくなってきました。また、社会の規模が拡大したため、政治と市民社会との距離が広がることとなりました。そうしたことを背景に、20世紀末から代表制民主主義の正統性を補う討議民主主義という新しい政治理論が現れ、またその制度化が進められてきています。

　討議民主主義では、自由で平等な市民によって活発な討議が行われ、合意が形成される過程が重要とされます。近年は、無作為抽出した市民による討議を政策決定に活用する「ミニ・パブリックス」という手法が世界的に広がっています。ミニ・パブリックスでは、参加者を無作為抽出することによって市民全体の属性分布に近い参加者を確保することが可能となります。このため、ミニ・パブリックスは「社会の縮図」とも訳されています。属性の1つに年齢があり、特定の年齢層への偏りが改善される効果が期待されます。

　例えば、自治体の委員会などで市民委員を決定する場合、従来は広報誌などで公募されることが多く見られました。こうした公募方法では積極的に応募するのはほとんどが高齢世代です。そのため、市民委員が高齢世代に偏ってしまうという問題があります。対して、無作為抽出した人々に市民委員公募の案内状を送付することで、これまで応募してこなかった非高齢世代に働きかけ、非

高齢世代が市民委員となる可能性を増やすことができます。このような手法は年齢以外のさまざまな属性についても通用します。

　ミニ・パブリックスの、ある特定の年齢層が優遇されるという問題を是正する可能性があるというメリットにより、「非高齢世代の利益を確保できるようにすべき」というBさんの考えからは支持されるでしょう。また、より市民全体の属性分布に近い参加者を確保し、そこで民主主義的な手続きを踏まえることができるならAさんの考えからも受け入れられるでしょう。

議会に若年層の代表を増やす

〈 若年議員の報酬増額 〉

　自治体において代表制民主主義を支えるのが地方議会の議員です。しかし、地方議員のなり手不足、とくに若年層のなり手不足が深刻であり、議員が高齢世代に偏ってしまうことが全国的な問題となっています。これは、議会において若年層の意見が議会に反映されないといった問題につながることとなります。

　一方、子育て世代にとっては、議員報酬が低く生活給としては十分ではないなど、経済的魅力がないことが議員のなり手不足の要因の1つとなっています。若年層の議員報酬を増やすことで一定の効果も期待できますが、そうすると報酬が増えない高齢層の議員との不公平が問題として残ることとなります。年齢に関係なく議員報酬を増やすという選択もありますが、昨今の世論からは受け入れられにくいことが予想されます。

　長崎県小値賀町議会では2015（平成27）年3月に50歳以下の議員に限り、議員報酬を月額18万円から月額30万円に増やすという条例を制定しました（2017年3月に廃止）。目的は「若い方々が立候補しやすい環境を整え、若い世代の政治参加を求める一環として、そして地方創生の推進を図るため」（同条例趣旨説明）とされています。若年層の議員立候補を促すために若年層の議員報酬を増やし、年齢によって議員報酬に差をつけるという改革は全国に例のない取り組みでした。

　この取り組みは、非高齢世代を厚遇することによって若年層の議員を増やし、若年層の意見をより議会に反映させるという点では、「非高齢世代の利益を確保できるようにすべき」というBさんの考えからは支持されることとなります。他

B′

現代社会の諸課題［発展編］

方、この施策は、本来は同額であるべき議員の報酬に年齢によって差をつけることで非高齢世代の議員を増やす誘因となります。それによって公平であるべき民主主義的手続きに人為的な偏りをもたらすものであり、高齢者には相対的に反対の効果が生じることから、Aさんの考えからは支持されないこととなります。

〈 選挙制度改革 〉

　世代別選挙区、ドメイン投票方式、余命比例投票など、有権者に占める若い世代の割合を高め、民意の高齢化を防ぐ選挙制度改革も以下のとおり提案されています。

　世代別選挙区は、有権者を20〜30代の若年区、40〜50代の中年区、60代以上の老年区のように年齢階層別に分け、それぞれの世代区から有権者数に比例した定数の議員を選ぶしくみです。この選挙制度では世代別の議員数は人口比に応じて機械的に決められるため、各世代の声を代表する議員がバランスよく選ばれることから、投票率の低い若年層の意見も政治に反映されることになります。

　ドメイン投票方式は、投票権のない未成年者の票を親が代わりに投じるというものです。有権者の範囲を投票権のない未成年者全体に広げるとともに、その利益の判断を親が代理でることとなります。投票権を実際に行使するのは子ども本人ではなく親であるということに注意する必要があるものの、親は自らの子育て環境や子どもの将来を改善してくれる政党なり候補者に投票することが期待されています。

　余命比例投票は、平均余命が長い若年層ほど、1票の価値が高くなるというものです。このやり方は一見不平等に見えますが、1人の人が生涯を通じて持つ投票価値は等しくなります。選挙が現在だけでなく、将来にわたる長期的な政策をも決めるものである以上、その選挙結果にもっとも影響を受ける世代の票の価値を高めるべきであるという考え方に基づいています。具体的には「世代別選挙区」と組み合わせて、それぞれの区ごとに、平均余命に応じて議席を配分することとなります。

　しかしながら、いずれの制度でも、1票の格差が大きくなるという問題があ

ります。

　世代別選挙区、ドメイン投票方式、余命比例投票は、「非高齢世代の利益を確保できるようにすべき」というＢさんの考えからは支持されることとなります。とくに世代別選挙区については、議員定数が人口比に応じて決められることから、高齢世代にも公平な政策といえるため、Ａさんの考えからも受け入れられるでしょう。

2. 現在世代と将来世代の格差・対立を解消するために

存在しない将来世代の利害を代弁する　－仮想将来世代を創る

〈 フューチャー・デザイン 〉

　資本主義経済も民主主義も、ともに将来世代の資源を使い果たしてしまう可能性があることから、将来世代の資源を「惜しみなく奪う」制度といわれています。そもそも資本主義経済は将来世代のためになんらかの資源を留保する機能が備わっていません。それどころか、現在世代での経済的な効用を最優先して、将来世代の石油や森林などの資源を遠慮することなく使い果たしてしまうことを奨励する傾向もあります。

　現在の政治の基本となっているのは代表制民主主義です。この制度では代表者を選ぶ際に、各々の良心に従って、将来に資する政策を提案する候補者に投票することが可能です。しかし反対に、自分の生きている間にもっとも利益を受ける政策を提案する候補者に投票する人も多くいます。一方、選ばれた代表者の主たる関心事は次の選挙で当選することであるため、現在世代に負担を強い、将来世代の利益を拡大する政策を提案することは難しくなります。つまり、代表制民主主義は将来世代の損得を勘案する制度ではないのです。

　資本主義経済も民主主義もともに将来世代の資源を「惜しみなく奪う」制度であるにもかかわらず、将来世代が資源をどこまで使うかの交渉の場に立ち会うことができません。将来世代は自分たちの同意のないままに現在世代の決定に従わなくてはならなくなるのです。

　そこで、将来世代の視点・利益を明確にし、現代の意思決定に組み込むための新しいアプローチが必要となります。そうした有望なアプローチの1つとして、

フューチャー・デザインがあります。フューチャー・デザインとは、将来世代に多大な影響を及ぼすさまざまな意思決定をする際に、将来世代のことを考える「将来世代の代弁者」を仮想的に創り出すというものです。そしてフューチャー・デザインでは、現在世代と仮想的な将来世代とが交渉・合意形成を行い、世代間利害の調整や対立克服、将来世代の利益も反映したビジョンづくりや意思決定を進めていきます。

　例えば、ある開発事業の是非が検討されるとします。この事業は長期的な視点で見ると環境悪化につながる可能性があるものの、短期的には直接的な影響はありません。ここにおいて、現在世代のみが意思決定にかかわれば、差し迫った直接的な影響がないので、この環境問題についてはまだまだ先の将来的な話であるとして、軽視されるかもしれません。そこに直接影響を受けることとなる将来世代が入ることにより、長期的な環境問題であることが主張され、検討が加えられることとなります。

　すでにいくつかの自治体では、フューチャー・デザインを用いた参加型討議や政策立案などの実践的試みが始められています。大阪府吹田市における「再生可能エネルギー導入ビジョン」や、岩手県矢巾町における「公共施設管理のビジョン」の設計はその一例です。矢巾町におけるフューチャー・デザイン討議では、仮想将来世代を経験することによって、「現在世代の自分」と「仮想将来世代としての自分」の双方に対する俯瞰的な視点を持つようになり、他者への配慮が生まれるといったことも明らかになっています。

　Ｄさんの「将来世代の利益を確保できるようにすべきだ」といった考えからはフューチャー・デザインは支持されることとなります。反対にＣさんの「将来の社会・経済・自然状況は不確実で、将来世代の利害などを明確にすることはできない。存在しない将来世代の人々が何を必要とするのかはわからない」といった考えからはフューチャー・デザインは支持されないでしょう。

　国の行政組織として「将来世代の存在を現在世代の社会生活に取り込む役割」を担う「将来省」設置のアイデアもあります。自治体においても同様に「将来部」や「将来課」の設置が考えられます。

倫理的視点からの解説

倫理的解説では、高齢世代と非高齢世代、さらに将来世代に対して公平な世の中を築いていくにはどのような視点で向き合うべきなのかを倫理的観点から明らかにします。

シルバー民主主義の何が問題か

　本項で問題になっているのは、高齢世代と非高齢世代の間、またそれらとまだ生まれていない将来世代の間に、年金給付額や保険料負担額の点で格差があるということです。さらに、その問題の原因として、高齢者に有利な政策が支持されやすいというシルバー民主主義があります。ミニ・パブリックスや若手議員の登用、選挙制度改革、さらにフューチャー・デザインなどの施策は、こうした状況に対処するために、現在世代や将来世代の意見を積極的に反映するためのものと考えることができます。以下では、これらの施策が世代間格差を解消するために有効であるかを考えますが、同時に、そもそもシルバー民主主義の何が問題なのかについても、改めて考えることにしましょう。

　シルバー民主主義とは高齢化の進展や高齢世代の高投票率により、高齢世代が自分たちに有利な政策ばかりを実現し、現在世代や将来世代にその負担を押しつけるという状況です。

　ごく単純に、民主主義を多数決による意思決定の手続きと考えるなら、シルバー民主主義には何の問題もないように見えます。例えば、国の高齢者たちが揃って、自分たちの生活を快適にするために、自分たちの医療費負担を軽減したり年金受給額を引き上げたりする政策を支持するならば、高い投票率ゆえにそれらの政策は議会でも支持され、民主的な政策として実現されるでしょう。もし非高齢世代が不公平だと訴えても、高齢世代は民主主義に従って決まったことだと反論することが可能です。Aさんの「選挙で高齢世代を優遇する政策が選ばれているなら、国民にとってそれが正しいことだといえる」という意見は、このような考えを表しています。

　しかし、民主主義 (p.64) は古代ギリシャから今日まで長い歴史を持ち、その内実もじつにさまざまであるため、それを多数決のような単純な原理に集約

することはできません。例えば、崩壊したソビエト連邦は自らの体制を人民デモクラシーと称していましたが、その内実は共産党エリートによる支配でした。少なくとも、民主主義を素朴に「みんなで決めること」のように理解することは可能だと思われますが、重要なのは「みんなで決めること」の中身なのです。

　民主主義で重要だとされる歴史上の政体では、「みんなで決める」場合には、自分たちの利害のみを考慮し主張するのではなく、他者や社会全体を考慮することが重要だと強調されてきました。例えば、民主主義の始まりとされる古代ギリシャの直接民主制で重視されたのは、市民による平等な立場での意見の表明と、そのやり取りを通じた合意の形成でした。また、現代の間接民主制による民主主義では、選挙を通じて選ばれた代表者は、自分を選んだ人々の利益だけでなく、社会全体の利益を考えることも要求されることになります。日本国憲法においても、選挙で選ばれた国会議員は、国民の代表として国民全体のために働くことが規定されています。たしかに、特定の意見が全体における多数派を占めるという事実は、最終的な意見を決めるための有力な根拠であることに違いありません。しかし、その事実と多数決原理だけをもって、多数派意見を最終的な決定とできるわけではないということに、注意しておく必要があるでしょう。

　その意味ではＡさんの意見は、多数決原理だけをもって判断しており民主主義の本質的な意義からはかけ離れていると考えることも可能です。

功利主義：最大多数の最大幸福

　では、最大多数の最大幸福をうたう功利主義 (p.16) の点からはどうでしょうか。功利主義は、全体の幸福が最大になる政策をもっともよい政策として選ぶ立場です。その立場からすれば、多数派である高齢者が揃って支持する政策は、全体の幸福の最大化という点から見て支持されるように思えます。

　しかし、最大多数の最大幸福の点から見ても、そのような状態が単純に支持されるわけではありません。功利主義の代表者であるミルは、多数派がつねに自分たちに有利な政策を実現する状況を「多数者の専制」として批判したトクヴィルに賛同していました。このときミルが重視したのは、他人に危害を加えなければ何をやってもよいという「他者危害原則」 (p.86) であり、個人の思想や言

論の自由でした。したがって、最大多数の最大幸福といえども、必ずしも多数派に有利な政策が機械的に支持されるわけではなく、全体を考慮した判断が要求されることに変わりはないのです。

Ａさんの意見は、功利主義の観点から見ても「多数派の専制」でしょう。対してＢさんの「非高齢世代の利益を確保できるようにすべきだと思う」という意見は、功利主義が求める全体の効用を踏まえた判断のために考慮すべき点を訴えているといえます。

つけ加えておけば、世代間格差によりあとの世代へ財政負担を先送りするような政策は、功利主義のより洗練された立場である、規則功利主義の点からも否定されると考えることもできます。規則功利主義は、その規則や政策が最大多数の最大幸福を実現するかどうかという点から、規則や政策を評価する立場です。国が高齢者に有利な政策を続けていられるのは、国の財政赤字 (p.206)を増やすことで現状を維持し、その返済をあとの世代に先送りしているからです。しかしながら、日本の財政赤字は他の先進国の倍近くという非常に高い水準にあり、いつ財政破綻を招くかわからない状況にあります。財政破綻のきっかけには、自然災害や国際関係の悪化などさまざまなものが考えられます。そして、もし実際に財政破綻が生じれば、その世代の幸福は大きく損なわれることになります。そのため、そのような全体の幸福を損なうことになる政策は、規則功利主義の観点から見ても否定されると考えられるのです。

このように、シルバー民主主義は、民主主義の点から見ても、最大多数の最大幸福の点から見ても、支持されるものではありません。どのような政策が妥当なものであるかは、より多くの立場を配慮したうえで決定される必要があるといえるでしょう。

世代間の公正：ロールズ的公正

さらに、シルバー民主主義を現在世代と将来世代の間の問題として考えてみましょう。

上で見たフューチャー・デザインは、政策決定の際に将来世代の代弁者を立てることで、その声を政策に反映させるものです。その特徴はなんといっても、まだ見ぬ世代の利益を考慮して守ることにあります。将来世代の声に配慮する

B'

現代社会の諸課題［発展編］

という問題、あるいは将来世代に対する私たちの義務を考えるという問題は、世代間倫理 (p.94) の問題と呼ばれます。世代間倫理では、年金や医療などの問題だけでなく、とくに環境問題を考える際に注目されてきました。環境問題は、化石燃料の枯渇や大気汚染、ごみ問題などの形で、われわれの現代的な消費生活で生じるつけを、まだ生まれていない世代の人々に負わせます。将来世代は、私たちが何もしなければ、政策に意見を反映させることができず、ただその負債を負わされるだけの存在です。

　世代間倫理の点から、将来世代が未来でかかえる不利益を考慮する必要性を主張した論者にロールズ (p.39) がいます。ロールズは、シルバー民主主義のような多数派による少数派の抑圧を公正の観点から問題にしたことで知られています。つまり、シルバー民主主義は公正の点からも支持されないのです。ロールズの議論の特徴は、そうした公正さを、現に存在する私たちの間の問題としてだけでなく、まだ見ぬ世代との問題としても考えた点にあります。ロールズは、私たちは住む場所によって差別されてはならないのと同様に、住む時代によって差別されることがあってもならないと主張します。世代間の公正という観点から、私たちはどの時代に属す人の利益も等しく配慮する必要があるのです。シルバー民主主義の問題において、私たちは多数派意見のみならず多くの立場を考慮する必要があると述べましたが、このように世代間倫理の視点から考えるならば、その多くの立場のなかには、まだ生まれていない将来世代も含まれるのです。

世代間倫理に特有の問題：将来世代の声を代弁するとは

　しかしながら、フューチャー・デザインのように将来世代の声を代弁することは、特有の難しさもともないます。そもそも、まだ生まれていない世代の立場に立って考えるとは、どのようなことなのでしょうか。もしかすると、将来世代の生きる時代は現代と大きく異なっており、現在の私たちの価値観が通じないかもしれません。例えば、現在では多くの人がスマートフォンを持っていますが、30年前にはそのようなものはなく、ポケットベルという小型の通信機に相手から呼び出しが入り、それを受けて固定電話からかけ直すのがあたり前でした。当時の人たちからすれば、薄くて軽い電話を持ち運び、それを使って

写真撮影をしたりSNSにアクセスしたりするという現代の生活は想像のつかないものでしょう。私たちとは異なる世代の利害を考慮することに意味があるのかという問題は、世代間倫理において長らく指摘されてきたものです。

　とはいえ、私たちが生きていくうえで最低限必要なもの、環境問題でいえば大気や燃料などの必要性は大きく変わらないでしょうし、同じように、年金や医療の問題においても、財政が健全で社会保険制度が持続可能なものであることなど、必要性についてある程度の予測を立てることは可能です。そのため、私たちは将来世代をわれわれとある程度似た存在と考え、そのうえで彼らの利益を代弁する必要があるでしょう。高齢者や現在世代が生きている間しか維持できないような年金や医療の制度は支持されないでしょうし、のちに返済に困るような借金をつくることにも反対の声が上がると考えられます。財政問題についていえば、ここに将来世代の代弁者が加われば、その意見は、現行の政策に対するもっとも強硬な反対者となるかもしれません。

　これらのことを考えると、Cさんの「未来では技術も発展し、現在の社会問題の多くも解決されているはず」という発言は、あまりに楽観的すぎる意見です。

　Dさんの言うような「将来世代の利益も確保できるような政策に転換すべき」という考え方を広く取り入れていかなくてはならないでしょう。

合意形成プロセスの重視：討議民主主義

　では最後に、上で見たミニ・パブリックス、若手議員の登用、選挙制度改革、フューチャー・デザインなどの政策が効果を持つにはどうしたらよいのかを考えてみましょう。多様な立場からさまざまな意見が出された場合に、私たちはどのような政策を選択することになるのでしょうか。

　例えば、現在世代が自分たちの年金受給額を増やすよう主張し、将来世代が抜本的な財政再建を主張し、他方で高齢世代が自分たちの年金の確保を主張するとしたらどうでしょう。いくら多様な意見を集めても、それらがバラバラでは意味がありません。また、結局のところ意見がまとまらず、単に多数決で押し切るということになっては、シルバー民主主義の問題で見たような、多様な立場を考慮するという要請に反することになります。そうした決定は、民主主義や最大多数の最大幸福、また公正のいずれの点からも支持されません。

さらに、少数派のさまざまな意見が考慮されず、多数派意見が圧倒的な支持を集める場面では、人は時として非常に危険な選択をしてしまうこともあります。プラトンが民主制を衆愚政治と捉えていたことは有名です。現代でも、ナチス・ドイツの人々は熱狂のうちに自らの自由を捨て、独裁体制への道を選びました。単にある意見を多数派であるという理由だけで採用し続けてしまえば、このような危険な選択を避けることができなくなります。そのため、最終的にどのような政策を選ぶかは、それが多数派となるプロセスに注目しなくてはならないのです。

ハーバーマスの討議倫理

　そのような民主主義のあり方として注目を集めているのが、上でも触れられた討議民主主義という考え方です。討議民主主義の代表的な議論として、ハーバーマス (p.68) の議論があります。ハーバーマスの議論は、法や政策の問題のみならず、道徳の問題も扱うことから、討議倫理とも呼ばれています。討議倫理では、多様な価値観や意見を持つ人々が集まり、討議し、それぞれが納得できる点を見つけ出すという、意見の形成されるプロセスを重視します。

　ライフスタイルや価値観の多様化した現在社会においては、もはや普遍的な決まりごとがあると考えるのは難しいことから、このようなプロセスを重視する考え方が生まれました。そのため、討議倫理では、みんなが従う規則や政策は、みんなが参加する話し合いで決めるという、形式的な制約のみを重視することとしたのです。ハーバーマスはこの制約を、討議に参加するすべての参加者が同意する規則や政策だけが妥当なものであると表現し、「討議倫理学原則」と呼んでいます。

　では、そのような討議はどのように行われるべきでしょうか。例えば、ミニ・パブリックスで幅広い年代の人々が集まって討議するとしても、年上の参加者が大きな顔をして若い人を萎縮させ、意見するのを妨げてしまうようでは、そもそも集まった意味がありません。ですから、なんらかの討議のルールがなくては、いくら多様な意見を持ち寄って討議が行われたとしても、その討議の結果を妥当なものとは考えられないでしょう。ハーバーマスは討議のルールとして、次の3つを挙げています。

1．矛盾のないことや首尾一貫していることなどの基本的な論理や意味に関するルール

2．すべての参加者が本当に信じていることだけを主張することや、要請に基づいて主張を正当化することなどの手続きに関するルール

3．討議の過程を強制や抑圧や不平等から守り、しっかりした論証だけが勝つことを保証するルール

　このように、討議倫理では多様な声を反映させるだけではなく、ルールに従った議論を行ったうえで合意を目指すことが求められます。ミニ・パブリックス、若手議員の登用、選挙制度改革、フューチャー・デザインなど、いずれの制度を採用するにせよ、私たちは納得できるまで話し合うことが要請されているのです。そのような環境がそろってはじめて、個々の取り組みは効果を発揮するといえるでしょう。

B'

現代社会の諸課題〔発展編〕

この項の「倫理的視点からの解説」は、JSPS 特別研究員奨励費JP20J11383、公益財団法人上廣倫理財団平成30年度研究助成金の助成を受けて執筆したものである。

B'［発展編］－2 少子高齢化・過疎化

ホームセンターとガソリンスタンドを 公費を使って建設・運営してもよいか

討議事例

　X村は東北の豪雪地帯にある人口1,000人、高齢化率50％の山村です。X村では、少子高齢化・過疎化が急速に進み、村に唯一あったホームセンターとガソリンスタンドが、売上減少による経営難で撤退することとなりました。村民は日常のさまざまな生活用品をホームセンターで買っているため、ホームセンターがなくなると、それらを買うことができなくなります。また、ガソリンスタンドがなければ生活・通勤に必要なガソリンや軽油、冬の暖房器具に使うための灯油を買うことができなくなります。X村は閉ざされたへき地であり、村からホームセンターとガソリンスタンドがなくなってしまうと、30kmほど離れたY町まで行かなければ生活用品やガソリンなどが手に入りません。X村からY町までは自動車で1時間ほどかかります。

　そこで、X村では新たに予算を計上して公設のホームセンターとガソリンスタンドを開設することにしました。X村の財政状況は悪化しており、財源に余裕はありません。そのため、福祉・医療をはじめとするさまざまな事業の予算を削減して、財源をねん出します。村の財政規模は約10億円ですが、建設費はホームセンターに1億円、ガソリンスタンドに1億円（合計2億円）、経営の赤字を埋めるために各店に毎年約500万円（合計1,000万円）かかる計画となっています。

　X村の人々からは、ホームセンターの建設については、「生活用品が近くで買えることは、現在の生活では標準的なこと。それができなくなると不便なので助かる」といった声があります。ガソリンスタンドについては、「ガソリンを買いに行く途中でガス欠になったらどうするんだ。ガソリンスタンドは近くにないと困る」、「冬場に灯油がなくなったら生命にもかかわりかねない」といった声が出ています。

　そうした建設に賛成する声のあがる一方で、X村からの多くの需要を

見込んでいたＹ町のホームセンター、ガソリンスタンドからは「行政による営業妨害だ」との苦情が寄せられています。Ｘ村の住民からも「民間でやっていることを税金でやるのは税金の無駄遣いだ」、「福祉や医療など、もっと切実に必要とされる行政サービスはほかにある。それらを優先させるべきだ」、「財政負担が大きく、ただでさえ悪いＸ村の財政をさらに悪化させてしまう」といった批判が寄せられています。

　このことについて、Ａさん、Ｂさん、Ｃさんが話し合っています。

Ａさん「ホームセンターとガソリンスタンドがないと、住民の生活は相当不便になると思う。ホームセンターは農作業用品などを買うのに必要だし、暖房が欠かせない豪雪地帯では、近くに灯油を買うことができるガソリンスタンドが必要だよね。民間での経営が難しいのなら、行政サービスとしてホームセンターとガソリンスタンドの開設が認められなければならないんじゃないかな」

Ｂさん「ガソリンや軽油、灯油は村の人の生活に最低限必要なものだから、ガソリンスタンドは行政サービスとして開設することが認められると思う。でも、ホームセンターで買うものは、食料品と違って生命にかかわるものではないし、腐るものでもないから、まとめて買うこともできるよね。それにホームセンターで売っているものは、ネット通販で買うこともできるよ。財政悪化を考慮すれば、行政サービスの範囲は最小限にとどめるべき。ホームセンターは行政サービスとして開設する必要はないと思う」

Ｃさん「行政の資金である税金は、住民から強制的に徴収するものだから、行政サービスの範囲は、警察・消防など必要最小限にとどめるべきで、無駄な支出はなるべく減らすべき。財政規模約10億円の村で2億円も使ってホームセンターとガソリンスタンドを建設して、維持費に1,000万円もかけたら、Ｘ村は財政破綻してしまうよね。そうすると、ますます行政サービスが削られて、住民が村から出ていくことになってしまう。私は、ホームセンターとガソリンスタンドを行政サービスとして開設することは認められないと思う」

学習のポイント

● 行財政のあり方、行政サービスの範囲について、さまざまな論点があることを学び、幅広い視点から考察する。

● 行財政の基礎知識を学び、学んだ知識を生かしながら、事例について考察・討議を行う。

● 少子高齢化・過疎化による地方の衰退は全国的な社会問題となっており、今後さらに進んでいくことが予想される。少子高齢化・過疎化により衰退する地方の問題について考える。

政治・経済的視点からの解説

政治・経済的解説では、テーマとして取り上げている政治・経済的な事象について、具体的にそのできごとの背景や内容の解説を行っていきます。ここでは、少子高齢化や過疎化の問題点、行財政のあり方などについて解説します。

自由放任主義

　行政サービスの適切な範囲とは何か、市場の経済活動と政府の行政活動のあるべき境界線はどこか。この点については、歴史上繰り返し論じられ、長い歴史の中で以下のようにさまざまに変化してきました。

　18世紀から19世紀の半ばにかけて、資本主義がもっとも発達していたイギリスにおいて近代国家を支えた理念が、アダム=スミスに代表される「自由放任主義」です。「自由放任主義」とは、国家による規制、市場への介入を制約し、自由市場における経済活動に任せるという考え方です。この「自由放任主義」は程度の差はあれ、フランスやドイツなどヨーロッパ大陸諸国にまで広く普及していきました。

　19世紀半ばから19世紀末にかけて、西欧諸国では産業化と都市化が進んだことにより、新しい社会問題、都市問題への対応を余儀なくされることとなりました。例えば、農村から都市に流入してきた貧民の救済、コレラやチフスの蔓

延を契機として、上下水道の整備や国民生活に及ぼす危害を防止するための規制措置などです。こうして政府がその職能の範囲を広げていくこととなります。「消極国家」から「積極国家」への動きです。

　20世紀に入って以降、西欧諸国において政府が行う行政サービスの拡大傾向はいちだんと加速され、政府の財政規模と公務員数は膨張していくこととなります。

市場の失敗と行政の肥大化

　1929年、アメリカに端を発する大恐慌が起きます。大恐慌にともなう社会生活の混乱は未曽有のものとなり、アメリカではニューディール政策が実施され、その他の国々でも、各種の緊急対策を講じて景気の回復が模索されました。そしてこの大恐慌により、市場メカニズムに信頼をおいてきたアメリカやイギリスにおいても、その信頼性自体に疑問が投げかけられることとなりました。1930年代以降、「自由放任主義」がうまくいかない場面、いわゆる「市場の失敗」の場面では、政府が市場に介入することが正当化されるようになっていきます。

　第二次世界大戦後、先進資本主義国では「市場の失敗」は政府の介入で解決させるということが暗黙の了解となっていき、行政の守備範囲は広がり、政府の規模は大きくなっていきます（「行政国家」）。

　しかしながら、「市場の失敗」を是正するはずの政府活動が「政府の失敗」を引き起こすこととなります。行政は肥大化し、「大きな政府」は非効率を生み出し、そこに非難の矛先が向けられ、「小さな政府」に光があてられることとなります。

　1980年代以降、イギリス、ニュージーランドなどの欧米諸国において、行政の肥大化による非効率化、財政赤字、公的債務の増大など、「大きな政府」によるさまざまな行政問題を克服するために、NPM（ニュー・パブリック・マネジメント）が進められていきます。NPMとは「民間企業における経営理念・手法、さらには成功事例などを可能な限り行政現場に導入することを通じて、行政部門の活性化を図ること」をその核心とするものです。

　20世紀型の福祉国家や大きな政府、「政府の失敗」を背景に「ガバナンス」論も登場することとなります。これらに共通する問題意識は、「ガバメントからガバナンスへ」であります。すなわち、公共的問題の解決にあたっては、これま

B'

現代社会の諸課題［発展編］

でのように政府だけによっては十分ではなくなってきたため、政府をとりまく
さまざまなアクターも互いに協力して公共的問題の解決に携わる必要が出てき
たのではないか、というものです。

行政サービスのあり方

そして近年、どこまでが行政の領域なのか、「官」「公」と「民」「私」の境界
線がどこに引かれるのかが必ずしも明確ではなく、従来の「官民二元論」「公私
二元論」ではなく「官民融合論」「公私融合論」でなければ解釈が難しい動きも
現れています。例えば「行政ビジネス」です。行政が持っているさまざまな知恵・
人材・ノウハウなどを引き出し、それを民間企業の手法や経営資源と組み合わ
せて、新しい官民コラボレーションのビジネスモデルを創り出す、ビジネスを
継続のエンジンとする、この行政のスタイルを「行政ビジネス」と呼びます。

〈 行政サービスの範囲 〉

行政サービスの適切な範囲とは何かについては、これまでにも繰り返し論じ
られており、さまざまな考え方があります。この事例においても、行政サービ
スの範囲を積極的にとるか（大きな政府）、消極的にとるか（小さな政府）によっ
て結論は異なってきます。Aさんはもっとも積極的（大きな政府）、Cさんがもっ
とも消極的（小さな政府）、Bさんはその中間のスタンスと考えられます。

〈 財政状況と政策の取捨選択 〉

それぞれの財政状況、限られた財源の中で、政策の優先順位をつけ、政策の
取捨選択を行う必要があります。すると、財政状況によって行政サービスに差
が生じることとなります。

名古屋市に隣接する愛知県飛島村は、面積22.42km²、人口4,625人（2021〈令
和2〉年国勢調査）と小規模な自治体ですが、名古屋港の臨海工業地帯を有し、
さまざまな産業の事業所・工場・施設、火力発電所などが立地し、名古屋港の
物流の重要な地域となっています。近年、財政の豊かさが全国トップとなって
いる飛島村では、その財政力の強さを背景に、住民は大変恵まれた行政サービ
スを提供されています。例えば、90歳で20万円、95歳で50万円、100歳で

100万円の長寿奉祝金がそれぞれの誕生日に支給されます（村に20年以上住所を有し、かつ居住するという条件あり）。また、子どもが小学校、または中学校に入学した際には、その保護者に10万円の就学祝い金が支給されます。

　これに対して北海道夕張市は、2007（平成19）年に約353億円の負債をかかえて財政再建団体に転落し、これによって行政サービスの水準は全国最低レベルに引き下げられました。職員数は大幅に削減され、必要最低限の事業以外は中止となり、公共料金も軒並み大幅アップしました。

　このように財政状況のよい自治体の住民は恵まれた行政サービスを受けることができ、反対に財政状況の悪い自治体の住民は不十分な行政サービスにより不便な生活を余儀なくされることがあります。自治体の財政状況により、住民の受ける行政サービスには格差があるのです。Aさんはホームセンターとガソリンスタンドを、Bさんはガソリンスタンドのみを行政サービスとして開設してもよいと言っているので、X村の財政状況をさらに悪化させてしまうという問題が残ることとなります。

〈 補助金によるサポート 〉

　民間では十分な収入が見込めず経営が困難なのであれば、補助金を支出して経営可能にし、民間で事業を継続できるようにするという方法もあります。

　地方自治法第232条の2において「普通地方公共団体は、その公益上必要がある場合においては、寄附又は補助をすることができる」と規定されており、補助金の支出には「公益上の必要」という要件がかけられています。これは、本来、寄附または補助による自治体の支出が無制限に拡大しないよう、財政運営の秩序を維持するための制約として規定されたものです。「公益上の必要」の有無については、第一次的には予算編成の段階で自治体の長が判断し、最終的には議会が予算の審議の段階で判断することとなります。さらに住民監査請求および住民訴訟により、監査委員または裁判所の判断を受けることとなる場合もあり得ます。

　つまり、補助金は「公益上の必要」が認められる場合のみ、法律上可能となります。よって、ホームセンター、ガソリンスタンドへの補助金に「公益上の必要」が認められるかどうかが問題となります。

B'

現代社会の諸課題［発展編］

〈 他地域との競争 〉

　自治体には公共サービス、自治体経営をめぐる競争関係があります。それぞれ自治体が長期にわたって住民の求める価値を創出し、すぐれた公共サービスやまちづくりを継続的に生み出していくことができるかどうかが問われるのです。人々はこの評価をもとに住むところを決めていくこととなります。すぐれた自治体経営の行われている地域では人が増えていき、逆に自治体経営がうまくいっていないところからは人が去っていく。これは「足による投票」という考え方です。この事例において、公設のホームセンターとガソリンスタンドを開設しない場合、生活が相当不便になるため、他地域に住民が流出し、さらに少子高齢化・過疎化が進み、さらなる村の衰退につながるという恐れもあります。Bさん、Cさんの主張では、X村の住民が村から流出し、ますます過疎化が進む可能性を考慮する必要があります。

〈 有権者の選択 〉

　財源には限りがあるため、どの政策を優先するか、政策を取捨選択する必要があります。そして、選挙において政策の取捨選択が争点化された場合、有権者が投票で選択することとなります。従来の選挙公約は数値目標、財源、期限のない「あれもやりたい、これもやりたい」という要望集であり、選挙における政策論争が乏しい、有権者が政策で判断できない、選挙後も検証できないといった問題がありました。しかしながら近年、候補者がマニフェストという形で具体的な数値目標、財源、期限が明記された政策パッケージを示し、有権者の信を問う選挙のスタイルが浸透しています。これにより「やること」と「やらないこと」をはっきりさせることとなり、限られた財源の中でどの政策を優先するか、有権者が政策を選択することとなります。

　この事例においても、選挙においてマニフェストで示し、選挙の争点としてAさん、Bさん、Cさんの主張のような政策論争が行われ、最終的に有権者が選挙で決定することが考えられます。また、住民投票によって村民の意思を確認するという選択肢もあります。

倫理的視点からの解説

倫理的解説では、少子高齢化や過疎化の問題点、行財政のあり方などについて
どのような視点で向き合うべきなのかを倫理的観点から明らかにします。

必要最小限の行政による施策：リバタリアニズムの考え

　Cさんは「行政サービスの範囲は、警察・消防など必要最小限にとどめるべき
きで、無駄な支出はなるべく減らすべき」だと主張しています。たしかに、財
政規模約10億円の村で2億円も使うことは大きな支出といえます。

　リバタリアニズム (p.83) では、政府の役割を可能な限り小さくしようと試
みます。高齢化率の高い山村とはいえ、住民の多くは自動車で買い出しに行く
ことはできるでしょう。また、住民で話し合って共同購入のシステムをつくっ
て買い出しに行ったり、店から直接配達をしてもらったりするなどの工夫もで
きます。行政のサービスに何から何まで頼ってしまうなら、自治体は財政支出
により破綻してしまうでしょう。

　リバタリアニズムでは住民にしっかりと自助努力をしていくことが求められ
ます。そもそも、そのような過疎化している地域に居住を決めたのはその住民
です。日本国憲法第22条に居住移転の自由が定められているのですから、不便
に感じるのなら生活至便な地域に転居すればよいだけです。自由主義社会では、
愚行権 (p.80) と呼ばれる、当人に不利益があることをする権利があります。
不便な地域に住むのはその人の自由なのだから、それに対して行政がとやかく
言う必要がないと考えるのです。このような愚行権の例には、暴飲暴食やボク
シングなど危険なスポーツがあげられます。本人が体調を悪くしたり怪我をし
たりする可能性がありますが、だからといって大食いするのを警察が止めに入っ
たり、怪我をしないような道具にするために行政が補助金を出すということは
ないのです。

　CさんはX村の財政を維持するためには、住民は相応の自助努力をして行政
の施策にばかり頼らないことを求めているのがわかります。

B'

現代社会の諸課題［発展編］

社会福祉を重視するリベラリズム

　他方、Ａさんは「ホームセンターとガソリンスタンドがないと、住民の生活は相当不便になる。民間での経営が難しいのなら、行政サービスとして開設するべき」と考えています。

　Ａさんはリベラリズム (p.84) の考え方をしていることがわかります。リベラリズムは、リバタリアニズムと同様に個人の自由を尊重しますが、リバタリアニズムと異なり、政府の経済活動への介入や規制を歓迎します。行政にはサービスの供給責任があると考えられ、積極的に公的なサービスを手掛けていきます。

　リベラリズムでは、個人が自由に生きていくための経済的・社会的基盤を保証するためには、政府は積極的に個人に介入するべきであると考えます。ガソリンスタンドは、ガソリンや軽油、冬の暖房器具に使う灯油といった基本的な生活に必要なものを手に入れるために不可欠なものといえます。また、山間部や農村部では農業や林業を生業にしている人が多いことから、都市部に比べてホームセンターの重要性も高いといえます。それらのことを考え合わせると、リベラリズムの観点からは、ホームセンターもガソリンスタンドも行政が運営していくことが選ばれるでしょう。

ロールズの格差原理の考え方から

　リベラリズムの中でもいくらかの意見の違いがあります。Ａさんの意見は山間部の住民も都市部の住民と同じような都市機能が必要だと考えています。これは結果としての平等の実現を目指しているといえるでしょう。対して、平等の実現そのものではなく、不平等の是正という観点から見ているのがロールズの格差原理 (p.43) です。

　ロールズはリベラリズムの観点から、格差原理において「もっとも不遇な人々の最大の便益（便利で利益があること）に資するようにしないといけない」としました。人間が何者でもない原初状態において、人々はなんらかの判断をするときに無知のヴェールをかけて、社会的・経済的に不遇な立場である場合を考慮して格差原理を選ぶ、という主張です。

　日本の人口比の多くは都市部に偏っています。多くの国民は都市部に住む立

場から政策を考えがちです。しかし自分の立場を原初状態において、その考え方に無知のヴェールをかけてみましょう。もし、自分がＸ村に生まれていたら、ガソリンスタンドのない生活に耐えられないでしょう。そのため、ガソリンスタンドは公設するべきであると判断するでしょう。一方、ホームセンターがないことはそれほど不遇な状況であるということはできない、耐えられる範囲の不便であるとするなら、開設する必要はないといえます。

　無知のヴェールがかかった状態でなされた判断は公正である、とロールズは考えます。これはロールズのいう「マキシミン・ルール」（p.43）が働き、最悪の状態をよりよくしていく選択肢を採用するように命ずるからです。Ｘ村の住民にとって、最悪の結果よりはすぐれている選択肢、すなわちガソリンスタンドが公設される判断が選ばれることになるといえます。

　これはＢさんの「ガソリンや軽油、灯油は村の人の生活に最低限必要なものなので、ガソリンスタンドは行政サービスとして開設することが認められる。一方、ホームセンターで買うものは、食料品と違って生命にかかわるものではないし、腐るものでもないから、行政サービスとして開設する必要はない」という考えにもっとも近いものです。

B′

現代社会の諸課題 ［発展編］

205

B' [発展編] - 3　財政赤字問題

財政赤字が続く日本が経済破綻しないため どんな政策を考えたらよいだろうか

討議事例

　Ａさん、Ｂさん、Ｃさん、Ｄさんのクラスでは、国の財政に関する授業が行われ、以下について学びました。

・国の一般会計の歳出と税収の推移は、バブル景気が崩壊した1991（平成3）年頃からその差が拡大し、2021（令和3）年度は当初予算ベースで49兆円にのぼる。

・財政の健全化のバロメーターとして、プライマリー・バランス（基礎的財政収支）という指標がある。この指標では、国債発行額を除く税収等で社会保障や公共事業などさまざまな行政サービスを提供するための経費を賄えているかどうかを見る。日本では、プライマリー・バランスの均衡を達成するためには、2021年度で税収が20兆円不足している。

・国債による借金を現在の世代（今生きている日本人）で全額返済しようとすると、赤ちゃんまで含めた国民一人ひとりから約790万円を徴収しなければならないこと。

・国と地方を合計した政府全体の債務残高の対GDP比を見ると、日本の財政は主要先進国の中で最悪の状況にあること。

　授業のあとに、財政赤字の問題についてそれぞれの考えを出し合ってみました。

Ａさん「現在のように国が毎年何十兆円もの借金をしていたら、いずれ大変なことが起こるに違いない。今の大人世代はいいかもしれないけれど、将来困るのは私たちの世代なんだから、大人たちには今のうちからできるだけ借金を減らしておいてほしい」

Ｂさん「でも、財政が破綻するってずいぶん前から言われているけど、何も起こらないじゃないか。それよりも財政再建のために、消費税率

をこれまで以上に上げたり、おじいちゃんの年金が減らされたりする
ほうが困るよ。とりあえず今のやり方は変えずに様子を見て、財政再
建には何かが起こってから取り組めばいいんじゃないかな」

Cさん「たしかに財政再建は必要だと思うけれど、消費税率を上げるこ
とでかえって景気が悪くなっては元も子もないよね。まずは、政府や
日銀が進めている金融緩和などの景気を刺激する金融政策を続けて、
景気をよくすることが先決だと思う」

Dさん「とはいえ、金融緩和
による景気刺激策だけで
は、プライマリー・バラン
スの均衡は達成できない
よ。当面、国の借金を減
らすのは無理としても、
まずはプライマリー・バラ
ンスが均衡するところまで、
徐々に消費税率を上げて、
税収を増やしていく必要が
あるんじゃないかな」

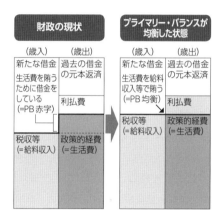

B'

現代社会の諸課題〔発展編〕

 ## 学習のポイント

● 主要先進国で最悪の財政赤字をかかえながらも、日本の財政が破綻しないメ
カニズムについて理解する。

● 財政危機が起きることによって生じる問題について学ぶ。

● 財政赤字のリスクと財政再建にともなう痛みのバランスをとりながら、どの
ように財政再建に取り組んでいくかについて議論する。

政治・経済的視点からの解説

政治・経済的解説では、テーマとして取り上げている政治・経済的な事象について、具体的にそのできごとの背景や内容の解説を行っていきます。ここでは、財政赤字が問題化した背景や現在の日本の経済的状況などについて解説します。

国の借金の現状

バブル景気が崩壊した1991（平成3）年頃から、景気対策による歳出増と不景気にともなう税収の落ち込みにより、国の一般会計の歳出と税収の差が拡大しています。その後の景気の回復にともなって歳出と税収の差は多少縮小しましたが、2008（平成20）年のリーマン・ショック後に再び拡大しました。

国債残高は2021年度末に990兆円に達し、これを現在の世代（今生きている日本人）で全額返済しようとするなら、赤ちゃんまで含めた国民一人ひとりから約790万円を徴収しなければならない計算になります。

他方、2019年度に国債残高は6兆円増加することが見込まれていますが、前年度末の国債残高に比べれば0.6％の伸びにすぎません。したがって、これを上回る名目GDP成長率が達成できれば、国の債務状況の目安となる国債残高の対

普通国債残高の推移

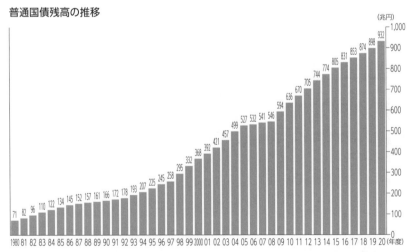

財務省資料より作成

208

GDP比率が上昇することもありません。つまり、順調な経済成長が続く限りは、この程度の国債残高の純増が日本の信用度を低下させるおそれは小さいとも考えられるわけです。

　国と地方を合計した政府全体の債務残高の対GDP比を見ると、2018年度の日本の債務残高の対GDP比は240％と、他の主要先進国の2倍以上という驚異的な高さです。これは債務危機に陥った2009年当時のギリシャの対GDP比140％をも大きく上回っています。たしかに、日本政府は資産をたくさん持っているから債務が大きくても大丈夫という議論もあります。しかし、政府の債務から金融資産を除いた純債務のGDP比で見ても、債務危機が噂されているイタリアと同水準であり、主要先進国の中で最悪の状況にあることに変わりはありません。

国の財政を家計にあてはめてみると

　国の財政状況を月収33万円の家計にたとえてみると、月々の生活費に37万円支出していることになるため、これだけですでに月収を上回っています。これに加えて、これまでの借金の利払い4万円と元本の返済7万円があるため、月々の総支出は48万円にのぼり、その差額を埋めるために借金を重ねているのです。一方、借金残高は5,000万円を超えていますから、月収33万円の家計は、とっくに破綻していてもおかしくありません。破綻せずに済んでいるのは、将来的に日本政府は増税や経済成長によって収入を増やすことができると信じられているからです。

現在の家計の姿

財務省資料より作成

財政危機に陥ると何が起こるか

　順調な経済成長が続く限り、日本の信用度が低下するおそれは小さいと前述しました。しかし逆にいえば、経済成長が途切れれば日本経済への信用が失われ、財政危機に陥る可能性があるということです。2009年のギリシャの債務危機は、リーマン・ショックを契機に始まりました。財政危機に陥ると何が起こるかは、ギリシャの経験から学ぶことができます。不況のときは拡張的な財政政策が求められますが、財政危機に陥り国債利子率の急騰に見舞われたギリシャ政府は、借金の返済を優先するために緊縮財政をとらざるを得ませんでした。そのため経済情勢がさらに悪化し、失業率は一時30％近くまで上昇しました。大規模な増税が行われると同時に、年金などの歳出が大幅にカットされたため、国民生活が目に見えて悪化していったのです。

　ユーロ圏に属するギリシャは独自の通貨を発行することができないため、日本とは事情が異なるという意見もあります。たしかに日本では、財政危機が起こっても日銀が国債を買い支えることで、しばらくは利子率の急騰を抑え、財政支出の削減を回避することができます。しかしながら、経済危機の下で日銀による国債買い入れと財政支出の拡大が続けば、いずれは貨幣の信用が失われてインフレーションの高進を招くことになります。2018年に財政危機に陥ったベネズエラでは、歳出削減を避けるために貨幣を印刷し続けたため、ハイパー・インフレーションが起こりました。ベネズエラの国会は、2018年にインフレ率が170万％に達したと公表しています。ハイパー・インフレーションは、交換の尺度や価値の貯蔵という貨幣の基本的な機能を損なわせてしまうため、実体経済にも深刻な影響を及ぼします。

現在の日本と財政危機

　日本で財政危機が起これば、そうした事態にいたる前に日銀は国債の買い入れを停止し、政府は増税や緊縮財政に転換することを余儀なくされるでしょう。
　財政赤字の累増は、たとえるならば人体の免疫機能が失われていくことに似ています。経済が健康なときには大きな影響は出ませんが、いざ不況や大災害などの病に直面すると、免疫機能が働かないため命にかかわる状況に陥るのです。

日本が財政危機に陥る可能性は、当面それほど高くはないといわれてきました。しかし、リーマン・ショック後すでに10年以上が経過しており、過去の経験に照らせば、いつ次の不況がやってきても不思議ではありません。

南海トラフ地震や首都直下型地震が、今後30年間に70〜80％の確率で発生するといわれており、大型自然災害の潜在的な危険性はかなり高いといえます。また、新型コロナウイルスの影響により、今後の日本経済に大きな転換が起きる可能性もあります。もちろん大規模な自然災害や不況が起きても、それがただちに財政危機に直結するわけではありません。日本は、こうした困難をあと数回は財政危機なしで乗り越えることができるかもしれません。ただし、たしかにいえることは、財政赤字が悪化すればするほど、次の大災害や不況によって財政危機に陥る確率が上昇するということです。財政再建に取り組むということは、こうした社会的な困難にどう備えるかという問題でもあるのです。

財政赤字と政治、そして現代貨幣理論（MMT）

国の財政が危機的状況にあることは誰もが認識しています。経済成長による増収という形で解決できればよいのですが、高齢化問題や人口減少問題に直面している日本にとって、簡単なことではありません。したがって、現実的な財政再建策は、増税か歳出削減ということになります。この政策は、短期的には国民に痛みを強いることになるため、政治的に極めて不人気で、可能な限り先延ばししようとする政治的な思惑が働きます。こうした事態を避けるためには、超党派合意に基づいて財政の削減ルールを決めるなどの工夫が必要でしょう。

近年では、インフレーションが起きない限りは自国通貨建ての国債発行は問題なく、インフレーションが起きた場合には貨幣供給量を調整することでコントロール可能であると主張する経済理論（現代貨幣理論〈MMT〉）が登場しています。これは財政赤字の拡大を理論的に擁護する動きともいえます。しかし、インフレーションをコントロールするために、国民にどのような痛みが強いられるかについては、十分な議論が行われていないようです。

B′

現代社会の諸課題〔発展編〕

討議事例についての考え方

　Aさん、Bさん、Cさん、Dさんの主張について考えてみましょう。

　「できるだけ借金を減らすべき」というAさんの主張は正論ですが、どうやって借金を減らすのかという具体論が必要です。一方、「様子を見よう」というBさんの主張は、短期的にはおそらく問題ありませんが、それを続けることは不都合な事態の先延ばしともいえます。夏休みの宿題を放置していても、始業式の前日に魔法使いが出てきて宿題を仕上げてくれるということはあり得ません。財政危機が起こるまで問題を放置したギリシャでは、国民生活に大混乱が生じています。

　「消費税率を上げたことでかえって景気が悪くなっては元も子もない」というCさんの主張には、誰も反対できませんが、一方で、「景気刺激策だけではプライマリー・バランスの均衡を達成できない」というDさんの主張も正しいものです。消費税1％は国の税収2兆円に相当するので、プライマリー・バランスの均衡を達成するには、さらに数％の税率の引き上げが必要となります。実際には、このような大幅な増税は景気に相当なマイナス効果を与えます。プライマリー・バランスを達成するための施策は、景気に与える影響を最小限にしながら慎重に進めていかなければならないでしょう。

　現在の日本は財政赤字にともなう大きなリスクに脅かされていますが、そうはいうものの巨額の借金を一朝一夕に返済することはできません。増税や歳出削減にはデフレ効果があるので、財政再建には辛抱強く取り組んでいかなければならないのです。日本はすでに人口減少社会に突入していますが、人口減少も財政赤字問題を構造的に悪化させる要素の一つです。財政再建には人口政策なども含めて、長期的かつ多角的な視点で取り組むことが必要でしょう。

倫理的視点からの解説

倫理的解説では、国家が健全な機能を維持するために、財政赤字についてどのような視点で向き合うべきなのかを倫理的観点から明らかにします。

1. 国家の役割と財政問題

国家の役割 －社会契約論より

　社会契約論 (p.46) によると、自由な個人は自分の生存環境を安定させるために、法制度が整った社会状態を選択します。そうした個人が互いに社会契約を交わすことによって形成された社会状態を安定的に維持する役割を委託されているのが国家であり、より厳密には政府です。ホッブズ (p.48) のいうように、無政府状態の人間はお互いに命を奪い合うような争いをしかねないのだと考えれば、国家は強大な力を保持し、その力で国民の生存を保障しなければなりません。ロック (p.51) が想定するような、互いの所有権を認め合う理性的な人間であっても、所有権をめぐるもめごとはつきもので、それが骨肉の争いになることはまれではありません。ですから、国家が国民の生命・自由・財産を守るという役割を果たすことは、国家の国民に対する義務といえます。

　このような社会契約論からすると、国家の存在する第一の目的は国民の生存の保障です。それは最低限の収入を保障することでもありますし、福利厚生など、国民全体の利益となる公共サービスを提供することでもあります。また、人間は時にお互いの所有権を脅かすこともありますから、人間関係のトラブルを調整することも国家の大事な役割です。

財政問題の位置づけ

　国家が以上のような役割を果たすためにはお金が必要です。徴税などによって必要な資金を調達し、それを元手に公共サービスを適切な規模で運営することが国家の大切な役割になります。財政問題とは、狭い意味では国家の収支にかかわる問題ですが、より本質的な意味では国家の事業全体にお金の面から光をあてたときに見えてくる問題のすべてともいえます。つまり、国家の役割を

B'

現代社会の諸課題 ［発展編］

果たすための財源管理の問題こそが財政問題なのです。この観点からすると、単に赤字を減らして黒字に転じることだけではなく、どのような支出が適切かも考えないといけないといえるでしょう。財政の健全化だけをもって国家の健康指標にすることはできないのです。

2．財政赤字が増えることの何が問題か

借金の功罪・損得勘定

　以上を踏まえ、財政が健全であるとはどういうことか考えてみましょう。まず確認しておきたいことは、借金はよいことにもなり得るということです。戦後の日本は、国際社会から借金をして高速道路や新幹線などの交通網を整備し、1964（昭和39）年の東京オリンピックを開催することができました。こうした借金により、国民生活は豊かになったといえます。これは、功利主義（p.16）の視点からすれば、借金をすることによって赤字が増えたという点ではマイナスですが、大勢の人を幸せにしたのだから、結果的にプラスの部分が大きく、よいことだと評価できるでしょう。

　財政再建は何かが起こってからすればよいというBさんの意見に沿うと、現時点では社会的な効用がもっとも大きくなるといえます。消費税も上がりませんし、社会福祉はしっかりと手当てされるので、最大多数の最大幸福が成立しています。しかし一方で、このやり方は将来に大きな問題を引き起こす可能性があります。例えば100年後の日本では、国の財政破綻によりほとんどすべての社会福祉が切り捨てられ、反対にさまざまな税率が驚くほど上がっているかもしれません。その時点においては、全体の効用の観点から見ると、Bさんの意見は間違っていたということになるでしょう。

　功利主義は、その行為によってよいことが結果的に起きるという予測が実行されるための必要条件とされる帰結主義に分類されます。財政再建に取り組まないことが将来的にも効用が大きくなると判断しているのなら、功利主義的にもその選択は正しいといえます。他方、将来的には国の財政が破綻し、国民全体の効用が著しく下がると予測しているのなら、功利主義的にもその選択は誤っているといえます。

借金を重ねることの問題点　－財政再建の必要性

　国民の幸福につながる事業を行うためであれば、いくらでも借金をしてよいということにはならないはずです。

　義務論を唱えたカント (p.29) は、他人に対する完全義務 (いかなる事情のもとであれ、必ず従わなければならない義務) の例として、返済が不可能であることを知りながら借金してはいけないことを挙げています。

　カントからすると、いつでもどこでも例外なく通用するものだけが義務で、理性的な人間は義務に基づいて行動すべきなのです。返せないのに借金をすることは嘘の約束をするということですから、禁じられます。嘘の約束をしてもよいというルールは、いつでもどこでも誰にでも通用する普遍的なルールにはなり得ません。なぜなら、みんなが嘘の約束で借金をしようとする社会では、みんなが金を貸そうとは思わないので、借金そのものができなくなるからです。返せないのに借金をするという嘘の約束をしたいと思っている人は、約束が守られる世界で、自分だけが嘘をつくことによって例外的に得をしようとする不道徳な人間だとカントは指摘します。カントは返せない借金をすることは、本人にとっては幸福と一致したとしても、正しいことではないと断じています。

　カントの考えに沿うと、国民にとって必要不可欠な事業を展開するための借金であったとしても、踏み倒すことを前提にした借金は許されることではありません。国家の財政に多大な借金をかかえたままでいることは、国家事業の信頼を維持するためにも不健全なことといえるでしょう。

将来世代に借金を先送りすることは許されるのか　－世代間倫理の視点

　もう一つ問題となるのは、将来世代に対する責任の問題です。この財政赤字の解消を将来世代に託すことは許されるのでしょうか。ここでは、責任の項 (p.88) で述べた世代間倫理の観点から考えてみましょう。世代間倫理とは、現在世代の将来世代に対する責任についての倫理学的な考えのことです。

　将来世代に借金を先送りするような問題については、同じ時代に生きている人同士の相互の契約に基づく責任とは別の原理によって考える必要があります。ヨナスは、乳飲み子に対する親の責任こそが責任の原型であると考えました。

B'

現代社会の諸課題［発展編］

乳飲み子の生存は全面的に親のかかわりに依存しています。このような一方的な依存関係にある場合、依存されている者は、依存している者に対して全面的に責任を負います。同様の例はバスの運転手などにもあてはまります。乗客はバスに乗っているかぎり運転手の運転するバスの影響が及ぶ範囲にあり、無謀な運転は乗客に対して無責任だと非難されるでしょう。

　これと同じように、現在世代は将来世代に対して全面的に責任を負う、というのが世代間倫理の考え方です。この立場からすると、将来世代に借金を先送りすることは許されないことといえるでしょう。

 ## 討議事例についての考え方

　Aさんの主張に倫理的観点から着目すると、将来世代に対する責任という問題を提起していることが評価できます。ですが、この借金は前の世代から押しつけられたものでもあります。この不幸な関係をいかに断ち切るかを誠実に考えるなら、多角的でバランスのとれた解決策を図るしかありません。

　Bさんの主張には、消費税率が上がったり、年金が減らされたりすることによって生活を脅かされる人に対する配慮がうかがえます。ここから最大多数の最大幸福をめざす功利主義へと発展させることもできるでしょう。

　Cさん、Dさんの主張は、Aさん、Bさんの主張が観念的なものであった部分をより具体的に考察したものです。どの程度の施策をすることが適切かという部分で意見の相違が出ています。

　これら4人の観点から抜け落ちているのは、国家の役割からして何をすべきか、という社会契約論の視点です。赤字を解消することは健全な国家事業を維持するための手段であって目的ではありません。国家の税収が増えて借金が減ったとしても、その結果、一部の国民の生活破綻を招くのであれば、そうして維持される国家はもはや、まともではありません。「木を見て森を見ず」にならないように注意したいものです。

Column

破綻しないが前進しない、日本経済の不思議

日本で利子率が上昇しない秘密

　財政危機や財政破綻の危険性は、国債発行額が急増した1998（平成10）年度あたりから指摘されるようになりました。国債が急増すると、国の信用が失われて利子率が急騰し、それ以上の借金ができなくなり厳しい緊縮財政を余儀なくされるとか、緊縮財政を避けるために日銀が国債を引き受けることになれば、今度は貨幣の信用が失われてハイパー・インフレーションが起こると喧伝されました。

　ところが、それから20年が経過し、借金総額は当時の3倍に膨れ上がっていますが、国債利子率はいっこうに急騰する気配がありません。それどころか、代表的な長期債である10年物国債の利回りは0％前後にとどまっています。これには、いくつかの原因が考えられますが、まず日本経済の国際競争力が高く、保有する対外純資産額も世界一であることから、国に対する信用度が高いということが挙げられます。日本人の貯蓄好きという国民性に加えて、日本経済が人口ボーナスの時代から人口オーナスの時代といわれるようになって、総需要が伸びなくなっているという構造的な問題もあります。総需要が伸びないと資金需要も伸びないため、お金の価格である利子率も上がりません。さらに、日銀が「長期金利操作付き量的・質的金融緩和」政策をとってきたことも影響しています。日銀が市場の国債を大量に買い上げることで、長期金利の水準を人為的に抑える効果があるのです。

　国債残高が大きくなると、利子率の変動が財政状況を大きく左右します。現在国債残高は約1,000兆円ですから、利子率が5％上昇すると利払い費は50兆円増加することになります。2021（令和3）年度の国の一般会計の歳入歳出総額は107兆円ですから、5％の利子率の上昇は歳入を5割近く増加させるか、歳出を5割近く削減しなければならないことを意味するのです。他方、現在のようにゼロ金利が続いていると、国はあまり財政への影響を考えずに借金を増やすこ

B'

現代社会の諸課題［発展編］

とができます。つまりモラル・ハザードが起こりやすい状況が続いているわけですが、歴史を振り返れば今の状況がいつまでも続く保証はありません。

日本でインフレーションが起こらない秘密

　日銀の量的・質的金融緩和の本来の目的は、マネタリー・ベース（現金と金融機関が日銀に預けている当座預金の合計）の拡大を図ることでデフレから脱却し、安定的に2％を超える消費者物価上昇率を達成することです。そのため、日銀はマネタリー・ベースを2011（平成23）年から2018（平成30）年にかけて100兆円から500兆円まで5倍に増大させました。ところが、財政危機の議論の際に懸念されていたようなインフレーションの高進は、いっこうに起こる気配がありません。それどころか、消費者物価上昇率は、2021年4月の前年同月比で0.4％にとどまり、2％の政策目標からはほど遠い状況です。インフレーションが発生しないのは、金利水準がほぼゼロになっているため、マネタリー・ベースを増やしても、それ以上金利を下げて投資需要を喚起することができないためです。もちろん、日銀の買いオペレーションで国債を売却した銀行はそのお金をほかに振り向けなければなりませんが、民間の資金需要が弱いため、ほとんどのお金は日銀に当座預金として戻ってきてしまいます。

　また、総需要が伸びない状態が続くと、人々の間にデフレ・マインドが定着して物価がますます上がりにくくなります。さらに、グローバリゼーションの進展で、発展途上国において低賃金で製造された低価格の輸入品が大量に入ってくるようになったことも物価の安定に寄与しています。

［発展編］ B' - 4 　長時間労働と働き方改革

日本の働き方は どのように変わっていくのか

討議事例

　2019(平成31) 年4月から、新しい働き方について定められた「働き方改革」がスタートしました。日本政府が掲げる働き方改革では、長時間労働の是正、正規社員と非正規社員の不合理格差の是正、女性や高齢世代の活用による労働人口不足の是正などが目的とされています。とくに長時間労働の是正は、女性の活躍推進や生産性の向上の議論とも深く結びついており、さまざまな検討がなされています。多くの企業が働き方について新たな取り組みをしている一方で、労働環境が極端に悪い職場を意味する「ブラック企業」という言葉が流行し、長時間労働による過労死や過労自殺もあとを絶ちません。

　長時間労働と働き方改革について、授業で学んだ生徒たちが放課後に話をしています。

Aさん「私の親は、朝は6時半には仕事に出かけて、帰ってくるのはいつも夜の10時か11時。仕事が忙しいみたいで、こんな状態が何年も続いているんだ。最近は顔色も悪いし、「疲れた」とよく言っているから心配」

Bさん「それは今日の授業で聞いた過労状態じゃないかな。先生も、そういうときは仕事を休まないと過労から病気になるって言ってたよね。そんなブラック企業、辞めたらいいんだよ。僕の叔母は夫婦2人で働いて子どももいるけど、会社が働きやすい勤務シフトにしてくれてるらしいよ。そういう企業に転職すればいいんだよ」

Aさん「若いうちなら転職は可能かもしれないけれど、中高年の世代では難しいと思う。転職できても給料が下がったり、自分がしたい仕事に就けなかったりするらしいし」

Bさん「過労死が出るような企業は、国がもっと規制をすればいいんだ」

Aさん「そんな簡単な問題ではないように思けどな」

学習のポイント

- 長時間労働の実態と原因について学ぶ。
- 働き方改革の概要を知る。
- カントの人間性の原則から労働問題を考える。
- マルクスによる労働からの疎外について理解する。

 政治・経済的視点からの解説

政治・経済的解説では、テーマとして取り上げている政治・経済的な事象について、具体的にそのできごとの背景や内容の解説を行っていきます。ここでは、日本の長時間労働の実態と働き方改革について解説します。

1. 長時間労働とそのリスク

日本の長時間労働の現状

現在の日本の年間総実労働時間は1,700時間台半ばであり、過去に比べて減少する方向で推移しています（厚生労働省「毎月勤労統計調査」）。この数字だけを見ると、日本における長時間労働は一般的なものではないように思えます。しかし労働時間が減少している原因は、1996（平成8）年頃から正社員に比べて労働時間が短いパートタイム労働者の比率が高まったことなどにあると考えられています。

2015（平成27）年には週60時間以上働いている人は450万人で、全体（5,474万人）の8.2％もいました（厚生労働省「毎月勤労統計調査」）。週60時間働くということは、週休二日制で勤務時間が1日8時間の会社で考えると、毎日4時間の残業をしていることになるので、長時間労働といえます。この週60時間以上の労働は、30代の男性に限っていえば、115万人（16％）におよび、子育て世代に労働の負担が重くなっているのがわかります（厚生労働省「毎月勤労統計調査」）。

　海外と比較すると、週49時間以上働く人の割合は、日本21.3％、アメリカ16.4％、イギリス12.5％、フランス10.4％、ドイツ10.1％となっています。欧米諸国に比べて、日本人には長時間働く傾向があることがわかります（労働政策研究・研修機構「データブック国際労働比較2016」）

1人あたり平均年間総実労働時間（就業者）

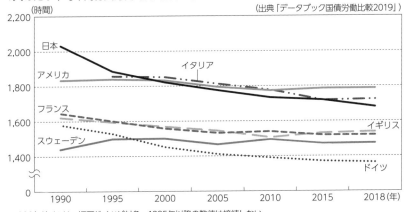

（出典「データブック国債労働比較2019」）

＊1990年ドイツは、旧西ドイツが対象。1995年以降の数値は接続しない。
＊2015年は推計値。

長時間労働と過労死

　長時間労働が精神や肉体に悪影響を与えることは広く知られています。長時間にわたる労働により、脳内出血などの脳血管疾患や心筋梗塞などの心臓疾患が引き起こされ、うつ病などの精神障害を発症したりすることがあります。労働災害として公的に認定されるのは氷山の一角であり、公的に認められてはいないものの過労が原因と考えられる病気で死亡した人や重い後遺症が残った人、自殺（未遂も含む）をした人は数万人に達しているといわれています。

　病気や死亡にいたるリスクが高まるとされる時間外労働時間を指して「過労死ライン」といいます。これは労働災害認定の目安となっていて、発症前の1か月間に約100時間、または発症前の2〜6か月間に1か月あたり80時間を超える時間外労働がある場合、業務と発症に関連性が強いと考えられています。

　日本の労働基準法では、法定労働時間は1日8時間、週に40時間までと決め

B′

現代社会の諸課題［発展編］

られています。勤務時間が午前9時から午後6時までの場合、食事休憩を1時間とると実労働時間が8時間になります。週休二日制で1週間に5日間働く人を例にしてみると、1か月に20日以上は働くことになるので、1日4時間の時間外労働で過労死ラインに到達するわけです。途中で1時間の食事休憩をとって、午前9時から午後10時まで働くかたちといえばわかりやすいでしょう。土曜日と日曜日に休日出勤すれば、午後10時まで働かなくても、より少ない日数で過労死ラインに到達してしまいます。

このように1日のほとんどを仕事に費やしていると、炊事・洗濯などの家事労働、育児・介護などに十分な時間を割くことが難しくなります。また、町内会やPTAなど地域の活動に参加する時間もとれなくなるでしょう。仕事に偏りすぎた生活は生命の危険だけでなく、家庭や地域で生きる人間の役割を制限してしまうという問題もあります。

2. 日本に長時間労働が多くなる要因

需要拡大時と不況時の対応の比較

日本の労働者の労働時間が長くなる原因は、日本企業の需要拡大時の対応のしかたにあるといわれています。アメリカ、ドイツ、日本では需要拡大時と不況時の対応が大きく異なります。

製造業の場合、アメリカでは需要拡大時（客が多いとき）には、価格を上げて客が買わないようにして需要を減らし、不況時（モノが売れないとき）には従業員を解雇して利潤を確保する傾向があります。アメリカでは、一時的に従業員を解雇できる「レイオフ」という雇用の慣習があります。日本では法的規制や労働者保護の観点から、レイオフというシステムはあまり浸透していません。

ドイツではアメリカ型と異なり、不況を想定して生産能力を設定しているため、不況時においてもレイオフをしません。しかしそのかわり、需要拡大時には製品やサービスの提供に時間がかかり、顧客を待たせることになります。従業員の雇用は確保されるものの、顧客は製品やサービスがなかなか手に入らず、顧客としては不便を強いられることになります。

日本では「顧客第一主義」という言葉がしばしば用いられ、ビジネス慣習とし

て、顧客に対して最善を尽くすことが根づいています。そのため、需要拡大時にアメリカのように価格を上げたり、ドイツのように顧客を待たせたりすることは、日本のビジネスにおいてタブーとされています。そこで、シェア（市場占有率）を維持するため、需要拡大時には従業員に残業させて対応することが多いようです。

恒常的に足りない人員

　労働政策研究・研修機構による2016（平成28）年の調査では、所定外労働が発生する理由として①「業務の繁閑が激しいから、突発的な業務が生じやすいから」（64.8%）、②「人員が不足しているから」（50.9%）、③「仕事の性質や顧客の都合上、所定外でないとできない仕事があるから」（47.1%）が上位の回答になっています。「残業手当や休日手当を稼ぎたいから」は13.7%で、進んで所定外労働を行っている人はごく少数です。50%以上の人が「人員が不足している」と答えているということは、所定外労働は日常的に発生していると考えられます。では、なぜ新規に従業員を採用しないのでしょうか。

　需要拡大や突発的な業務が生じたときに新規に従業員を採用しない企業が多いのは、日本では労働者が労働契約法などの法律に守られているためです。一度採用した従業員を容易に解雇することができないため不用意に従業員数を増やすことは不況時に負担になりますし、逆に不況時には従業員が少ないほうが支出を抑えられます。そのような企業では、需要拡大や突発的な業務が生じたときには、正規社員に時間外労働を課すことで乗り切るしかありません。そのかわり、正規社員には長時間労働と引き換えに、不況になって企業に赤字が出たとしても雇用が維持されるというメリットがあります。

日本の社会規範と職場の同調圧力

　日本の場合、職場での人間関係も長時間労働の一因となっています。
　自分の仕事が終わった従業員がいたとしても、職場の仲間の仕事が終わっていない場合に周りを手伝わずに退勤するのは、チームワークを乱すという罪悪感をもたらして帰れないといったこともあるようです。ここで人々の心の中に占めるのが、同調圧力という相互監視と相互配慮が結びついた人間関係です。

B′

現代社会の諸課題［発展編］

日本ではみんなで助け合って同じ目標のために働くことがよしとされています。そのような環境では、従業員同士が監視し、そして配慮するという相互依存関係が成り立ちます。互いの仕事の過不足を監視して、足りない部分は余裕のある従業員が配慮するという関係です。

　日本では、幼少の頃からグループの協調を乱すことは悪いことであるという教育がなされています。小学校では、生徒が4～5人の小グループをつくり、授業中に相互に勉強を教え合ったり、遠足などの課外活動では互いを補助し合ったりすることが求められます。そのような雰囲気の中では、自分のことだけに集中してグループ内のメンバーに配慮しないことは、自分勝手な調和を乱す行動として忌み嫌われることになります。このような社会規範が一般的である日本では、職場の中でも自分の出世だけを考えた行動や、周りを差し置いて自分だけが楽をする行動に対して厳しい目が向けられることになるのです。

　従業員が相互に配慮と監視をする同調圧力が働いている職場では、職場に残って仕事をする人がいる限り、他の人も帰宅できずに働き続けることになります。

3．働き方改革による取り組み

働き方改革を推進するための関係法律の整備

　日本は少子高齢化が進んできたため、企業などで働く人の数が減少していく社会になってきました。一方、これまで企業では長時間労働が蔓延し、育児や介護などの家庭生活と仕事のバランスをとることが難しい状況が長く続いてきました。働く人それぞれの事情に応じた多様な働き方を選択できるようになれば、仕事を新たに始めたり、仕事を退職することなく続けたりする人も増えることが期待できます。

　そのような社会的な要請によって生まれたのが、働き方改革です。働き方改革は、「一億総活躍社会の実現に向けて」というフレーズを用いて、すべての人が働きやすい社会を目指すものです。そのために、2018（平成30）年に「働き方改革を推進するための関係法律の整備に関する法律」が成立し、長時間労働の是正、多様で柔軟な働き方の実現、雇用形態にかかわらない公正な待遇の確保などが規定されました。

長時間労働に対する規制

　日本は前述のとおり、長時間労働が横行する状況にあります。そのため育児や介護を担うために不本意ながら退職する人も多く見られ、仕事（ワーク）だけになるか生活（ライフ）だけになるかの二択になりがちで、ワークとライフのバランスをうまくとることが難しいといわれてきました。働き方改革では、長時間労働による働き過ぎを防ぎながら、ワーク・ライフ・バランスがとれる社会づくりを目指しています。人々が自分の希望する時間数、地域、職務内容などに沿って働けるよう、多様で柔軟な働き方を実現することが目標とされています。

　そのため働き方改革関連法では、下記のような労働時間法制の見直しを行っています。

①残業時間の上限を規制します。残業時間の上限は、原則として月45時間・年360時間とします。

②「勤務間インターバル」制度の導入をうながします。これは1日の勤務終了後、翌日の出社までの間に、一定時間以上の休息時間（インターバル）を確保するしくみです。これにより働く人は十分な生活時間や睡眠時間をとることができます。

③労働者1人につき、1年に5日間の年次有給休暇の取得を企業に義務づけます。

④月60時間を超える残業は、割増賃金率を引き上げます（25％→50％）。これによって企業に残業を避ける誘因が働きます。

⑤働く人の健康を守るために、労働時間の状況を客観的に把握するよう企業に義務づけます。

⑥一定の範囲内で始業・終業時刻や働く時間を、労働者自身が自由に決めることができる「フレックスタイム制」を拡充します。

⑦金融商品の開発業務などの専門的な職業であり、かつ高収入の人には、自律的で創造的な働き方である「高度プロフェッショナル制度」を選択できるようにします。高度プロフェッショナルにあてはまる職業の人は、労働時間や休日などについての規制が適用されないので、より自由な働き方ができます。

　これらの施策によって生産性を向上させつつ長時間労働をなくしたうえで、人々が仕事や生活を充実させていくことが期待されます。

雇用形態にかかわらない公正な待遇の確保

　1日8時間労働が課せられるフルタイムの働き方は、育児や介護をかかえた人には労働時間の長さから働き続けるには厳しいものがあります。他方、パートタイムでの働き方を選んでも、フルタイムの仕事と同様の責任感や仕事量を任されながら、賃金が不当に安くなることもあります。

　そこで、同一企業内における正社員（無期雇用フルタイム労働者）と非正規社員（パートタイム労働者・有期雇用労働者・派遣労働者）の間での、説明のつかない賃金や働き方などの差をなくす必要が出てきました。働き方改革では、どのような雇用形態を選択しても、労働者が賃金や働き方について納得して働き続けられるようにすることを企業に要請しています。多様で柔軟な働き方を選択できるようになれば、多くの人々が仕事を継続しやすくなるからです。そのため、下記のような部分を現行の規制から改正しました。

①不合理な待遇差をなくすための規定の整備

　同一企業内において、正社員と非正規社員との間で、基本給や賞与などのあらゆる待遇について、不合理な待遇差を設けることが禁止されます。

　非正規社員とは、1週間の所定労働時間が正社員に比べて短いパートタイム労働者、企業と期間（上限は原則3年）を定めて労働契約を結んでいる有期雇用労働者、派遣元企業から派遣されている派遣労働者のことをさします。

　待遇とは、仕事の内容、その仕事への責任の重さ、仕事の内容の変更、働く場所の変更、賃金などのことです。正社員と非正規社員とで説明のできない待遇の差をつけてはいけないということです。例えば、パートタイム労働者であるのに、正社員と働く時間も、仕事の内容も、仕事への責任の重さも同じでありながら、不当に安い賃金しか支払わないということはこの規定では許されません。

②労働者に対する、待遇に関する説明義務の強化

　有期雇用労働者を雇い入れるときに、雇用管理上の措置の内容（賃金、教育訓練、福利厚生施設の利用、正社員転換の措置等）について、企業は労働者に説明をしなくてはいけません。

　また、非正規社員が正社員との間の待遇差の内容・理由等を企業に説明する

ことを求めた場合、企業はその説明をする義務を負うことになりました。加えて、説明を求めた労働者に対する不利益取扱いを禁止しました。この施策によって、非正規社員が正社員との待遇の差を不当なものと感じれば、企業に説明を要求できるようになり、説明ができない不合理な待遇差をなくしていくことができます。

③行政による事業主への助言・指導等、事業主と労働者との間の紛争を裁判せずに解決する手続き（裁判外紛争解決手続〈行政ADR〉）の整備

　上述の規制があるにもかかわらず、正社員と非正規社員との間に不合理な待遇差があり、企業が合理的な説明をしない場合には、行政がその企業に指導をします。それによっても労働者が企業の対応に納得できないときには、都道府県労働局において、無料・非公開の紛争解決手続きを行います。

　労働者の立場は企業に比べてきわめて弱いものです。一方、企業は社会的な評判を重視することから、行政からの指導が入ることによってマスコミなどに報道されることを恐れる傾向があります。労働者が企業による待遇差を問題であると認識し、企業にその説明をしてもらってもそれを受け入れることができない例を考えてみましょう。非正規社員の大半はその企業内の労働組合に加入していないことから、企業との交渉はたいへん困難なものとなります。そこで、労働者が都道府県労働局などの行政機関に相談に行くと、行政機関が不当な企業には指導してくれることになります。また、それでも状況が改善できない場合には、行政機関が無料・非公開で紛争の解決をサポートしてくれるというわけです。

 ## 討議事例についての考え方

　Aさんの親は過労状態にあるといえるでしょう。すみやかに労働基準監督署や過労問題に詳しい弁護士のところへ行き、相談することが状況の改善につながります。過労状態に陥っている当事者は、周りの人への責任感から仕事を休めないと考えがちです。また、その人の周りの人も過労状態に陥っていることが多いため、自分だけが休むことに対して後ろめたさを感じがちになります。

会社を辞めるかどうかの問題以前に、まず現在の働き方を改めさせる必要があります。Aさんやほかの家族から、現在の状況が過労死などにつながる危険な状況であることを本人に伝え、会社を休むなどの対処を促すことが必要でしょう。そして信頼できる人に相談するよう働きかけることが大切です。

　また、過労状態にある当事者でなくても、家族からの申告により労働基準監督署などが企業に働きかけをしていくこともできます。地域の弁護士による過労死問題の相談窓口なども設けられています。過労の当事者からの対応が難しい場合は、家族が率先して信頼できる機関に相談していくことも状況を変える方法の1つです。

　Bさんの指摘は、働き方改革が目指すところといえます。Bさんの叔母は育児や介護に対して理解がある企業で働いているようで、働きやすい勤務シフトを選ぶことができています。このような企業が増えていけば、女性の活躍も進められ、ワーク・ライフ・バランスがとれた働き方が定着するでしょう。そのような流れが、少子化対策にもなり、将来の労働人口減少を緩やかなものにすることもできます。長時間労働についても行政が積極的に企業を規制していくなら、是正が期待できます。ただし、働き方改革は始まったばかりであり、この取り組みが社会に定着するにはまだ時間がかかりそうです。それまでに過労死などの被害者が少なくなるように、社会が企業活動に注視していかなくてはならないといえます。

倫理的視点からの解説

倫理的解説では、長時間労働と働き方改革についてどのような視点で向き合うべきなのかを倫理的観点から明らかにします。

企業活動は利益を出すことが目的

　企業は取引先、従業員、消費者（顧客）などと取引を行うことによってビジネスを成り立たせています。これらの企業と利害関係を持つ相手をステークホルダーと呼びます。ステークホルダーには取引先、従業員、消費者（顧客）のほかに、

地域（工場や企業がある場所）、株主、政府などが含まれます。取引先は原料や商品を企業に納入する代わりに、その代金を受け取ります。従業員が企業に労働力を提供し、企業は賃金を支払います。消費者は企業に代金を払うと、商品が渡されます。地域社会は工場や建物の立地になることで、企業から税金が納められます。株主は株を購入することによって、その企業が利益を出している限り、配当をもらうことができます。

　企業は取引先から仕入れた原料や材料、従業員の労働、金融機関や株式市場から調達した金融資金を用いて、顧客がほしいと思う製品やサービスをつくり出して提供します。そのとき、企業活動で必要なのが利益の確保です。

　そもそも企業が存在する目的は利益の追求と考えられます。商法上では、会社とは「商行為を行うことを目的とする社団法人」（商法52条）と規定されています。そして、取引先、従業員、消費者、地域、株主といったさまざまなステークホルダーが企業と関係を持つのも、それぞれのステークホルダーが自分の利益を最大化するためであるともいえます。

　消費者は少しでも安価で質のよい製品やサービスを求めるため、同じ品質の製品なら、少しでも安く買える店に行きます。従業員は働きやすく、賃金の高い仕事を欲します。ひどい労働環境で賃金も安いなら、そのような仕事は辞めて転職するでしょう。取引先は自社の製品を少しでも高く購入してくれる企業を探し、株主は少しでも高い配当を出してくれる企業をよしとします。

　このように企業のステークホルダーが自分の利益の最大化を図るように、企業の経営者も企業の収益の最大化を考えています。一般に企業の財務において、従業員の雇用は支出の大半を占めています。そのため従業員を整理解雇することは、企業の利益を増やすためのもっとも短絡な手法となります。

労働を商品と考えることで生まれる問題

　飲食店でアルバイト募集の広告が出されている場合、その店はアルバイト労働に1,000円の価値を認めており、商取引として労働と賃金の等価交換を求職者に提案しています。企業と従業員の関係を労働と賃金との等価交換と見なすなら、労働というのは一種の商品ということができます。これは消費者が店頭で商品を選んで買う行為と似ています。2,000円の商品である限り、1つ1つの

商品の違いは無視されます。また必要のない商品は購入しませんし、不必要になったらリサイクルショップなどに売ることもあるでしょう。

　この観点から労働を考えると、企業は従業員一人ひとりの人格の違いを考えることなく活用できるようになります。それが、業績が悪くなったときには従業員を転勤させたり、解雇したりすることに抵抗感がなくなるということにつながります。

　高校や大学を出たばかりの従業員を大量に採用して、早朝から深夜におよぶ長時間労働で幹部候補を選抜する雇用慣行のある企業について考えてみましょう。そのような企業は、就職活動中の生徒・学生に過酷な労働条件については曖昧にしか提示せずに、20代で高額の報酬が得られるという部分のみ過大に説明する傾向があります。生徒・学生は就労経験がないことから、長時間労働の実態がわかっていません。その結果、少なくない数の若手社員が、勤続数年で精神的あるいは肉体的に不調をきたし、その会社を退職することになります。精神的あるいは肉体的な疾患から、その後は正社員として働くことができなくなる者も少なくありません。

　さて、このような雇用を行う企業は本当に従業員のことを考えているのでしょうか。従業員を企業利益の手段としてのみ使用し、使いものにならなくなったら使い捨てているように思われます。このような企業はカントの考え方によると、人間を金儲けの手段としてのみ使用し、目的として使用していないことになります。

カントの人間性の原則

　カントの義務論の中にある1つの大切な要素は、人間を単なる手段としてのみ使用してはいけないという原則 (p.33) です。カントは、「あなたの人格やほかのあらゆる人の人格のうちにある人間性を、いつも同時に目的として扱い、決して単に手段としてのみ扱わないように行為しなさい」と言っています。これは「人間性の原則」と呼ばれるものです。

　ここで誤解をしてはいけないのは、カントは人間を手段として用いてはいけないとは言っていないことです。手段として用いてもよいのですが、それと同時に目的としても用いなければならないと言っているのです。「手段としてのみ」

用いてはいけないということです。

　この違いを説明するために、PさんがQさんに「ジュースを買ってきて」と言う場合を考えてみましょう。Qさんがジュースを買ってくることに何のメリットもないのなら、PさんはQさんをジュースを買ってくる機械のように手段としてのみ使っていることになり、PさんはQさんを尊厳ある存在として扱っているとはいえません。一方、Pさんの言葉が「Qさんのためにおいしいケーキを準備して待っているから、ジュースを買ってきて」というものなら、PさんはQさんをジュースを買う手段として使っていながらも、Qさんのことを尊重している（目的として扱っている）といえます。

　カントはこのような、人間を手段としてのみ扱う行為を非道徳的な行為として非難しています。企業の利益のために従業員を使い捨てができる機械のように扱うことは、従業員を手段としてのみ扱っているといえます。従業員を手段としてのみ扱わず、目的としても扱うためには、企業は従業員の尊厳を守り、尊重していく必要があるのです。

　人間を手段としてのみ扱う行為は、カントの普遍化可能性の原則に照らし合わせても肯定することはできません。前述の従業員を取り換え可能な道具のように考える企業についても同様です。多くの人々はそのような雇用慣行をよしとしないからです。この点には「だったらどうしてそのような企業がたくさんあるのか。社会的に容認されているのではないか」という反論があるかと思います。しかし、過労死や過労自殺のような企業の問題点はニュースとして取り上げられることが少なかったり、あまり注目されなかったりします。過労死や過労自殺の現状を正しく認識するなら、多くの人々はそのような雇用のあり方に反対するでしょう。そうなると、従業員を使い捨てにするような雇用も普遍化することができないといえるのです。

マルクスによる労働の疎外

　マルクスは資本主義の問題点を早くから指摘していました。マルクスは『資本論』で19世紀前半の労働者の悲惨な状況を記しています。ある製陶業では7歳の子どもが15時間も労働させられていました。マッチ製造業でも子どもが15時間も労働し、作業室は有毒な原料に満ちており、それによって特有の病気が蔓延

していました。また、製紙工場では子どもであっても、10時間半もの間、食事もせずに働かねばなりませんでした。このような過酷な環境でも、労働者が長時間労働を行えば行うほど、その工場を所有する資本家の利潤は増大していくのです。

　マルクスは、資本主義体制のもとでは労働の社会的生産力を高くするための方法はすべて個々の労働者の犠牲において行われると指摘します。そして、生産を発展させる手段として、労働者を機械の部品のような立場におとしめると批判します。

　仕事とは本来、自分のやり遂げたことに満足感を覚え、自分の成し遂げた部分を自分の成果として受け取れるもののはずです。自分で耕した畑で収穫した作物を自分で刈り入れるとき、人は疲労するものの喜びを感じるでしょう。しかし、近代の資本主義体制における労働ではそのような満足感や喜びを感じにくくなっています。それをマルクスは「疎外された労働」と呼びました。疎外とは、よそよそしく、遠く感じるものになるということです。本当なら自分のものとして親しみを感じられるはずのものが、自分から切り離されることで、疎外された状況になります。疎外された労働について、マルクスは次の4点の特徴をあげました。

1. 生産されたものからの疎外

　資本主義のもとでは、労働者が生産したものは資本家のものであって、労働者のものではありません。自動車製造工場で労働者が高級車をつくったとしても、それは工場を所有する会社（株式会社なら株主）のものであり、労働者のものではありません。そうなると、生産したものが自分にとっては疎遠なものとなります。

2. 労働そのものからの疎外

　働くことは本来、自分の人間的な能力を発揮することであり、自主的な活動であるはずです。しかし、資本主義のもとでは労働は資本家から強制されるもの、苦痛に満ちたものとなります。自分の意志で畑を耕すのではなく、労働力を売り渡して賃金を得る代わりに、会社から強制され労働するようになります。会

社から与えられる仕事に自分が納得できていなくても生活を支えるために従わなくてはいけません。そうすると、労働者にとって労働そのものも疎遠なものとなってしまいます。

3．類的存在からの疎外

　人間は、人類という類だけにあって他の動物（他の類）にはない特有な能力を持っています。例えば、人間は労働に目的意識を持ち、それを達成することで喜びを感じることができます。しかし、生活のために労働を売り渡すことで、労働は単なる生存のための手段となり、そこに人間として働く意義を感じることができなくなります。すなわち、人間の本性そのもの（類的存在）も疎遠になってしまうのです。

4．人間からの疎外

　資本主義では買い手と売り手の間で商品の交換が行われます。しかしその結びつきは、売り手にとっては金を得ることが目的で、買い手は誰であってもかまいません。反対に、買い手も商品を得ることが目的で、売り手が誰であってもかまわないのです。そうすると、そこには買い手と売り手の人格的な交わりは生じません。すると、相手を単なる金や商品を得る手段としてしか見られないようになってしまいます。この関係では自分がつくっているものが他人のために役立っているという実感を得ることはできません。本来人間が持っている他人との結びつきは相手のことを思いやるものでした。そのような関係を築くことができなくなることで、人間は他の人間をも疎遠に感じるようになってしまうのです。

　現代の長時間労働は、まさにマルクスが指摘する労働の疎外といえます。働く人々への十分な配慮がなされず、単に会社が金もうけをするための手段と見なされているような状況が続くなら、それは現代にいたってもマルクスの指摘が改善されていないことを示しているといえるでしょう。

B'

現代社会の諸課題［発展編］

討議事例についての考え方

　企業のビジネスは、取引先、従業員、消費者（顧客）、地域（工場や企業がある場所）などのステークホルダーとの取引によって成り立っています。反対にいうと、ステークホルダーとの取引の一つでも欠けると、企業はビジネスを継続することが難しくなります。一般的な製造業で考えてみましょう。製造業には、工場の立地となる地域（土地）の存在が不可欠です。工場があっても、取引先が原材料を納入してくれなければ、従業員が仕事をしてくれなければ、何も製造することができません。また製品を買ってくれる消費者がいないと、ビジネスは継続できません。

　ビジネスの倫理でもっとも重要なのは、企業が誠実な態度でビジネスを続けることです。企業に対する行政の規制は、企業の振る舞いを正していくのに効果的です。しかしこれだけではビジネスの倫理ということはできません。

　ビジネスとはステークホルダーがいないと成り立たないのですから、ステークホルダーにもビジネスが倫理的であるための責任の一端があるのです。従業員はブラック企業のような会社で働かないようにします。そして消費者はそのような企業から製品を買わないようにするのです。近年、多くの企業ですすめられている責任ある調達活動は、企業が原材料などを購入するときに、人権・労働、安全衛生、環境への配慮、情報セキュリティなどについての社会的責任を果たしている企業との取引をしていこうとするものです。これらはステークホルダーによるビジネスに対しての責任ある態度といえます。

　本書でも扱ったSDGs（p.158）にも、この働き方改革はかかわりがあります。17のゴールのうち、「8．働きがいも経済成長も：すべての人のための持続的、包摂的かつ持続可能な経済成長、生産的な完全雇用およびディーセント・ワーク（働きがいのある人間らしい仕事）を推進する」がそれにあたります。働きがいのある人間らしい仕事とは、適切な働き方ができる権利が保障され、十分な収入がある仕事といえるでしょう。SDGsは国や企業だけのものではなく、私たち一人ひとりの取り組みであることを思い返しましょう。働き方改革についても、国や企業だけの取り組みに任せるのではなく、従業員や消費者というステークホルダーである私たちにも責任ある態度が求められているといえるのです。

　Aさんは、自分の家族の健康と命を守るためにすみやかに過労状態にある本人と話し合い、周りの信頼できる人や機関に相談するべきでしょう。企業が改善するのを待つだけでなく、事情を知っている自分が積極的に動くことが求められているといえます。

　Bさんの意見は正論とはいえますが、なかなかその理想的な状況に社会が追いついていないというのが現状です。Aさんが心配するように、中高年の世代の転職はいまだ難しい状況が続いています。また、労働環境が劣悪なブラック企業もいまだ数多くあり、そこで働く人々もたくさんいます。もちろん行政からの規制や指導も必要ですが、それだけでは社会はなかなか変わりません。そのような企業の販売する製品やサービスを多くの人が購入しないようにしたり、就職するときに気をつけて避けていったりするなら、悪辣な企業の数も減っていくでしょう。一人ひとりが働き方に対して厳しい目を向けていくなら、企業もよりよい方向に変わっていかざるを得ないのです。

B'　現代社会の諸課題［発展編］

「公共」と
これからの大学入試について

山本智也（筑波大学附属駒場中・高等学校教諭）

❶ 教科書と授業、そして大学入試

　今、手元に高等学校「現代社会」の教科書があります。総ページ数は約300ページ。ちょっとした辞書のような厚さです。中を見ると、文字でびっしり埋め尽くされています。太字ゴチックにされた大量の用語を順に板書していくだけで1年が終わりそうな印象です。そして、大半の生徒は試験前に穴埋め式の問題集で用語を暗記し、試験が終わればすみやかに忘れていく……。これは、社会科・公民科の学習のよくある光景としてイメージされるものかもしれません。

　もちろん、数ある教科書の中には、知識事項を詰め込むだけでなく、討論や小論文など、学習活動をイメージさせるよう紙面を工夫した教科書もあります。しかし、大学進学を目指す生徒を1人でもかかえる教員からすれば、やはり必要な知識事項を網羅している教科書を選びたくなるものです。例えば、授業で使う教科書を選ぶとき、最近のセンター試験で点数に差がついたと思われる項目をいくつか思い浮かべ、それが載っているかどうかを判断のポイントにする、という教員は少なからずいるでしょう。それがわかっているから、教科書会社はセンター試験で出た用語を毎年リストアップし、自社本に載っていないものは書き加えていくのです。そして、いくつかの教科書に載っていれば、作問者は大学入試で問える範囲と見なして出題するため、生徒が暗記すべき用語はどんどん増えていくことになります。

　社会科・公民科に限らず、知識を暗記してもすぐに忘れてしまうのであれば意味がない、しっかり考えさせることが大切だという主張は、昔から繰り返されてきました。そのためには内容を精選して「ゆとり」を生み出すべきだ、という意見もありました。しかし、教員の立場からすると、大学入試が変わらなければ「ゆとり」を生みだせるはずもないし、詰め込み型の授業は変わらない、というのが本音でしょう。そして今、おそらくは高校の授業を変えるために、かなりの無理をしながらも大学入試が大きく変わってきています。

❷ 「新テスト試行調査」に見る入試改革の方向性

センター試験は2020(令和2)年1月の実施で廃止され、翌2021年1月から「大学入学共通テスト」（新テスト）が始まりました。これは単なる看板の掛け替えではなく、試験の質を大きく転換することをはかった改革です。そして新テストに向けて、大学入試センターが試験的に作問し、全国から抽出した高校生を対象に2017年・2018年に実施したのが、試行調査（プレテスト）です。試行調査はあくまでも試行であって、その内容や形式が必ずしも新テストに受け継がれるものではありません。とはいえ、試行にすぎないからこそ、意欲的な問題づくりに挑戦し、出題者からのメッセージ性を強く打ち出せるという面もあるわけです。小手先の対策以前に、まずはそのメッセージを読み解くことが重要だと思います。

「現代社会」の試行調査(調査時点では旧学習指導要領で学んだ高校生が調査対象なので、「公共」の試験ではない)から、特徴的な問題例を見てみましょう。

2017年の試行調査の冒頭を飾った問題です。【考え方A】【考え方B】は「功利主義（ベンサム）」「正義論（ロールズ）」に対応しています。これらの事項は従来から定番ですが、出題形式が特徴的です。ここでは「思想家−用語−思想内容」の一致を問う要素はなく、それぞれの思想内容は設問中に示されています。極端にいえば、細かいことを暗記していなくても、問題の中で考え方を復習できるのです（①）。

第1問　「現代社会」の授業が始まった頃に先生が、社会で起こる問題を考える際に手掛かりとなる次の**【考え方A】・【考え方B】**と、様々な制度や政策を紹介してくれた。そして、問題を自分で考え、結論を導き出すことの大切さについて話してくれた。このことに関して、下の問い（問1〜4）に答えよ。

> **【考え方A】**
> 　幸福な社会は、どのようにすれば実現できるだろう。そもそも人はどんなときに幸福を感じるだろうか。それは、楽しいことや快適なことがあったときではないか。反対に、人は苦痛を感じるときに不幸なのではないか。
> 　人間の基本的な性質がこのようなものであるなら、「快」の量が多いほど、また「苦」の量が少ないほど、その社会は幸福な社会ということになる。「快」と「苦」は量として測定でき、幸福の量を計算することが可能であれば、「快」の総量から「苦」の総量を差し引いたものを、幸福量とみなすことができる。
> 　そうであるなら、社会全体の幸福量を最大にすることによって、幸福な社会が実現できることになる。

> **【考え方B】**
> 　望ましい社会を構想する場合、正義とは何か、公正な社会はどのようにあるべきか、という問いに答えなければならないのではないか。そのために思考実験をしてみよう。
> 　自分がどのような境遇になるか分からず、また、境遇を決めることもできないという条件で、生まれ変わることができるとする。この場合、自由が奪われた境遇や、恵まれない境遇に生まれ変わりたいなどと、ほとんどの人は思わないだろう。
> 　そうであるなら、社会の全メンバーの自由を最大限尊重しつつも、実際に恵まれない境遇にある人に対して、生活を改善していくような社会が望ましいことになる。

①考え方の習得

そのうえで、それぞれの思想内容の前提にある考え方は何かを確認して理解を深め（②）、その思想内容は現実のどのような制度・政策と結びついて活用できるかを問う（③）。このプロセスは、効果的な授業展開の1つのパターンともいえます。

② 考え方の理解

③ 考え方の活用

問1 【考え方A】には、ある基本的な考え方が含まれている。それは次のうちどれか。最も適当なものを、次の①～④のうちから一つ選べ。 1

① 個々人によって幸福の感じ方は異なる。
② 個々人に幸福を平等に分配しなければならない。
③ 個々人には幸福を求める義務が最初からある。
④ 個々人の幸福は足し合わせることができる。

問2 【考え方B】には、ある基本的な考え方が含まれている。それは次のうちどれか。最も適当なものを、次の①～④のうちから一つ選べ。 2

① 人間はみな自分が生まれた社会の影響を受けながら育つのだから、現在の自分の境遇に対して社会が責任をもつべきである。
② 人間はみな生まれた時の環境はそれぞれ別々で、一人ひとりは独自の存在なのだから、各々の現在の境遇を個性だと考えるべきである。
③ 人間は人生を自分で選んで決定しているのだから、その意味ではみな現在の自分の境遇に対して自分が責任をもつべきである。
④ 人間はどのような境遇に生まれるかを自分で選んだわけではないのだから、その意味ではみな同じだと考えるべきである。

問3 制度や政策には、様々な考え方が背景にある。【考え方A】と【考え方B】は、どのような制度や政策と関連しているか。それぞれについて、最も適当なものを、次の①～④のうちから一つずつ選べ。
【考え方A】→ 3
【考え方B】→ 4

① 投票などで明らかになった多数者の意思に基づいて、政策の基本方針を決めるような制度
② 累進課税によって所得を再分配するなどして、社会保障を充実させるような政策
③ 外国との間で、互いに旅行や学習、就労の機会が得られるようにするなど、異文化間の相互理解を促進するような制度
④ 様々な規制を緩和するなどして、経済活動の自由を最大限にすることを目的とするような政策

試行調査では、知識として習得すべき理論や概念を、①日常生活や現実社会の課題に適用する、②授業内外での討論や発表などの場面で活かす、という形式の問題が目立ちます。この傾向は他教科でも共通で、理科や数学でも、日常生活の中で出会う事象を科学的・数学的に解釈する場面や、実験や発表の場面に即した出題が注目されました。逆に、「最大多数の最大幸福を唱えた人は誰か」というような、文脈を欠いた一問一答式の問題は少なくなっています。

例えば、2018年の試行調査では、生徒間の対話文をもとに、ベーシック・インカムの導入に賛成する主張、反対する主張の例として適切な選択肢を選ばせる問題が出題されました。この問題も、従来から定番学習事項である社会保障や財政制度の知識をそのまま問うのではなく、討論やディスカッションの場面での賛成意見・反対意見の根拠として知識を活用させるものです。

　大学入試センターが公表した資料から小問ごとの「主に問いたい資質・能力」を参照すると、概念や理論の理解を問う（抽象的な説明と対照させる）問題は「知識・技能」に対応した出題で、概念や理論を具体的な政策や主張に照らして活用させる問題は「知識・技能」と「思考力・判断力・表現力」両方に対応した問題として位置づけられていることがわかります。

　2回の試行調査のあと、2019年6月には、「令和3年度大学入学者選抜に係る大学入学共通テスト問題作成方針」が公表されました。その中で、全科目に関わる問題作成の基本的な考え方として、次のような項目が示されています。

○「どのように学ぶか」を踏まえた問題の場面設定
　　高等学校における「主体的・対話的で深い学び」の実現に向けた授業改善のメッセージ性も考慮し、授業において生徒が学習する場面や、社会生活や日常生活の中から課題を発見し解決方法を構想する場面、資料やデータ等を基に考察する場面など、学習の過程を意識した問題の場面設定を重視する。

　ここまで見てきた試行調査に表現された方向性が、大学入学共通テストに引き継がれることが明示されたといえるでしょう。

　今後、こうした出題傾向が大学入試の主流になるなら、抽象的な説明を並べた用語集読み上げマシーンのような授業や、文脈を欠いた知識の暗記 - 再生だけを目指した穴埋めドリル学習は効果的ではないというべきかもしれません。授業では、知識事項を教える際に時事的な資料や統計資料など教材（ネタ）を用意して現実の具体的な事象と関連づけること、そして習得した知識を「パフォーマンス課題」の形で活用させることが重要となるでしょう。パフォーマンス課題とは、例えば、単純に足し算や掛け算をさせるのではなく、買い物でかかる費用を算出させることです。サッカーにたとえるならば、リフティングテストではなく、試合の中で効果的に動けることです。つまり、知識・技能をある文脈や場面に位置づけて活用できる力を重視し、実際に何か（例えば討論やレポート作成）をやらせてみて学習成果をアウトプットさせる課題のことをいいます。新科目「公共」の授業ではこのような学習が求められており、試行調査の傾向はそれを意識したメッセージと捉えることができそうです。

❸ 「大学入学共通テスト」第1回に見る入試改革の方向性

　新科目「公共」が授業で実施されるのは2022年度入学者からで、その生徒たちが新教育課程（「公共」を含む学習指導要領）に基づく大学入試を受験するのは2024年度（2025年1月）からということになります。それに先立って2020年度（2021年1月）に大学入学共通テストは始まっており、新教育課程に基づく入試に切り替わるまでの4年間は、「現代社会」「倫理」「政治・経済」「倫理、政治・経済」が試験科目ということになります。このうち、「公共」を見すえてもっとも注目される科目は「現代社会」でしょう。試行調査の傾向は、「本番」である大学共通テストの「現代社会」にどの程度反映されたのでしょうか。

　2021年1月に実施された、初めての大学入学共通テストの問題を見てみましょう。「買い物弱者問題」について生徒が探究学習をする場面を想定した大問が特徴的です。この大問では、3人の生徒による対話の場面が次のように描かれています（会話文の一部を抜粋しました）。

> Ｚ：私は民間企業やボランティア等の参入も併せて考える必要があると思うな。⒜足腰が不自由なため外出が困難な高齢者にもサービスが行き届く施策を講じることが，買い物弱者問題を解決するために不可欠だよね。しかし，それを自治体の力だけで実現するのは困難だと思うんだ。
>
> Ｘ：実際には，住民同士の協働だけでは対処が難しいこともあるよ。例えば，食料品店を誘致するのは住民の力だけでは容易じゃないよ。⒝自治体が土地と建物を取得して食料品店を設置する際も，交通の便が悪い地域に住んでいる人も買い物がしやすくなるように自治体がバスを運行し，品揃えの充実などの条件を指定した上で委託する民間企業を公募し，プレゼンテーションによって取組みを評価して選べば，住民の買い物の不便や苦労を減らす取組みにつながるよ。
>
> Ｙ：それでも，採算が合う取組みでないと，自治体が新たに運営費補助を求められたり，企業に撤退されたりするよ。⒞採算性を高めたいなら，自治体が独自の取組みをするよりも，規制緩和をする方がよいと思うよ。自治体の役割を，民間企業が経済活動をしやすくすることにとどめて，参入した企業がそれぞれ自由に競い合えば，採算性と良質なサービスが両立し，結果として住民が喜ぶ効果的な対策につながるよ。

設問の指示は、上の下線部の意見がそれぞれ次のどの立場に近いかを考えさせるものでした。

> **P** 政治的にも経済的にも個人の自由を最大限に尊重し、国家や地方自治体には最小限の機能だけを求め、福祉政策などの再分配には否定的な立場。
>
> **Q** 不平等を是正する「公正としての正義」を原理とし、政治的にはすべての個人の自由を等しく尊重するが、経済的には過度な市場競争を避け、福祉政策などの再分配を重視する立場。

本書を通読された方は、Pがリバタリアニズムの考え方、Qがロールズの「公正」を重視するリベラリズムの考え方であることに気づくでしょう。こうした価値判断に関わる概念や理論を、具体的な施策や意見と結びつけ、「買い物弱者問題」という社会的な課題を考える学習過程に位置づけた問題です。

また別の大問では、本書でも取り上げているプラスチックごみ問題への対策に関連して、3Rを具体的な施策として位置づけたうえで、その優先順位を問う出題がありました。これは「3Rとはリデュース、リユース、リサイクルのこと」と丸暗記していることを求めているのではありません。その考え方が具体的にどんな政策や行動に表れるのか、さまざまな政策や行動の位置づけや関連性がどうなっているのかを問う問題です。

このように、大学入学共通テストの問題には、試行調査から続くメッセージを読み取ることができます。ただし、こうした傾向は新テストへの変更によって突然に生じてきたものではありません。じつは、社会的な課題に照らして考えさせる出題は、従来のセンター試験でもしばしば見られたものです。直接的な問いの箇所以外でも、各大問のはじめに置かれた「リード文」と呼ばれる長文には、「この科目をこんなふうに学んでほしい」という出題者からのメッセージ性を強く感じられるものが多くありました（センター試験のリード文は、読み物としてとても面白いです）。新テストが思考力重視を掲げているからといって、センター試験がただ膨大な知識の暗記だけを求めてきた、と捉えるべきではありません。むしろ、作問が難しそうな新テストにおいて、センター試験と同等以上の水準で問題の質を維持できるのか、これから継続的な検証が必要です。

❹ 大学入学共通テストにおける科目「公共」のゆくえ

初めての大学入学共通テストを終えた2021年の3月、新学習指導要領に対応した2025年1月以降の大学入学共通テストの出題科目が発表されました。

それによると、公民科の内容を含む試験科目は次のように変わります。

基本的には、地理歴史科と同様に、「必修科目1＋選択科目1」で科目が構成されています。従来の「倫理、政治・経済」は受験科目にありません。つまり、公民科の内容を含んで受験科目とする場合、「公共」の学習内容は必ず試験範囲になる、ということです。このことが「公共」の授業の実態にどのような影響を与えるか、一概にはいえません。ただ、受験指導が求められる学校ではとくに、入試対策としてペーパーテスト向けの学習が中心になることも十分ありえます。その場合、教科書の太字ゴチック用語を広く浅く解説するような授業が「効率的」と見なされ、社会的な課題に即してじっくり討議しながら学ぶ時間は確保できなくなることが懸念されます。

結局のところ、授業で資料読解や討議を通して社会的な課題を深く追究して学ぶ経験が、長い目で見て大切だというだけでなく、目の前の入試で求められる学力にもつながってくるのだ、と広く理解されることが肝心です。その意味で、「公共」の大学入学共通テストが受験生や現場教員にどのような印象を与えるか、ますます注目度が高まっています。

入試科目としての「公共」に備えるうえで、貴重な資料があります。上記の出題科目と同時に公表された、新科目のサンプル問題です。その中には「公共」も含まれています。最後に、その問題内容を見ておきましょう。

まず注目すべきは次の問題でしょう。(1) で自分の意思決定の考え方を決め、それに応じて続く問い (2)(3) の正解が変わる、というものです。

問3 　生徒 A のクラスでは，次の事例をもとに，合意形成のあり方について考え
ることにした。後の問い（(1)〜(3)）に答えよ。

事例

　町の中心部の渋滞を解消するために，新しい道路を建設する。ルートの候
補として，ルート１〜ルート３の三つがある。このうちどのルートを採用す
るかを **V〜Z** の５人で決定する。次の表は，ルート１〜ルート３のそれぞれ
を採用した場合における５人の幸福度を数値で表したものである。数値が大
きいほど幸福度が高く，数値がマイナスのものは，耐えられないほどの苦痛
を受けることを示している。また，多数決で決定をする際には，その者にとっ
て数値が一番大きなルートに賛成することとする。

	V	W	X	Y	Z
ルート１	5	8	1	4	1
ルート２	1	3	7	3	6
ルート３	4	7	6	-1	5

(1) 　まず，次の**決定方法①〜③**の中から，あなたが取るべきだと考える決定方法
を一つ選びマークせよ。なお，①〜③のいずれを選んでも，後の(2)，(3)の問
いについては，それぞれに対応する適当な選択肢がある。

決定方法
① 　５人の幸福度の総和ができるだけ大きくなる決定を行う。
② 　５人の多数決により決定を行う。
③ 　「耐えられないほどの苦痛を受ける」者が生じない範囲で，５人の幸福度
の総和ができるだけ大きくなる決定を行う。

　これに続く(2)ではそれぞれの決定方法を取るべき根拠（例えば、最大多数
の最大幸福）を選び、(3)ではその決定方法をとった場合に適したルートを選ぶ
という設問になっています。このように複数の正解がある問題は試行調査の「倫
理」でも出題されていましたが、「公共」のサンプル問題としてこの形式が示さ
れたことの意味は大きいでしょう。「複数の正解がある」といっても選択式であ
る以上は「唯一の正解」の束にすぎないわけですが、それでもペーパーテストで
自分の立場を決めさせるというのは興味深い設定です。ふだんの授業から価値

判断をふまえて主体的な意思決定をするような学習をしてほしい、というメッセージといえるでしょう。そして何より、自分が選んだもの以外の解答を考えていくことで、課題に対する多面的・多角的な考察を促すことができます。

　サンプル問題で示された問題数はわずか11問です。しかし、取り上げられている具体的な話題は、食品ロス、エシカル消費、模擬国会、未成年者のゲーム規制、そしてSDGsに関わって水資源や格差・貧困と教育など、じつに多岐にわたります。いずれもタイムリーな社会的課題に関わるもので、しかも多くは論争的な課題です。この傾向もまた、抽象的な用語解説にとどまらず現実社会の事例と関わらせて学んでほしい、というメッセージと見ることができます。

　注意しなくてはならないのは、試行調査から一貫する傾向として、文章量や資料が非常に多いということです。サンプル問題では、5つもの資料を示したうえで、それらを総合して議論する生徒の会話文を通して解答を導く問題もあります。文章や数値データの読解に相当慣れておかないと、どこをどんな順序で読めばいいかを考えるだけでかなりの時間を費やすことになるでしょう。この点が受験生にとってかなり大きな負担になることは間違いありません。その一方で、初見の多様な資料を読解する学習活動をふだんから取り入れることを促す可能性もあります。

　以上のように、「公共」をめぐる大学入試の動向は、授業をはじめとした高校での学習について強く明解なメッセージを発信しています。高校現場の生徒・教員としては、そのメッセージを受け取ることと、試験で良い結果を出すことが両立しなくてはなりません。個人的な経験では、教科書にある知識事項をただ網羅的に解説する授業よりも、知識を現実社会の具体的な事例と結びつけ、生徒に問いかけて追究させる授業をしたほうが、試験で「結果を出せる」と確信しています。多少網羅性を犠牲にしたとしても、考えることを面白がりながら学んだほうが基本的な知識・理解の定着率が良く、自学の意欲も湧くからです。「公共」の入試対策としても、膨大な文章と資料を前にして、その内容を面白がる姿勢が欠片もなければ、そもそも取り組むことが難しいようにも思います。結局は、生徒が自分の頭で考える面白さを経験することが第一歩であるという点で、「公共」の授業と大学入試とはつながるのかもしれません。

付　録

（平成30年3月31日告示）

第1款 目 標

社会的な見方・考え方を働かせ、現代の諸課題を追究したり解決したりする活動を通して、広い視野に立ち、グローバル化する国際社会に主体的に生きる平和で民主的な国家及び社会の有為な形成者に必要な公民としての資質・能力を次のとおり育成することを目指す。

(1) 選択・判断の手掛かりとなる概念や理論及び倫理、政治、経済などに関わる現代の諸課題について理解するとともに、諸資料から様々な情報を適切かつ効果的に調べまとめる技能を身に付けるようにする。

(2) 現代の諸課題について、事実を基に概念などを活用して多面的・多角的に考察したり、解決に向けて公正に判断したりする力や、合意形成や社会参画を視野に入れながら構想したことを議論する力を養う。

(3) よりよい社会の実現を視野に、現代の諸課題を主体的に解決しようとする態度を養うとともに、多面的・多角的な考察や深い理解を通して涵養される、人間としての在り方生き方についての自覚や、国民主権を担う公民として、自国を愛し、その平和と繁栄を図ることや、各国が相互に主権を尊重し、各国民が協力し合うことの大切さについての自覚などを深める。

第2款 各 科 目

第1 公 共

1 目 標

人間と社会の在り方についての見方・考え方を働かせ、現代の諸課題を追究したり解決したりする活動を通して、広い視野に立ち、グローバル化する国際社会に主体的に生きる平和で民主的な国家及び社会の有為な形成者に必要な公民としての資質・能力を次のとおり育成することを目指す。

(1) 現代の諸課題を捉え考察し、選択・判断するための手掛かりとなる概念や理論について理解するとともに、諸資料から、倫理的主体などとして活動するために必要となる情報を適切かつ効果的に調べまとめる技能を身に付けるようにする。

(2) 現実社会の諸課題の解決に向けて、選択・判断の手掛かりとなる考え方や公共的な空間における基本的原理を活用して、事実を基に多面的・多角的に考察し公正に判断する力や、合意形成や社会参画を視野に入れながら構想したことを議論する力を養う。

(3) よりよい社会の実現を視野に、現代の諸課題を主体的に解決しようとする態度を養うとともに、多面的・多角的な考察や深い理解を通して涵養される、現代社会に生きる人間としての在り方生き方についての自覚や、公共的な空間に生き国民主権を担う公民として、自国を愛し、その平和と繁栄を図ることや、各国が相互に主権を尊重し、各国民が協力し合うことの大切さについての自覚などを深める。

2　内　容

A　公共の扉

(1)　公共的な空間を作る私たち

　公共的な空間と人間との関わり、個人の尊厳と自主・自律、人間と社会の多様性と共通性などに着目して、社会に参画する自立した主体とは何かを問い、現代社会に生きる人間としての在り方生き方を探求する活動を通して、次の事項を身に付けることができるよう指導する。

ア　次のような知識を身に付けること。

(ア)　自らの体験などを振り返ることを通して、自らを成長させる人間としての在り方生き方について理解すること。

(イ)　人間は、個人として相互に尊重されるべき存在であるとともに、対話を通して互いの様々な立場を理解し高め合うことのできる社会的な存在であること、伝統や文化、先人の取組や知恵に触れたりすることなどを通して、自らの価値観を形成するとともに他者の価値観を尊重することができるようになる存在であることについて理解すること。

(ウ)　自分自身が、自主的によりよい公共的な空間を作り出していこうとする自立した主体になることが、自らのキャリア形成とともによりよい社会の形成に結び付くことについて理解すること。

イ　次のような思考力、判断力、表現力等を身に付けること。

(ア)　社会に参画する自立した主体とは、孤立して生きるのではなく、地域社会などの様々な集団の一員として生き、他者との協働により当事者として国家・社会などの公共的な空間を作る存在であることについて多面的・多角的に考察し、表現すること。

(2)　公共的な空間における人間としての在り方生き方

　主体的に社会に参画し、他者と協働することに向けて、幸福、正義、公正などに着目して、課題を追究したり解決したりする活動を通して、次の事項を身に付けることができるよう指導する。

ア　次のような知識及び技能を身に付けること。

(ア)　選択・判断の手掛かりとして、行為の結果である個人や社会全体の幸福を重視する考え方や、行為の動機となる公正などの義務を重視する考え方などについて理解すること。

(イ)　現代の諸課題について自らも他者も共に納得できる解決方法を見いだすことに向け、(ア)に示す考え方を活用することを通して、行為者自身の人間としての在り方生き方について探求することが、よりよく生きていく上で重要であることについて理解すること。

(ウ)　人間としての在り方生き方に関わる諸資料から、よりよく生きる行為者として活動するために必要な情報を収集し、読み取る技能を身に付けること。

イ　次のような思考力、判断力、表現力等を身に付けること。

(ア)　倫理的価値の判断において、行為の結果である個人や社会全体の幸福を重視する考え方と、行為の動機となる公正などの義務を重視する考え方などを活用し、自らも他者も共に納得できる解決方法を見いだすことに向け、思考実験など概念的な枠組みを用いて考察する活動を通して、人間としての在り方生き方を多面的・多角的に考察し、表現すること。

(3)　公共的な空間における基本的原理

　自主的によりよい公共的な空間を作り出していこうとする自立した主体となることに向けて、

幸福、正義、公正などに着目して、課題を追究したり解決したりする活動を通して、次の事項を身に付けることができるよう指導する。

ア 次のような知識を身に付けること。

(ア) 各人の意見や利害を公平・公正に調整することなどを通して、人間の尊厳と平等、協働の利益と社会の安定性の確保を共に図ることが、公共的な空間を作る上で必要であることについて理解すること。

(イ) 人間の尊厳と平等、個人の尊重、民主主義、法の支配、自由・権利と責任・義務など、公共的な空間における基本的原理について理解すること。

イ 次のような思考力、判断力、表現力等を身に付けること。

(ア) 公共的な空間における基本的原理について、思考実験など概念的な枠組みを用いて考察する活動を通して、個人と社会との関わりにおいて多面的・多角的に考察し、表現すること。

B 自立した主体としてよりよい社会の形成に参画する私たち

自立した主体としてよりよい社会の形成に参画することに向けて、現実社会の諸課題に関わる具体的な主題を設定し、幸福、正義、公正などに着目して、他者と協働して主題を追究したり解決したりする活動を通して、次の事項を身に付けることができるよう指導する。

ア 次のような知識及び技能を身に付けること。

(ア) 法や規範の意義及び役割、多様な契約及び消費者の権利と責任、司法参加の意義などに関わる現実社会の事柄や課題を基に、憲法の下、適正な手続きに則り、法や規範に基づいて各人の意見や利害を公平・公正に調整し、個人や社会の紛争を調停、解決す

ることなどを通して、権利や自由が保障、実現され、社会の秩序が形成、維持されていくことについて理解すること。

(イ) 政治参加と公正な世論の形成、地方自治、国家主権、領土（領海、領空を含む。）、我が国の安全保障と防衛、国際貢献を含む国際社会における我が国の役割などに関わる現実社会の事柄や課題を基に、よりよい社会は、憲法の下、個人が議論に参加し、意見や利害の対立状況を調整して合意を形成することなどを通して築かれるものであることについて理解すること。

(ウ) 職業選択、雇用と労働問題、財政及び租税の役割、少子高齢社会における社会保障の充実・安定化、市場経済の機能と限界、金融の働き、経済のグローバル化と相互依存関係の深まり（国際社会における貧困や格差の問題を含む。）などに関わる現実社会の事柄や課題を基に、公正かつ自由な経済活動を行うことを通して資源の効率的な配分が図られること、市場経済システムを機能させたり国民福祉の向上に寄与したりする役割を政府などが担っていること及びより活発な経済活動と個人の尊重を共に成り立たせることが必要であることについて理解すること。

(エ) 現実社会の諸課題に関わる諸資料から、自立した主体として活動するために必要な情報を適切かつ効果的に収集し、読み取り、まとめる技能を身に付けること。

イ 次のような思考力、判断力、表現力等を身に付けること。

(ア) アの(ア)から(ウ)までの事項について、法、政治及び経済などの側面を関連させ、自立した主体として解決が求められる具体的な主題を設定し、合意形成や社会参画を視野に入れながら、その主題の解決に向けて事実を基に協働して考察したり構想したりしたこ

とを、論拠をもって表現すること。

C　持続可能な社会づくりの主体となる私たち

　　持続可能な地域、国家・社会及び国際社会づくりに向けた役割を担う、公共の精神をもった自立した主体となることに向けて、幸福、正義、公正などに着目して、現代の諸課題を探究する活動を通して、次の事項を身に付けることができるよう指導する。

ア　地域の創造、よりよい国家・社会の構築及び平和で安定した国際社会の形成へ主体的に参画し、共に生きる社会を築くという観点から課題を見いだし、その課題の解決に向けて事実を基に協働して考察、構想し、妥当性や効果、実現可能性などを指標にして、論拠を基に自分の考えを説明、論述すること。

3　内容の取扱い

(1)　内容の全体にわたって、次の事項に配慮するものとする。

ア　内容のA、B及びCについては、この順序で取り扱うものとし、既習の学習の成果を生かすこと。

イ　中学校社会科及び特別の教科である道徳、高等学校公民科に属する他の科目、この章に示す地理歴史科、家庭科及び情報科並びに特別活動などとの関連を図るとともに、項目相互の関連に留意しながら、全体としてのまとまりを工夫し、特定の事項だけに指導が偏らないようにすること。

(2)　指導計画の作成に当たっては、次の事項に配慮するものとする。

ア　第1章第1款の2の(2)に示す道徳教育の目標に基づき、この科目の特質に応じて適切

な指導をすること。

(3)　内容の取扱いに当たっては、次の事項に配慮するものとする。

ア　この科目の内容の特質に応じ、学習のねらいを明確にした上でそれぞれ関係する専門家や関係諸機関などとの連携・協働を積極的に図り、社会との関わりを意識した主題を追究したり解決したりする活動の充実を図るようにすること。また、生徒が他者と共に生きる自らの生き方に関わって主体的・対話的に考察、構想し、表現できるよう学習指導の展開を工夫すること。

イ　この科目においては、教科目標の実現を見通した上で、キャリア教育の充実の観点から、特別活動などと連携し、自立した主体として社会に参画する力を育む中核的機能を担うことが求められることに留意すること。

ウ　生徒が内容の基本的な意味を理解できるように配慮し、小・中学校社会科などで鍛えられた見方・考え方に加え、人間と社会の在り方についての見方・考え方を働かせ、現実社会の諸課題と関連付けながら具体的事例を通して社会的な事象等についての理解を深め、多面的・多角的に考察、構想し、表現できるようにすること。

エ　科目全体を通して、選択・判断の手掛かりとなる考え方や公共的な空間における基本的原理を活用して、事実を基に多面的・多角的に考察し公正に判断する力を養うとともに、考察、構想したことを説明したり、論拠を基に自分の意見を説明、論述させたりすることにより、思考力、判断力、表現力等を養うこと。また、考察、構想させる場合には、資料から必要な情報を読み取らせて解釈させたり、議論などを行って考えを深めさせたりするなどの工夫をすること。

オ　内容のAについては、次のとおり取り扱うものとすること。

(ア)　この科目の導入として位置付け、(1)、(2)、(3)の順序で取り扱うものとし、B及びCの学習の基盤を養うよう指導すること。その際、Aに示した事項については、B以降の学習においても、それらを踏まえて学習が行われるよう特に留意すること。

(イ)　Aに示したそれぞれの事項を適切に身に付けることができるよう、指導のねらいを明確にした上で、今まで受け継がれてきた我が国の文化的蓄積を含む古今東西の先人の取組、知恵などにも触れること。

(ウ)　(1)については、アの(ア)から(ウ)までのそれぞれの事項との関連において、学校や地域などにおける生徒の自発的、自治的な活動やBで扱う現実社会の事柄や課題に関わる具体的な場面に触れ、生徒の学習意欲を喚起することができるよう工夫すること。その際、公共的な空間に生きる人間は、様々な集団の一員としての役割を果たす存在であること、伝統や文化、宗教などを背景にして現代の社会が成り立っていることについても触れること。また、生涯における青年期の課題を人、集団及び社会との関わりから捉え、他者と共に生きる自らの生き方についても考察できるよう工夫すること。

(エ)　(2)については、指導のねらいを明確にした上で、環境保護、生命倫理などの課題を扱うこと。その際、Cで探究する課題との関わりに留意して課題を取り上げるようにすること。

(オ)　(3)については、指導のねらいを明確にした上で、日本国憲法との関わりに留意して指導すること。「人間の尊厳と平等、個人の尊重」については、男女が共同して社会に参画することの重要性についても触れること。

カ　内容のBについては、次のとおり取り扱うものとすること。

(ア)　アの(ア)から(ウ)までのそれぞれの事項は学習の順序を示すものではなく、イの(ア)において設定する主題については、生徒の理解のしやすさに応じ、学習意欲を喚起することができるよう創意工夫した適切な順序で指導すること。

(イ)　小学校及び中学校で習得した知識などを基盤に、Aで身に付けた選択・判断の手掛かりとなる考え方や公共的な空間における基本的原理を活用して、現実社会の諸課題に関わり設定した主題について、個人を起点に他者と協働して多面的・多角的に考察、構想するとともに、協働の必要な理由、協働を可能とする条件、協働を阻害する要因などについて考察を深めることができるようにすること。その際、生徒の学習意欲を高める具体的な問いを立て、協働して主題を追究したり解決したりすることを通して、自立した主体としてよりよい社会の形成に参画するために必要な知識及び技能を習得できるようにするという観点から、生徒の日常の社会生活と関連付けながら具体的な事柄を取り上げること。

(ウ)　生徒や学校、地域の実態などに応じて、アの(ア)から(ウ)までのそれぞれの事項において主題を設定すること。その際、主題に関わる基本的人権の保障に関連付けて取り扱ったり、自立した主体となる個人を支える家族・家庭や地域などにあるコミュニティに着目して、世代間の協力、協働や、自助、共助及び公助などによる社会的基盤の強化などと関連付けたりするなどして、主題を追究したり解決したりできるようにすること。また、指導のねらいを明確にした上で、現実の具体的な社会的事象等を扱ったり、模擬的な

活動を行ったりすること。

(エ)　アの(ア)の「法や規範の意義及び役割」については、法や道徳などの社会規範がそれぞれの役割を有していることや、法の役割の限界についても扱うこと。「多様な契約及び消費者の権利と責任」については、私法に関する基本的な考え方についても扱うこと。「司法参加の意義」については、裁判員制度についても扱うこと。

(オ)　アの(イ)の「政治参加と公正な世論の形成、地方自治」については関連させて取り扱い、地方自治や我が国の民主政治の発展に寄与しようとする自覚や住民としての自治意識の涵養に向けて、民主政治の推進における選挙の意義について指導すること。「国家主権、領土（領海、領空を含む。）」については関連させて取り扱い、我が国が、固有の領土である竹島や北方領土に関し残されている問題の平和的な手段による解決に向けて努力していることや、尖閣諸島をめぐり解決すべき領有権の問題は存在していないことなどを取り上げること。「国家主権、領土（領海、領空を含む。）」及び「我が国の安全保障と防衛」については、国際法と関連させて取り扱うこと。「国際貢献」については、国際連合における持続可能な開発のための取組についても扱うこと。

(カ)　アの(ウ)の「職業選択」については、産業構造の変化やその中での起業についての理解を深めることができるようにすること。「雇用と労働問題」については、仕事と生活の調和という観点から労働保護立法についても扱うこと。「財政及び租税の役割、少子高齢社会における社会保障の充実・安定化」については関連させて取り扱い、国際比較の観点から、我が国の財政の現状や少子高齢社会など、現代社会の特色を踏まえて財政の持続可能性

と関連付けて扱うこと。「金融の働き」については、金融とは経済主体間の資金の融通であることの理解を基に、金融を通した経済活動の活性化についても触れること。「経済のグローバル化と相互依存関係の深まり（国際社会における貧困や格差の問題を含む。）」については、文化や宗教の多様性についても触れ、自他の文化などを尊重する相互理解と寛容の態度を養うことができるよう留意して指導すること。

(キ)　アの(エ)については、(ア)から(ウ)までのそれぞれの事項と関連させて取り扱い、情報に関する責任や、利便性及び安全性を多面的・多角的に考察していくことを通して、情報モラルを含む情報の妥当性や信頼性を踏まえた公正な判断力を身に付けることができるよう指導すること。その際、防災情報の受信、発信などにも触れること。

キ　内容のCについては、次のとおり取り扱うものとすること。

(ア)　この科目のまとめとして位置付け、社会的な見方・考え方を総合的に働かせ、Aで身に付けた選択・判断の手掛かりとなる考え方や公共的な空間における基本的原理などを活用するとともに、A及びBで扱った課題などへの関心を一層高めるよう指導すること。また、個人を起点として、自立、協働の観点から、多様性を尊重し、合意形成や社会参画を視野に入れながら探究できるよう指導すること。

(イ)　課題の探究に当たっては、法、政治及び経済などの個々の制度にとどまらず、各領域を横断して総合的に探究できるよう指導すること。

執筆者一覧

編著者

■ 中谷 常二　(近畿大学経営学部 教授)

　A-1 功利主義、A-2 義務論、A-3 公正、A-4 社会契約論、A-6 民主主義、A-7 自由、A-8 責任、B-1 環境問題、B-2 ローカルデモクラシー、B-3 教育費負担、B-4 移民・難民問題、B-5 SDGs、B'-2 少子高齢化・過疎化、B'-4 長時間労働と働き方改革

執筆者 (50音順)

■ 阿久澤 徹　(元人事院公務員研修所 教授)

　B-1 環境問題、B-3 教育費負担、B-4 移民・難民問題、B'-3 財政赤字問題、コラム 破綻しないが前進しない、日本経済の不思議

■ 鵜養 幸雄　(一般財団法人公務人材開発協会 業務執行理事)

　A-6 民主主義、A-7 自由、B-2 ローカルデモクラシー

■ 小野 英一　(東北公益文科大学公益学部 教授)

　B-2 ローカルデモクラシー、B'-1 世代間格差・対立、B'-2 少子高齢化・過疎化

■ 勝西 良典　(藤女子大学文学部文化総合学科 准教授)

　A-2 義務論、A-4 社会契約論、B'-3 財政赤字問題

■ 金光 秀和　(金沢工業大学基礎教育部 教授)

　A-3 公正

■ 西本 優樹　(北海道大学大学院文学研究科 博士後期課程、日本学術振興会 特別研究員)

　A-5 幸福、B'-1 世代間格差・対立

■ 眞嶋 俊造　(東京工業大学リベラルアーツ研究教育院 教授)

　論考　領土防衛　－応用倫理学の視座から

■ 山本 智也　(筑波大学附属駒場中・高等学校 教諭)

　「公共」新設の背景と経緯、「公共」の位置づけと内容、「公共」における哲学・倫理学的アプローチ、「公共」とこれからの大学入試について

参考文献

「公共」新設の背景と経緯

「自民党政策集J-ファイル2010」

「自民党総合政策集J-ファイル2012」

教育課程企画特別部会における論点整理について（2015）

幼稚園、小学校、中学校、高等学校及び特別支援学校の学習指導要領等の改善及び必要な方策
　　等について（答申）（中教審第197号）2016年

日本学術会議 心理学・教育学委員会 市民性の涵養という観点から高校の社会科教育の在り方を
　　考える分科会（2016）「18歳を市民に－市民性の涵養をめざす高等学校公民科の改革－」

日本学術会議 政治学委員会（2017）「高等学校新設科目「公共」にむけて－政治学からの提言－」

A-1

黒田亘『行為と規範』勁草書房、1992年

児玉聡『功利主義入門』ちくま新書、2012年

関嘉彦編『世界の名著49　ベンサム　J.S.ミル』中央公論新社、1979年

レイチェルズ（次田憲和訳）『新版 現実をみつめる道徳哲学』晃洋書房、2017年

A-2

カント（平田俊博訳）「人倫の形而上学の基礎づけ」『カント全集7』岩波書店、2000年

カント（谷田信一訳）「人間愛からの嘘」『カント全集13』岩波書店、2002年

A-3

坂井昭宏・柏葉武秀編著『現代倫理学』ナカニシヤ出版、2007年

ロールズ（川本隆史他訳）『正義論　改訂版』紀伊國屋書店、2010年

ロールズ（田中成明他訳）『公正としての正義 [再説]』岩波現代文庫、2020年

A-4

ホッブズ（本田裕志訳）『市民論』京都大学学術出版会、2008年

ホッブズ（水田洋訳）『リヴァイアサン（1）～（4）』岩波文庫、1992年など

ホッブズ（本田裕志訳）『人間論』京都大学学術出版会、2012年

ロック（加藤節訳）『完訳 統治二論』岩波文庫、2010年

A-5

青山拓央『幸福はなぜ哲学の問題になるのか』太田出版、2016年

宇都宮芳明『倫理学入門』ちくま学芸文庫、2019年

アームソン（雨宮健訳）『アリストテレス倫理学入門』岩波現代文庫、2004年

A-6

宇野重規『西洋政治思想史』有斐閣、2013年

佐々木毅他『西洋政治思想史』北樹出版、1995年

中岡成文『ハーバーマス』ちくま学芸文庫、2018年

中西輝政監『チャーチル名言録』扶桑社、2016年

堀江湛『政治学・行政学の基礎知識』一藝社、2014年

増田正他『政治学入門』一藝社、2020年

アリストテレス（山本光雄訳）『政治学』岩波文庫、1961年

ウェーバー（濱嶋朗訳）『権力と支配』講談社学術文庫、2012年
ハーバーマス（河上倫逸他訳）『事実性と妥当性』未来社、2002〜03年
プラトン（藤沢令夫訳）『国家』岩波文庫、1979年
ヘロドトス（松平千秋訳）『歴史』岩波文庫、1971〜72年
ルソー（桑原武夫他訳）『社会契約論』岩波文庫、1954年
レイプハルト（粕谷祐子他訳）『民主主義対民主主義』勁草書房、2014年

A-7

宇野重規『西洋政治思想史』有斐閣、2013年
加藤尚武『現代倫理学入門』講談社学術文庫、1997年
堀江湛『政治学・行政学の基礎知識［第3版］』一藝社、2014年
増田正他『政治学入門』一藝社、2020年
森村進『自由はどこまで可能か』講談社現代新書、2001年
カント（篠田英雄訳）『純粋理性批判』岩波文庫、1961年
カント（波多野精一他訳）『実践理性批判』岩波文庫、1979年
フロム（日高六郎訳）『自由からの逃走［新版］』東京創元社、1952年
ミル（関口正司訳）『自由論』岩波文庫、2020年
ミル（関口正司訳）『代議制統治論』岩波書店、2019年
ミル（大内兵衛他訳）『女性の解放』岩波文庫、1957年

A-8

ヨナス（加藤尚武監訳）『責任という原理』東信堂、2010年

B-1

磯辺篤彦『海洋プラスチックごみ問題の真実』DOJIN選書、2020年
枝廣淳子『プラスチック汚染とは何か』岩波ブックレット、2019年
高田秀重『プラスチックの現実と未来へのアイデア』東京書籍、2019年

B-2

礒崎初仁『知事と権力』東信堂、2017年
礒崎初仁・金井利之・伊藤正次『ホーンブック　地方自治［新版］』北樹出版、2020年
村松岐夫編『テキストブック　地方自治［第2版］』東洋経済新報社、2010年
UFJ総合研究所『ローカル・マニフェストによる地方のガバナンス改革』ぎょうせい、2004年
石田徹他『ローカル・ガバナンスとデモクラシー』法律文化社、2016年
稲継裕昭『地方自治入門』有斐閣、2011年
中岡成文『ハーバーマス』ちくま学芸文庫、2018年
デューイ（松野安男訳）『民主主義と教育（上・下）』岩波文庫、1975年
ハーバーマス（河上倫逸他訳）『事実性と妥当性』未来社、2002〜03年
ベンサム（江藤貴紀訳）『「功利主義の原理について」ほか』AICJ出版、2012年

B-3

フリードマン（村井章子訳）『資本主義と自由』日経BPクラシックス、2008年

B-4

高谷幸他『移民政策とは何か』人文書院、2019年
内藤正典『外国人労働者・移民・難民ってだれのこと?』集英社、2019年

ナディ『ふるさとって呼んでもいいですか』大月書店、2019年

B-5

川廷昌弘『未来をつくる道具 わたしたちのSDGs』ナツメ社、2020年

高木超『まちの未来を描く! 自治体のSDGs』学陽書房、2020年

日能研教務部『SDGs 国連 世界の未来を変えるための17の目標』日能研、2020年

B'-1

宇野重規『民主主義とは何か』講談社現代新書、2020年

久米郁男他『政治学［補訂版］』有斐閣、2011年

厚生労働省『平成26年財政検証結果レポート』

西條辰義編著『フューチャー・デザイン』勁草書房、2015年

坂野達郎「ミニ・パブリックスに映し出される集合的意思の代表性と合理性」『選挙研究』日本
　選挙学会、第30巻第1号

篠原一『市民の政治学』岩波新書、2004年

篠原一編『討議デモクラシーの挑戦』岩波書店、2012年

島澤諭『シルバー民主主義の政治経済学』日本経済新聞出版、2017年

原圭史郎「参加型フューチャー・デザイン討議実践に見る「仮想将来世代」の役割」『学術の動向』
　日本学術協力財団、第23巻第6号

原圭史郎・西條辰義「フューチャーデザイン」『水環境学会誌』日本水環境学会、第40巻第4号

八代尚宏『シルバー民主主義』中央公論新社、2016年

ジェームズ・ゴードン・フィンリースン (村岡晋一訳)『ハーバーマス』岩波書店、2007年

B'-2

稲継裕昭・山田賢一『行政ビジネス』東洋経済新報社、2011年

稲継裕昭編著『自治体行政の領域』ぎょうせい、2013年

大住莊四郎『ニュー・パブリック・マネジメント』日本評論社、1999年

大山耕輔『公共ガバナンス』ミネルヴァ書房、2010年

佐々木信夫『現代地方自治』学陽書房、2009年

田村秀『地方都市の持続可能性』筑摩書房、2018年

西尾勝『行政学』有斐閣、2001年

葉上太郎「公設民営でガソリンスタンドを復活」『月刊ガバナンス』ぎょうせい、2018年2月号

松本英昭『要説 地方自治法［第十次改訂版］』ぎょうせい、2018年

UFJ総合研究所『ローカル・マニフェストによる地方のガバナンス改革』ぎょうせい、2004年

B'-3

廣光俊昭『図説日本の財政 令和2年度版』財経詳報社、2021年

ヨナス (加藤尚武監訳)『責任という原理』東信堂、2010年

B'-4

大野正和『まなざしに管理される職場』青弓社ライブラリー、2005年

中谷常二編著『ビジネス倫理学』晃洋書房、2007年

山田敬男他『21世紀のいま、マルクスをどう学ぶか』学習の友社、2018年

吉田和男『日本型経営システムの改革』読売新聞社、1995年

●**編著**
　中谷常二 (近畿大学経営学部 教授)

●**編集協力**
　菊地敦子 (一般財団法人公務人材開発協会 代表理事)

●**イラスト**
　本間康司 (思想家カット)
　トコトリ・エノ

●**デザイン**
　カバー・表紙／本文　大橋智子

●**写真提供**
　北九州市魚町商店街振興組合 (p.162)
　立命館守山中学校・高等学校 (p.164)

討議事例から考える「公共」の授業
社会の課題を倫理的な視点で考えてみよう

2021 (令和3) 7月10日　　初版発行

編　著　　中谷常二
発行者　　野村久一郎
発行所　　株式会社 清水書院
　　　　　〒102-0072　東京都千代田区飯田橋3-11-6
　　　　　電話　03(5213)7151
　　　　　http://www.shimizushoin.co.jp
印刷所　　法規書籍印刷 株式会社
製本所　　法規書籍印刷 株式会社

定価はカバーに表示

ISBN 978-4-389-22596-4　　　　　　　　　　　　　　Printed in Japan